여말선초
진주지역의 가문과 인물

박용국(朴勇國)

경북대학교 사학과 졸업
경북대학교 대학원 석사, 박사과정 졸업
경상국립대학교 학술연구교수
경상국립대학교 HK연구교수
(재)신라문화유산연구원 학술연구실장
현 경상국립대학교 연구교수
저서: 『지리산 단속사』(2010), 『지리산과 명산문화』(2010, 공저), 『한국지명유래집(경상편)』(2011, 공저),
『복자 정찬문』(2015), 『진주의 역사인물』(2015, 공저), 『지리산과 이상향』(2015, 공저), 『지리산의
문화와 장소 정체성』(2015, 공저), 『남명학과 현대사회』(2015, 공저), 『부사 성여신』(2015, 공저),
『합천지역의 남명학파』(2019, 공저), 『취우정 안관 선생과 그 후예들』(2019, 공저), 『通亭 姜淮伯과
그 後孫들의 生涯와 學問』(2020, 공저), 『慶尙南道史』 제9권(2020, 공저), 『함안조씨 虞侯公派의 인
물과 행적』(2020, 공저)
E-mail: parkyg0648@naver.com, pyg941021@gnu.ac.kr

진주학총서 3

여말선초
진주지역의 가문과 인물

2023년 11월 10일 초판 인쇄
2023년 11월 15일 초판 발행

지은이 | 박용국
교정교열 | 정난진
펴낸이 | 이찬규
펴낸곳 | 북코리아
등록번호 | 제03-01240호
주소 | 13209 경기도 성남시 중원구 사기막골로 45번길 14
      우림2차 A동 1007호
전화 | 02-704-7840
팩스 | 02-704-7848
이메일 | ibookorea@naver.com
홈페이지 | www.북코리아.kr
ISBN | 978-89-6324-463-1 (93900)

값 22,000원

진주학총서 3

여말선초
진주지역의
가문과 인물

박용국 지음

북코
리아

책을 펴내며

　필자가 옛 경상우도 여러 지역의 마을과 인물에 관심을 갖기 시작한 것은 1994년 무렵부터이다. 그렇다고 해서 처음부터 자료를 모으고 연구를 시작한 것은 아니다. 주로 역사가 오래된 마을과 인물 유적을 답사하는 데 그쳤다. 본격적인 지역사 연구를 위해 자료를 모아 첫 글을 쓴 게 2007년이었다. 그로부터 꾸준히 이어온 연구가 벌써 15년이 지났다. 최근 필자의 관심 분야는 고려 말부터 조선 중기까지 진주지역 사족 가문의 재지적 기반 확장의 사회·경제적 배경이다.

　이 책의 연구 목적은 여말선초 진주지역 가문과 인물의 정치·사회적 성장에 따른 진주지역의 사회변동을 이해하려는 데 있다. 주요한 연구 시기는 여말선초이고, 대상 지역은 진주지역이다. 연구 내용은 크게 진주지역 토성이족의 사족화, 사족 가문의 정치·사회적 성장, 사족을 중심으로 한 사회변화로 이루어져 있다. 필자가 여말선초 진주지역 사족 가문 출신 하륜을 연구하여 공간한 것이 2008년이다. 이후 조선 초·중기 진주지역의 마을과 인물을 중심으로 한 연구를 통해 그 가문의 사족화 시기와 사회변동에 관심을 갖고 연구를 시작했다. 이와 관련된 태종대 하륜의 정치적 존재 양태와 여말선초 진주지역 '부로'에 대한 연구는 이 책에 싣기 위해 약간의 수정과 보완을 거쳤다.

　진주지역 재지세력(在地勢力)으로서 토성이족(土姓吏族)의 상경종사(上京
從仕)는 최충헌 집권 이후라는 선행 연구의 지적이 있었지만, 구체적인 연구
결과라 할 수 없다. 그래서 진주지역 재지세력의 가문과 인물이 어느 시기
에 어떠한 과정을 거쳐 사족화했는지를 검토하고자 했다. 고려 중기 진주지
역 재지세력이 상경종사했다가 낙향했던 강창서를 포함하여 진주지역 토성
이족 가문 출신이 과거에 급제하여 사족으로 성장했던 사실을 검토함으로
써 진주지역의 새로운 사회 변화의 시기를 이해하려고 했다. 특히 고려 인
종대에 대간(臺諫)으로 활동했던 정지원은 불의에 맞서 끝내 타협하지 않았
던 진주 정신을 실천에 옮겼던 인물이라 여겨진다.

　고려 말에 태어나 세종조에 영의정에 오른 경재 하연(1376~1453)은 진
주를 두고 토지의 비옥함과 인물의 번화함이 딴 고을과 견줄 바가 아니라
고 했다. 바로 그가 살았던 시대를 두고 한 말에 다름이 없다. 그가 예를 들
었던 인물들은 문량공 정을보(1285~1355), 원정공 하즙(1303~1380), 문경공 강
군보(1312?~1380), 청천군 하을지(1318~?), 진산군 하윤원(1322~1376), 문충공 하
륜(1347~1416), 문정공 정이오(1347~1433), 양정공 하경복(1377~1438) 등이다. 이
들은 필자가 관심을 갖고 연구해온 여말선초 진주지역의 사족 가문 출신으
로서 재상 지위에 오른 인물들이다. 이들 가문과 인물을 검토하면서 그들의
네트워크에서 결코 빠뜨릴 수 없는 국일도대선사(國一都大禪師) 원규(元珪)의
존재를 처음으로 규명하기도 했다.

　『경상도지리지』와 『세종실록지리지』의 토성조와 『신증동국여지승람』
의 인물조에는 진주 토성 출신의 인물만 언급되어 있다. 이는 여말선초 진
주지역 재지세력의 재편 과정과 성격을 오롯이 반영한 사회변동의 실체라
고 생각되지 않는다. 그러므로 이 책에서는 여말선초 진주지역 사회변동의
성격이 드러나는 '부로'에 주목하고자 했다. 또한 전체사 또는 민족사 차원

에서 소홀했던 마을 단위의 사족 형성과 변화 양상에 관한 실증적 연구의 일환으로서 진양하씨 시랑공파 가문의 세거지인 당남리·사곡마을과 삭녕최씨 가문의 최복린이 입향한 조동리를 중심으로 그 사실을 검토하려고 했다. 아울러 조선 초기 고령신씨 가문의 신필이 조동리에 입향하게 된 배경을 규명했다.

최근 '부울경'이라는 메가시티는 수도권 집중으로 인한 지역의 침체와 소멸의 위기감에서 나온 대안이라는 점에서 주목되는 정책 전략이다. 하지만 그 내부에서 또 다른 집중과 소외로 인한 차별과 침체 및 소멸의 위기가 초래되지 않을지 우려하는 이가 없지 않다. 그러므로 그 메가시티 내부의 지역 정체성 연구를 통해 지역적 특성을 발굴하고 차별화하는 보전과 개발 전략으로 내부의 우려를 불식시킬 필요가 있다. 진주문화연구소의 '진주학총서'는 지역학의 정체성을 발굴하려는 노력의 일환으로 생각된다. 이 연구도 그러한 지역학 모색 과정에서 나온 결과물이다.

이 책에서는 전체사의 사례 연구가 아니라 지역사의 관점에서 가문과 인물의 성장에 초점을 맞추어 논지를 전개하고자 했다. 그러므로 지역의 가문과 인물의 네트워크로 인해 중복된 부분도 없지 않은데, 해당 논고의 논지 전개상 빠뜨릴 수 없었기 때문이다. 애초의 계획으로는 이미 공간한 진양강씨 박사공파 강군보 가문에 관한 두 편의 논고를 비롯해 진양정씨 정예·정자우·정신·정장 계열 가문의 인물까지 포함하는 연구였다. 하지만 여러 사정으로 다 포함할 수 없었으므로 그들 가문과 인물을 이 책의 여러 논고에서 부분적으로 언급했다. 이 책의 내용으로 말미암아 진주 지역사 논의가 촉발된다면 선행연구자로서 영광스러운 일이겠지만, 크게 오류만 범하지 않았기를 바랄 뿐이다.

이기철 시인은 "절망을 두려워하는 사람들이 / 지레 절망을 노래하지만 / 누구나 마음속에 꽃잎 하나씩은 지니고 산다"고 했다. 필자가 한때의 절망을 이겨낼 수 있었던 것은 소중한 가족이 옆에 있고, 이루고자 하는 목표를 잃지 않았기 때문이다. 오늘 그 길에 또 다른 자그마한 디딤돌 하나 놓았다고 스스로 위안으로 삼고 싶다.

여러분의 도움으로 이 책이 공간될 수 있었다. 필자가 이 연구를 시작하도록 계기를 마련해주신 김중섭 전 이사장님, 어려운 시기에 진주문화연구소를 맡아 고군분투하시는 정경우 이사장님 이하 연구소 관계자에게 감사한 말씀을 올린다. 아울러 책의 내용을 처음부터 끝까지 샅샅이 톺아나가면서 살펴주신 북코리아 편집자님 덕분에 이 책이 온전하게 나올 수 있었다. 참으로 고맙게 생각한다.

2023년 4월 24일
저자 박용국

차례

차례

차례

I

진주지역
재지세력의
정치적 성장

1. 12세기 전반 정지원의 관료로서 삶과 성격

1) 머리말

12세기 전반에 활동한 정지원(鄭知源, 1090~1149)은 자(字)가 남로(南老)이며, 본관이 진양(晉陽)[1]이다. 그는 진주에서 개경으로 유학하여 과거에 급제하고 벼슬살이를 하다가 왕도 개경에서 죽었다. 아들 정조(鄭慥)는 아버지 주검을 화장하여 유골을 수습한 후 개성 북촌(北村)의 산기슭에서 장사지내고 묘지를 함께 묻었다. 그가 진주지역 토성이족(土姓吏族) 출신의 진양정씨 인물이라는 한 가지 사실만으로도 그는 고려 중기 진주지역 인물사의 공백을 조금이나마 메꿀 수 있는 인물일 것이다.

이 글의 연구 대상 인물인 정지원의 묘지명은 1149년 8월에 성씨가 확인되지 않는 친구 영고(永固)가 지은 것인데, 해서(楷書)로 돌에 새긴 것이다. 「정원외랑묘지명(鄭員外郎墓誌銘)」은 현재 국립중앙박물관에 소장되어 있다.[2] 그는 1090년 진양에서 태어나 향공(鄉貢)으로 선발된 후 개경으로 유학하고 향공진사를 거쳐 1125년(인종 3) 5월 을사방(乙巳榜)에 37인 중의 병과 1인으로 급제하여 벼슬살이하다가 1149년 3월 13일 세상을 떠났다. 아울러 그의 묘지명은 '진양(晉陽)'이라는 진주의 별호가 가장 이른 시기에 쓰인 사례이다.

---

1) 진주지역에서는 전통적으로 진양정씨가 익숙하지만, 근래에 들어 진주정씨가 오히려 일반에 두루 쓰이고 있다. 본서에서는 진주 세 토성의 관향(貫鄉)을 진양으로 통칭하여 쓰겠다.

2) 許興植, 『韓國金石全文』(中世上), 亞細亞文化社, 1984, 680-682쪽.

정지원은 조선시대부터 지금까지 진주지역에서 전혀 주목받지 못했다. 아마도 조선시대 진주지역의 진양정씨 가문과 어떠한 관련성을 찾지 못했기 때문일 것이다. 그런데 정지원과 활동 연대가 10년여 정도 차이가 나지 않을 것으로 추정되는 정여령(鄭與齡)은 팔송(八松) 정필달(鄭必達, 1611~1693)이 13세이던 1623년 정여령의 시에 차운3)할 정도로 지역에서 기억되고 기록으로 남겨졌다. 아마도 이인로(李仁老, 1152~1220)의 『파한집』과 최자(崔滋, 1188~1260)의 『보한집』에 그의 시가 채록되고 『신증동국여지승람』에도 언급되었기 때문일 것이다.

정지원은 아마도 후손이 단절되었거나 진주지역에서 그의 삶에 주목하여 기록한 이가 없었으므로 그를 다시 기억하고 언급하는 이가 전혀 없었던 것 같다. 그의 묘지명이 지상에 드러나 알려지면서 그가 진주에서 태어나 개경으로 유학하여 과거에 급제한 진양정씨 가문 출신이라는 사실이 밝혀질 수 있었다. 그의 묘지명인 '본강남진양인(本江南晉陽人)'에서 '본(本)'은 본래로 해석하더라도 본관의 의미로 쓰인 것으로 봐야 하기 때문이다. 그의 가계가 그의 묘지명에 언급되어 있지 않지만, 본관이 진양이라는 점에서 본다면 진주의 토성이족 출신으로서 과거를 통해 재경관인이 되었던 인물이다. 하지만 그의 관료 생활은 지방 출신 신진관료의 한계를 벗어나기 쉽지 않았던 것으로 생각된다.

이 글에서는 그의 묘지명을 중심으로 진주지역의 토성이족이 과거를 통해 중앙으로 진출하여 관료로서 어떠한 삶을 살았는지 진주를 중심에 놓고 살펴보고자 한다. 이 과제의 해결을 위한 자료는 그의 묘지명인 「정원외랑묘지명」을 기본으로 삼고 관찬의 『고려사』와 『고려사절요』 등을 활용할 것이며, 아울러 선행연구의 성과를 통해 그의 관료 생활의 단면과 성격을

---

3) 『八松集』卷7, 附錄 「行錄[門人判校一善金千鎰]」.

파악하고자 한다. 끝으로 비록 역사적 관점에서 조금 벗어나더라도 고려 귀족사회의 갈등과 대립이 최고조에 달한 12세기 전반을 살았던 한 지방 출신 신진관료의 심정을 그의 죽음 과정을 통해 간략하게나마 대변하려고 한다.

2) 진주의 지식 기반과 향교

이 장에서는 진주의 지식 기반으로서 관학 교육기관인 향교를 검토함으로써 정지원이 진주목사에 의해 향공으로 선발된 배경을 정리하겠다.

진주지역은 685년(신문왕 5) 이래 지방지배의 거점으로서 중앙의 문화적 영향이나 혜택을 지속적으로 누렸던 곳으로 여겨진다. 그렇지만 그 무렵 관학 교육기관이 거점으로서 청주(菁州) 주치(州治)에 두어졌다는 직접적인 근거 자료는 전하지 않으나 8세기 중엽 이후 청주 주치에도 일종의 관학 교육 시스템이 마련되었을 것이다.

왕도 서라벌에는 682년(신문왕 2) 국학(國學)이 설치됨으로써 경(卿) 1인, 박사(博士) 약간인(若干人), 조교(助教) 약간인, 대사(大舍) 2인, 사(史) 2인으로 이루어진 통일신라 최고의 관학 교육기관이 제도화되었다. 국학에서는 선발된 귀족 자제들에게 『예기(禮記)』, 『주역(周易)』, 『논어(論語)』, 『춘추좌전(春秋左傳)』 등 유교 경전과 사서(史書) 등을 가르쳤다.[4] 이 무렵에 9주의 주치에도 관학 교육기관이 설치되었는지는 확인할 수 없다. 하지만 747년(경덕왕 6) 각 주(州)에도 조교(助教)를 두었으며, 한서의(韓恕意)를 웅천주(熊川州) 조교(助教)로 삼았다[5]는 기록에 의하면 8세기 중엽에 이르러 웅천주와 더불어 9주의

---

4) 『三國史記』卷38, 職官志(上) 國學條.

5) 『東史綱目』第4(下), 景德王 6年 春正月條. 이 기록에서 747년 국학을 세웠다는 것이 후대의 착오인지, 아니면 국학을 태학감으로 바꾼 사실을 의미하는지는 정확히 알 수 없다.

하나인 청주 주치에도 관학 교육기관이 마련되었을 것으로 추정된다.

그러한 청주 주치의 교육기관은 나말여초(羅末麗初) 호족세력의 지적 기반으로 운영되었을 것이다.[6] 비록 나말여초의 정치적 혼란기를 거쳤을지라도 지역 문화의 한 중심지로서 구실을 완전히 잃어버린 것은 아니었을 것이다. 이는 신라 말에 강주(康州) 일대를 지배했던 대호족 왕봉규(王逢規, ?~?)의 외교활동을 통해 짐작할 수 있다.

924년(경명왕 8) 정월에 경명왕(景明王)이 후당(後唐)에 사신을 보내어 조공했다. 천주절도사(泉州節度使) 왕봉규 역시 사신을 보내어 토산물을 바쳤다.[7] 그리고 927년(경애왕 4) 3월 후당 명종(明宗)이 권지강주사(權知康州事) 왕봉규를 회화대장군(懷化大將軍)으로 삼자, 927년(경애왕 4) 여름 4월에 지강주사 왕봉규는 사신 임언(林彦)을 파견하여 조공이라는 명목으로 답례했다. 이때 후당의 명종은 임언을 중흥전(中興殿)으로 불러 접견하고 물품을 하사했다.[8] 이처럼 진주지역의 독자적인 세력이었던 왕봉규는 일회성 외교가 아니라 거의 3년 동안이나 중앙정부와 전혀 상관없이 후당과 독자적인 외교 교섭을 활발하게 펼쳤다.

나말여초 진주지역은 중국 왕조와 독자적인 외교활동을 펼칠 만큼 지식인층을 보유하고 있었던 지역이다. 비록 중앙세력과의 관계나 지역 내 지배세력 교체 등과 같은 정치적인 변동을 겪었더라도 그러한 지식인층의 존재나 지식 전수(傳授)의 기반이 하루아침에 완전히 사라졌을 것으로 보지 않는다. 이러한 지적 기반에서 유지되어온 지식을 습득한 토성이족(土姓吏族)의

---

6) 5소경의 한 곳인 청주에는 학원(學院)이라는 교육기관이 나말여초 호족에 의해 지배 · 운영되었다(金光洙, 「羅末麗初의 地方學校問題」, 『韓國史研究』 7, 1972)는 선행연구에 의하면 청주 주치에도 교육기관이 운영되고 있었을 것이다.

7) 『三國史記』 卷12, 新羅本紀 景明王 8年 春正月條.

8) 『三國史記』 卷12, 新羅本紀 景哀王 4年 3月條;『三國史記』 卷12, 新羅本紀 景哀王 4年 4月條.

자제 중 일부는 더 나은 환경에서 유학 공부할 기회를 얻었을 것이다. 왜냐하면 성종 초기에 주·군·현 이족들의 자제를 개경으로 불러 학업을 익히도록 했기 때문이다. 이때 각 주·군·현에서 선발된 인원은 모두 260인이었다.[9] 12목의 한 곳인 진주의 선발 인원은 최소 10여 인 이상이었을 것으로 생각된다. 987년(성종 6) 8월 260인 중에 귀향한 학생 207명의 교육을 위해 경학박사(經學博士)를 파견한 것은 12목이 대상 지역이었기 때문이다.[10]

성종이 각 주·군·현의 자제들을 선발한 시기는 알려져 있지 않다. 986년(성종 5) 7월에 고향을 그리워하는 사람이 있는 것을 성종이 염려하는 것[11]으로 볼 때 1~2년 전의 일은 아니었을 것이다. 아마도 983년 전후에 선발된 그들은 대부분 해당 지역의 토성이족 자제였을 것이다. 그렇다면 그들은 기인(其人)의 성격도 전혀 없지 않았을 것으로 추정된다. 따라서 그들은 단순히 고향을 그리워하는 것 이상의 정신적인 고통을 겪었을 것이다. 그랬으므로 성종이 편의에 따라 선택하라고 했을 때 260명 중 거의 80%에 이르는 207명이 고향으로 돌아간 것이다.

그런데 성종이 고향으로 돌아가는 207인에게 베 1,400필(匹)을 하사하고, 머물기를 원한 53명에게도 복두(幞頭) 106매(枚)와 쌀 265석(石)을 하사했으며, 아울러 학사들을 선유(宣諭)하고 술과 과일을 하사했다. 이 사실에서 보면 그들은 오롯이 기인의 성격을 지녔다고 볼 수 없을 것이다. 성종은 다음 해 8월에 귀향을 허락받은 학생들에게 가르침을 줄 스승이 없다면서 경전에 통달하고 전적을 널리 읽은 자들을 선발하여 경학박사와 의학박사로 삼고, 그들을 12목에 각각 1명씩 파견했다. 성종은 귀향 학생들과 아울러 여

---

9) 성종이 조서를 내려 각 주·군·현에서 자제를 선발하여 개경으로 보내서 학업을 익히도록 했다.『高麗史』卷74, 選擧志 學校 成宗條.

10) 『高麗史』卷74, 選擧志 學校 成宗 6年 8月條.

11) 『高麗史』卷74, 選擧志 學校 成宗 5年 7月條.

러 주 · 군 · 현의 장리(長吏)와 백성(百姓) 중에서 학문을 가르칠 만한 아이가 있으면 모두 가르치도록 하라고 했다.[12] 하지만 현실적으로 장리인 토성이족의 자제들이 주로 교육의 대상이었을 것이다.

성종이 애초에 260인을 선발한 것은 요순(堯舜)의 이상 정치 실현을 위해 유교를 정치이념으로 삼고 지배체제 정비와 유지에 필요한 유학 지식인으로서 관료 양성에 목적을 두었다. 현실적으로 선발된 인원은 결국 지방의 유력한 토성이족의 자제일 수밖에 없었을 것이다. 그러므로 성종의 의도와 달리 토성이족이나 자제들의 심적인 부담은 적지 않았을 것이다. 바꾸어 말해서 지방의 토성이족에 대한 중앙 권력에 의한 통제 방편으로서 교육이 이용되었던 측면도 소홀히 다룰 수 없다고 본다.

진주목에 경학박사가 파견되어 옴으로써 나말여초 진주지역에서 자체적으로 유지되어 오던 지식 기반은 관학 교육기관인 향교에 편입되거나 국가의 공적인 통제 아래에 놓이게 되었을 것이다. 한편으로 관학 교육기관은 토성이족의 자제들이 과업을 익히고 과거를 통해 중앙으로 진출할 기회를 제공하기도 했다. 이처럼 진주지역에서는 체계적인 유학 교육이 이루어지고, 관학 교육기관인 향교도 사실상 그 무렵에 설치되었을 것이다. 진주향교에서 과업을 익힌 강민첨(姜民瞻, 963~1021)이 1005년(목종 8) 문과에 급제했기 때문이다.

고려시대 진주의 관학 교육기관인 향교는 재상 지위에 오른 문경공(文敬公) 강군보(姜君寶, 1312?~1380), 원정공(元正公) 하즙(河楫, 1303~1380), 진산군(晉山君) 하윤원(河允源, 1322~1376), 청천군(菁川君) 하을지(河乙沚, 1318~?), 청천군(菁川君) 정을보(鄭乙輔, 1285~1355), 문충공(文忠公) 하륜(河崙, 1347~1416), 문정공(文正公) 정이오(鄭以吾, 1347~1433) 등 여러 인물을 배출할 수 있었던 지식 기반이었

---

12) 『高麗史』 卷74, 選擧志 學校 成宗 6年 8月條.

다.[13] 이는 경재 하연이 1449년에 지은 '진주향교사교당기(晉州鄕校四敎堂記)' 에서 짐작할 수 있다.

하연은 "내 일찍이 들으니 은열공(殷烈公) 강민첨이 진주향교에서 배워서 공업(功業)이 빛났고, 그 뒤에 인재가 더욱 성하였다고 한다"고 했다.[14] 이는 강민첨이 1005년(목종 8) 을사방(乙巳榜) 을과에 급제[15]한 이후에도 문사(文士)나 문인(文人) 등 지식인이 지속적으로 배출되었음을 의미한다. 정지원(鄭知源, 1090~1149), 12세기 중엽의 문인 정여령(鄭與齡, ?~?), 1211년(희종 7) 과거에 장원 급제한 강창서(姜昌瑞, ?~?) 등은 대표적인 인물이다. 이들 외에도 역사에 전해지지 않은 인물이 다수 존재했을 것으로 짐작된다.

이상과 같이 진주지역은 685년(신문왕 5) 통일신라 9주 중 한 곳인 청주의 주치가 두어진 이후부터 정지원이 활동하던 고려 중기까지 행정과 군정의 정치적 기반 위에서 상대적으로 수준 높은 문화적 혜택, 안정적인 농업 시스템, 효과적인 지적 기반의 재생산 시스템 등을 바탕으로 재지세력의 성장이 지속적으로 이루어졌던 것 같다. 정지원은 진주에서 태어나 8세 무렵 향교에 취학하여 학문을 익혔다. 이는 정지원이 진주목사에 의해 향공(鄕貢)으로 선발될 수 있었던 배경이다. 그는 진주에서 향공으로 선발되어 개경으로 올라가 국자감시(國子監試)를 치르고 1125년(인종 3) 봄 과거에 급제하기까지 왕도 개경에서 여러 해 동안 학문을 닦았다. 양대업(兩大業) 가운데 명경업(明經業)에 비교할 수 없는 절대적 우위에 있었다고 하는 제술업(製述業)에 급제하기란 쉽지 않았을 것이기 때문이다.

---

13) 『敬齋集』卷2, 記「晉州鄕校四敎堂記」; 『新增東國輿地勝覽』卷30, 晉州牧 學校條.

14) 『敬齋集』卷2, 記「晉州鄕校四敎堂記」; 『新增東國輿地勝覽』卷30, 晉州牧 學校條.

15) 「晉州姜氏諱民瞻圖像」畫記. 이 화기에서는 최충방하(崔沖榜下)라고 하여 최충(崔沖, 984~1068)이 장원 급제했음을 알 수 있다.

3) 가계와 출신

정지원의 삶을 이해할 수 있는 자료는 그의 친구 영고(永固)가 남긴 묘지명이다. 이 외에는 『고려사』와 『고려사절요』에 같은 내용의 한 기사가 각각 언급되어 있을 뿐 그 어디에도 정지원에 관한 기록은 나오지 않는다. 물론 진양정씨 여러 가문의 족보에도 확인되지 않는다. 다행스럽게도 그의 묘지명에는 본관이 밝혀져 있다.

정지원은 본관이 강남(江南)의 진양(晉陽, 진주의 별칭)이고, 자가 남로(南老)이다. 하지만 그의 가계는 알려진 게 없다. 다만 그가 제술업에 급제했으므로 그의 가문이 어떠한 사회적 신분이었는지 추정할 수 있을 것이다. 제술업은 일정한 이상의 한정된 신분만이 응시할 수 있었기 때문이다.

1045년(정종 11) 4월에는 죽을죄·불충(不忠)·불효(不孝)와 출신에 따라 응시 자격을 제한했다. 오역(五逆)·불충·불효·오천(五賤)·향(鄕)·부곡(部曲)·악공(樂工)·잡류(雜類)의 자손들이 과거에 응시하는 것을 허락하지 않았다.[16] 하지만 1125년(인종 3) 잡류에 속하는 전리(電吏)·장수(杖首)·소유(所由)·문복(門僕)·주선(注膳)·막사(幕士)·구사(驅史)·대장(大丈) 등의 자손은 군인의 자손에게 제업(諸業)의 선로(選路)에 허통(許通)한 예에 의거하여 과거(科擧)에 응시하게 했다. 그렇더라도 제술·명경 두 대업(大業)에 등과(登科)한 자는 5품까지로 제한하고, 의업(醫業)·복업(卜業)·지리업(地理業)·율업(律業)·산업(第業)에 등과한 자는 7품까지로 제한했다.[17]

제술업 응시 결과를 놓고 보면 정지원은 향이나 부곡 같은 진주 임내(任內) 출신이 아니었으며, 하급 말단의 이속(吏屬)인 잡류의 자손도 아님을 알

---

16) 『高麗史』卷73, 選擧志1 科目1 靖宗 11年 4月 判文.

17) 『高麗史』卷75, 選擧志3 銓注 限職 仁宗 3年 正月 判文.

수 있다. 결국 정지원은 진주의 향리 자손으로서 응시 자격을 갖추었다는 의미이다. 그의 본관이 진양이라는 점을 아울러 고려하면 그는 토성이족의 자손이었을 것이다.

1048년(문종 2) 10월 제술업과 명경업에 응시할 수 있는 향리 자손의 자격이 정해졌다. 제술업과 명경업에 응시할 수 있는 자는 각 주현의 부호장(副戶長) 이상의 손자와 부호정(副戶正) 이상의 아들이었다.[18]

1051년(문종 5) 10월에 마련된 향리의 승진 규정에 의하면 모든 주현의 향리들은 첫 관직 제단사(諸壇史)에서 시작하여 병사(兵史)·창사(倉史), 주·부·군·현의 사(史), 부병정(副兵正)·부창정(副倉正)·부호정(副戶正)·호정(戶正)·병정(兵正)·창정(倉正)·부호장(副戶長)을 거쳐 최고 자리인 호장(戶長)에 이를 수 있었다.[19] 정지원의 가문은 부호정·호정·병정·창정·부호장·호장의 지위에 이를 수 있는 상층의 토성이족이었을 것이지만, 그 내부의 사회적 위상은 더 이상 알 수 없다. 그의 묘지명에 조선(祖先)이 밝혀져 있지 않은 사실에서 보면 아마도 부호장 이하 계층일 가능성이 높다. 부호장과 호장은 궁과(弓科) 시험에 선발되면 정7품 일품군(一品軍) 별장(別將)에 임명되었는데,[20] 특별한 사정이 없었다면 거의 모두 별장을 겸직할 수 있었을 것이다. 그렇다면 정지원의 아들 정조(鄭慅)가 아버지 묘지명에 조선의 세계(世系)를 빠뜨릴 이유가 없었을 것이기 때문이다.

한편으로 향리가 처음 받는 향직에는 차이가 있었다. 앞의 향직 승진 규정에 의하면 대대로 가풍(家風)이 있는 집안의 자식이면 처음에 병사·창사를 제수하고, 그다음 가는 자는 처음에 제단사를 제수했다. 그렇다면 진주지역에서는 11세기 전반에 이미 토성이족 내에서도 가문 대대로 이어온 사회적

---

18) 『高麗史』卷73, 選擧志1 科目1 文宗 2年 10月 判文.

19) 『高麗史』卷75, 選擧志3 銓注 鄕職 文宗 5年 10月 判文.

20) 『高麗史』卷81, 兵志1 兵制 文宗 23年 3月 判文.

위상에 따라 크게 두 계층의 분화가 일어났을 것이고, 호장은 토성이족 중 일부 가문이 세습했을 것이다. 이는 고려 말이지만 정척(鄭陟)의 아버지 정설(鄭舌, 1345~1422)과 조부 정자순(鄭子淳)이 안일호장(安逸戶長)·호장정조(戶長正朝)를 칭하고, 외조부 강우(姜祐)가 호장정조라는 사실에서 짐작할 수 있다.[21] 물론 안일호장은 호장으로서 70세 치사(致仕)의 의미로 주어졌던 호칭이다.[22]

양대업에 응시할 수 있는 기본 자격을 갖춘 향리의 자손들은 시(詩)·부(賦)의 제술과 명경의 능력을 갖추어야 소재지 관원의 시험을 거쳐 향공으로 선발되고 개경에 올라가 예비 시험에 응시할 수 있었다. 상서성(尙書省)과 국자감(國子監)에서는 천거된 자들이 지은 시·부가 격식에 어긋나거나 명경에서 한두 궤(机)를 읽지 못할 경우 그들을 천거한 시험관을 처벌할 것을 명시했다.[23] 따라서 지방 관학 교육기관인 향교는 향리 자제들이 양대업에 응시하기 위한 교육에 중요한 기능을 했다. 경재 하연의 '진주향교사교당기'는 그러한 교육적 기능이 컸다는 사실을 언급한 것이다.

앞에서도 지적했듯이 정지원의 묘지명에 부조(父祖)의 이름이 누락된 이유가 무엇일까. 과거 시행 절차에 의하면 제생(諸生)은 일정 기한 내에 행권(行卷)과 가장(家狀)을 과거 관련 실무 담당 기구인 공원(貢院)에 제출하게 되어 있었다.[24] 가장에는 응시생의 가장 기본적인 성명(姓名)·본관(本貫) 및 사조(四祖, 부·조·증조·외조)를 기록했다. 시험에 응시하는 모든 응시생은 권수(卷首)에 성명·본관 및 사조(부·조·증조·외조)를 쓰고 풀로 봉한 후 시험을 치르기 며칠 전에 시원(試院, 공원의 이칭)에 제출하도록 했기 때문이다.[25]

---

21) 「晉州新安洞鄭舌夫婦墓」面石銘文.

22) 『高麗史』卷75, 選擧志3 銓注 鄕職 穆宗 元年 3月 判文.

23) 『高麗史』卷73, 選擧志1 科目1 文宗 2年 10月 判文.

24) 『高麗史』卷73, 選擧志1 科目1 宣宗 8年 12月 判文; 睿宗 11年 11月 判文.

25) 『高麗史』卷74, 選擧志2 科目2 試官 元宗 14年 10月條.

이상에서 살펴보았듯이 정지원의 묘지명에 본관과 출신지 이외에 가계가 전혀 드러나지 않은 것은 의도적으로 누락한 결과가 아닐까 한다. 그렇다면 정지원의 출신과 관련지어 생각해볼 수밖에 없을 것 같다. 아마도 그의 아버지는 부호정 이상의 향리였겠지만, 호장을 세습하는 상층 이족 가문이 아닐 가능성이 높을 것이다. 그렇지 않다면 진주지역 토성이족 출신인 정지원의 아들 정조는 중앙 귀족 가문에 비해 상대적으로 미미한 자신의 가문이 드러나는 것을 원하지 않았기 때문일 것이다. 정조는 아버지의 벗인 영고가 묘지명을 저술하는 데 본관과 출신지 이외 가문에 대한 정보를 전혀 제공하지 않았던 것 같다. 그럼으로써 정지원의 묘지명에 가계의 사실이 언급되지 않았을 것이다.

4) 급제와 벼슬살이 및 죽음

과거 응시 자격을 갖춘 정지원은 향공에 선발된 후 개경으로 올라가 유학했다. 그는 예비 시험에 급제하여 향공진사가 되고 예부시의 제술업에 급제했다. 1125년(인종 3) 5월 동지추밀원사(同知樞密院事) 이지미(李之美)가 지공거(知貢擧), 지주사(知奏事) 김부일(金富佾)이 동지공거(同知貢擧)가 되어 진사(進士)를 뽑았는데, 이양신(李陽伸) 등 37명에게 급제(及第)를 내려주었다.[26] 이 을사방(乙巳榜)에 정지원은 37명 중 병과에 급제했다.[27] 그렇다면 그의 급제 성적은 어느 정도였을까.

958년(광종 9) 과거가 처음 실시되었을 때 제술과는 등급 구분 없이 갑

---

26) 『高麗史』 卷73, 選擧志1 選場 仁宗 3年 5月條.

27) 『登科錄前編』 卷1, 仁宗 3年 5月 乙巳榜; 許興植, 『韓國金石全文』(中世上), 亞細亞文化社, 1984, 680-682쪽.

과만 뽑다가 977년(경종 2)에 갑·을과의 등급으로 구분되고, 984년(성종 3)에 병과, 993년(성종 12) 동진사 등급이 추가되면서 급제자는 성적에 따라 4등급으로 분류되었다. 하지만 1032년(현종 17) 3월 과거 이후 갑과는 더 이상 나오지 않았으므로 제술과 등급은 을과·병과·동진사의 3등급으로 구분되었다. 제술과는 1106년·1107년·1108년(예종 3)에 등급 없이 전체 인원만 밝히고, 1114년(예종 9) 이후 등급 구분 없이 장원 급제자의 이름과 급제자 수만 기재하다가 1236년(고종 23)에 가서 다시 3등급으로 구분하여 기재했다.[28] 따라서 1032년 이후 제술과 급제자에게는 성적에 근거한 을과·병과·동진사로 등급을 구분하여 급제를 내려주었을 것이다. 그렇다면 『등과록전편』을사방에 등재된 이양신(李陽伸)과 정지원은 그들이 각각 을과 1인과 병과 1인에 급제했다는 사실을 말하는 것으로 보인다. 1125년(인종 3) 장원인 이양신을 포함한 을과 급제자가 몇 명인지 알 수 없으나 급제 성적에 따라 을과·병과·동진사로 등급을 구분한 선종·숙종·예종 연간의 을과 급제자 수는 선종대 2명을 뽑은 1건을 제외하고 모두 3~5명이었다.[29] 그렇다면 정지원은 37인 중 5인 내외의 우수한 성적으로 급제했을 것으로 추정된다.

정지원의 묘지명에 나오는 벼슬살이의 순서는 금성관기(錦城管記)가 처음이다. 하지만 그는 과거에 급제하여 처음으로 제기도감판관(祭器都監判官)에 임명되었다. 그의 묘지명에는 그가 임명받은 제기도감판관이 분명히 초배(初拜)라고 밝혀놓았기 때문이다. 영고는 벗의 묘지명에서 "1129년에 나아가 금성관기가 되었고, 임기가 차서 입궐하여 내환(內宦)으로 입시했으며, 처음으로 제기도감판관에 임명되었다"고 했다. 따라서 그는 과거에 급제하

---

28) 『高麗史』卷73, 選擧志1 選場, 光宗·景宗·成宗·顯宗·睿宗·高宗條.

29) 『고려사』권73, 선거지1 選場 仁宗 3年 5月條;『고려사』권73, 선거지1 선장 선종·숙종·예종조.

고 처음으로 제기도감판관에 임명되었다.

제기도감은 문종 때 정비된 관제로 사(使)는 2인이고 3품 관원이, 부사(副使)는 5품 관원이 겸하도록 했으며, 판관(判官) 6인은 병과권무였다.[30] 권무직은 임시적인 직무를 맡은 관직으로 3품으로부터 7품 이상의 품관권무와 동정직(同正職)의 산계 8·9품에 해당하는 갑과·을과·병과권무가 있었다.[31] 이와 같이 정지원이 처음으로 임명된 제기도감판관은 병과권무로서 9품 아래에 위치하는 산직인 동정직 체계의 품관으로서 과거나 음서를 통해 벼슬살이에 나선 자의 초입사직(初入仕職)이었다.

후술하듯이 외직에 보임(補任)된 자는 경관직을 겸대하고서 나아갔다. 정지원도 마찬가지였다. 정지원은 1129년(인종 7) 금성관기에 임명되어 나주로 부임했다. 금성은 나주목(羅州牧)의 별호이다.[32] 관직명에서 본다면 관기의 직무는 기록을 관장한 것으로 보이지만, 대도호부·목·대도독부 등의 외직에는 보이지 않는다. 즉 8목의 외직은 사(使) 1인 3품 이상, 부사(副使) 1인 4품 이상, 판관(判官) 1인 6품 이상, 사록(司錄) 겸 장서기(掌書記) 1인 7품 이상, 법조(法曹) 1인 8품 이상, 의사(醫師) 1인 9품, 문사(文師) 1인 9품 등으로 이루어져 있었다.[33] 따라서 관기는 8목 관아의 외직에는 포함되지 않았던 것 같다.

그런데 정지원처럼 관기에 임명된 몇몇 사례가 전한다. 이인로가 1180년(명종 10)에 장원으로 급제하여 계양관기(桂陽管記)로 보임되었다가 직사관(直史館)으로 옮겼으며, 이순목(李淳牧, ?~1249)이 1212년(강종 1) 임신방(壬申榜)에 급제하여 금성관기, 최성지(崔誠之, 1265~1330)가 1284년(충렬왕 10) 약관에

---

30) 『高麗史』卷77, 百官志2 祭器都監條.

31) 崔貞煥, 「權務官祿을 통해 본 高麗時代의 權務職」, 『國史館論叢』26, 1991, 82-88쪽.

32) 『高麗史』卷57, 地理志2 羅州牧 建置沿革條.

33) 대도호부·목·대도독부의 원리(員吏)와 품질(品秩)은 같았다. 『高麗史』卷77, 百官志2 外職 大都護府·諸牧·大都督府·中都護府條.

갑신방(甲申榜)에 급제하여 계림관기(鷄林管記)에 임명되었다. 이 외에 시기가 확인되지 않지만 이공승(李公升, 1099~1183)이 동도관기(東都管記), 백광신(白光臣, ?~?)이 황주관기, 정가신(鄭可臣, 1224~1298)이 전주관기에 임명된 사례도 있다.[34] 그렇다면 관기는 과거에 급제한 인물이 산직인 초입사직 이후 임명받은 실직이다.

한편으로 말단 외직 문사(文師)에 임명된 구체적인 인물 사례가 확인되지 않는다는 사실과 앞의 관기 사례를 관련지어 고려한다면 관기가 문사의 역할을 했던 것으로 추정할 수 있을 것이다.

정지원은 경관직 제기도감판관 이후 여러 번 옮겨서 감위녹사(監衛錄事)·대관서령(大官署令)이 되었다. 감위녹사는 관찬 사서류에는 나타나지 않고 오직 정지원의 묘지명에 보이는 관직이다. 감위녹사는 '감위'가 어떤 관부인지 알 수 없으므로 더 이상 검토할 수 없다. 대관서는 1308년(충선왕 즉위년) '선관서(膳官署)'로 고쳤는데, 제사와 연회에 사용하는 음식과 반찬을 담당했다. 목종 때 대관서에 영(令)이 있었는데, 문종의 관제 정비 때 대관서령 2인의 관품은 종7품으로 정해졌다.[35] 대관서령은 1076년(문종 30) 갱정전시과(更定田柴科) 규정에 의하면 13등과에 해당하는데, 전지(田地) 35결(結), 시지(柴地) 8결을 지급받았으며,[36] 인종조의 녹봉 지급액으로 30석(石) 10두(斗)를 지급받았다.[37]

1142년(인종 20) 정지원은 시합문지후(試閤門祗候)로서 지승평군사(知昇平郡事)로 보임(補任)되어 군에 머물렀다. 외직으로 보임되는 자가 모두 경관직

---

34) 『高麗史』卷102, 列傳 李仁老傳; 『高麗史』卷102, 列傳 李淳牧傳; 『高麗史』卷108, 列傳 崔誠之傳; 『破閑集』卷中, 金庾信 篇; 『補閑集』卷下, 毅廟幸西都時 篇; 『高麗史』卷105, 列傳 鄭可臣傳.

35) 『高麗史』卷76, 百官志2 膳官署條.

36) 『高麗史』卷78, 食貨志1, 田制 田柴科 更定兩班田柴科條.

37) 『高麗史』卷80, 食貨志3 祿俸 文武班祿條.

을 겸대하고 부임하던 제도는 1356년(공민왕 5)에 이르러 폐지되었다.[38] 이에 따르면 정지원은 경관직인 시합문지후로서 지승평군사에 보임되어 부임했다. 합문지후는 문종 때 관계(官階)가 정7품으로 정해졌다가 1116년(예종 11) 참질(參秩)로 승격되었다.[39] 합문지후와 지승평군사는 관계가 일치했던 것으로 생각된다. 만약 관계가 높은 자가 외직에 보임될 경우 관품의 등급이 서로 맞지 않으면 본직에 '전(前)' 자를 띠고 부임하도록 했기 때문이다.[40]

문종조에 지방관의 녹봉에서 지승평군사의 녹봉은 86석(石) 10두(斗)로 정해졌다. 지급액으로는 개성 부사, 8목 판관, 안서대도호부 판관, 인주·수주·원주 등의 주사(州使), 천안·남원·장흥·경산·안동 등지의 부사(府使), 고부·영광·영암·보성 등지의 군사(郡使)와 같았다. 문종조 지승평군사의 녹봉 지급액은 인종조의 개정 때도 변화가 없었다. 문무반록(文武班祿)의 시합문지후 녹봉액은 문종조에 보이지 않고 인종조에 40석으로 정해졌다.[41] 따라서 지승평군사에 보임된 정지원은 겸대하고 있던 경관직인 시합문지후에 비해 46석 10두나 더 많은 녹봉을 지급받았다. 이런 차이는 녹봉액수가 관계가 아니라 관직을 기준으로 삼아 지급 액수를 규정했으므로 발생한 것이다.

요컨대 정지원은 1142년 벼슬살이를 통해 지승평군사로서 녹봉 86석 10두에 1076년(문종 30) 갱정(更定) 전시(田柴) 지급 규정에 따라 일정액의 전시를 지급받음으로써 경제 기반을 마련할 수 있었다.

정지원은 승평군사로서 청렴하고 올곧다는 평판으로 칭송을 받았으므로 조정에서 그것을 가상히 여겨 곧 중서주서(中書注書)에 그를 임명했다. 정

---

38) 『高麗史』卷77, 百官志2 外職 大都護府條.

39) 『高麗史』卷76, 百官志1 通禮門條.

40) 『高麗史』卷77, 百官志2 外職 大都護府.

41) 『高麗史』卷80, 食貨志3 祿俸 外官祿·文武班祿條.

지원이 좋은 고과(考課)를 통해 제수받은 중서주서는 목종 때 내사문하성(內史門下省)의 내사주서(內史注書)이다. 1061년(문종 15)에 내사문하성이 중서문하성(中書門下省)으로 바뀌면서 내사주서도 중서문하성의 중서주서로 개정되었다. 중서주서는 정원 1인의 종7품 관직이다.[42] 중서주서는 인종조에 정해진 녹봉 액수가 46석 10두였으므로 시합문지후보다 6석 10두 많았으며,[43] 1076년(문종 30) 갱정전시과에서 12등과에 해당하는데, 합문지후와 같은 전지 40결, 시지 10결을 지급받았다.[44] 따라서 정지원은 중서주서에 제수됨으로써 전에 비해 실질적으로 좀 더 나은 대우를 받았다.

1145년 무렵에 임시 관직인 권지감찰어사(權知監察御史)로 옮겼다가 1146년에 임시직에서 정식 감찰어사(監察御史)에 제수되었다. 감찰어사는 뒤에 사헌부로 개정되는 어사대(御史臺)의 종6품 관직으로 시정(時政) 논집(論執), 풍속 교정, 백관(百官)의 규찰(糾察)과 탄핵 등을 관장하던 대관(臺官)의 일원이었다.[45] 그의 일상생활을 뒷받침했던 경제 기반으로서 전시는 앞의 중서주서와 같은 액수를 지급받았으며, 녹봉은 중서주서보다 20석 더 많은 액수를 지급받았다.[46]

감찰어사에 이어서 정지원은 좌정언(左正言)에 임명되고 지제고(知制誥)를 겸직했다. 좌정언은 중서문하성의 낭사(郞舍)로서 임금을 상대로 간쟁(諫諍)하고 봉박(封駁)하는 것을 담당했던 간관의 일원이었다. 좌정언의 관계는 종6품이었다.[47] 정지원의 겸직인 지제고는 한림원(翰林院)·보문각(寶文閣)의

---

42) 『高麗史』卷76, 百官志1 門下府 注書條.

43) 『高麗史』卷80, 食貨志3 祿俸 文武班祿條.

44) 『高麗史』卷78, 食貨志1, 田制 田柴科條.

45) 『高麗史』卷76, 百官志1 司憲府條.

46) 『高麗史』卷80, 食貨志3 祿俸 文武班祿條.

47) 『高麗史』卷76, 百官志1 門下府條.

겸직자가 아니므로 외지제고(外知制誥)였다. 1116년(예종 11) 한림원의 관직을 겸직하는 관료들은 모두 본품(本品)의 행두(行頭)로 서게 했다.[48] 즉, 정지원은 좌정언으로서 지제고를 겸직했으므로 종6품의 직위에 있는 관원 중에서 가장 앞선 자리를 차지했다.

정지원은 1147년(의종 원년) 봄에 경관직인 좌정언을 겸대하고서 전라주도안찰사(全羅州道按察使)로 나아갔다가 6개월 만에 임무를 끝내고 가을에 개경으로 돌아왔다. 1276년(충렬왕 2) 안렴사(按廉使)로 개정되는 안찰사는 특정 도내에 파견되어 주현을 순안(巡按)하면서 지방관의 출척(黜陟)을 행했다. 1012년(현종 3) 국초에 절도사(節度使)를 혁파하고, 뒤에 안찰사(按察使)를 설치했다. 1064년(문종 18)에 도부서(都部署)로 고쳤다가 1113년(예종 8)에 다시 안찰사로 고쳤다.[49]

전라주도안찰사에서 6개월 만에 돌아온 정지원은 1147년 가을 의종이 장원궁(長源宮)에 행차했을 때 밝혀져 있지 않은 앞의 일을 재차 거론하고, 국가의 이해에 관한 일로 간언을 올렸다. 이 간언은『고려사』원종 원년 12월 7일자에 언급되어 있는 기사와 같은 내용일 것으로 짐작된다.

1147년(의종 원년) 12월 7일 좌정언 정지원은 지어사대사(知御史臺事) 문공유(文公裕)와 함께 사흘간 합문(閤門) 앞에 엎드려 시사(時事)에 대해 언사(言事)했다.[50] 간관인 어사대의 지사 문공유와 낭사 좌정언 정지원은 임금에게 3일 동안이나 시사를 간쟁했으나 받아들여지지 않았던 것 같다. 이때 정지원이 임금에게 간쟁한 시사가 구체적으로 무엇을 말하는지는 알 수 없으나 최고 집권자 김부식(金富軾, 1075~1151)과 관련된 것일 수 있다. 왜냐하면 그 일로 말미암아 시상의봉어(試尙衣奉御)로 옮겨졌지만 임금으로부터 비어대(緋魚

48) 『高麗史』卷76, 百官志1 藝文館條.
49) 『高麗史』卷76, 百官志2 按廉使條.
50) 『高麗史』卷17, 世家 毅宗 元年 12月條;『高麗史節要』卷11, 毅宗 元年 12月條.

袋)를 하사받았기 때문이다. 김부식 일파는 정지원을 정6품 상서도성(尚書都省)[51] 원외랑(員外郎)으로 승진시켰다. 하지만 그는 청요직 간관(諫官)인 좌정언에서 쫓겨난 것에 다름이 없었다. 결국 그는 원외랑을 겸대하고서 외직인 용주방어사(龍州防禦使)로 좌천되었다. 그가 좌천된 이후 그렇게 울분했던 것도 김부식 일파에게 숙청되다시피 했기 때문일 것이다. 이와 같이 간관으로서 정지원의 태도는 관료로서 그의 삶의 성격이 어떠했는가를 알 수 있다. 결국 그 사건으로 인해 좌천되어 울분에 휩싸여 지내다가 병이 나서 불과 1년 6개월여 만에 개성의 남산(南山) 중방사(中房寺)에서 세상을 떠났다.

1149년(의종 3) 3월 13일 영고는 정지원이 세상을 떠났다는 소식을 들었다. 정지원의 아들 정조가 와서 알리며 "선생께서는 진정한 아버지의 벗이십니다. 청컨대 묘지명을 지어 후세에 남기고자 합니다. 그러지 않으면 아버지 무덤을 닫지 못할 것입니다"라고 했다. 영고는 얼굴을 가리고 울면서 탄식했다. 생전에 벗의 묘지명을 지을 것이라고 상상하지 못했기 때문이다.

영고는 벗의 묘지명에서 "군의 평생은 여기에 그치는 것으로 충분했음에도 불구하고 언사(言事)를 꺼리지 않아서 끝내 좌천되어 쫓겨났다"면서 그 울분이 병이 되어 세상을 떠났다는 소문을 적어 벗의 명복을 빌고자 했으리라. 벗인 영고가 볼 때 정지원이 혈혈단신의 몸으로 진주에서 개경으로 유학 와서 과거에 급제하고 벼슬길에 나아가 그만한 관직에 오른 것도 만족할 만한 것이었다. 하지만 정지원은 그렇게 생각하지 않았던 것 같다. 결국 정지원은 몇 개 가문의 문벌들이 온 권력을 차지하고 권력을 휘두르는 귀족사회에서 좌절을 겪고 울분에 휩싸여 죽음에 이르렀다.

---

51) 정지원의 묘지명에 '尚書▨▨' 부분에서 마멸된 두 자는 '도성(都省)'으로 추정된다. 982년(성종 원년) 광평성(廣評省)을 고쳐 어사도성(御事都省)으로 삼았다가 995년(성종 14)에 상서도성으로 고쳤다. 이때 좌우사에 각 1인의 정6품 원외랑을 두었다.(『高麗史』 卷76, 百官志1 尚書省條) 따라서 상서 아래 마멸된 두 글자는 도성으로 볼 수밖에 없을 것 같다.

정지원이 진주에서 천리 길 개경으로 올라와 글 동냥하다시피 공부하여 36세에 과거에 급제했으니 그의 앞날에 대한 기대는 친한 친구조차 이해할 수 없을 만큼 장대했을 것이다. 더구나 그는 동방급제(同榜及第) 37인 중에서 우수한 성적으로 급제했다. 그러니 그가 마음속에 품은 장하고 큰 뜻을 친구라도 동감할 수 없었을 것이다. 그래서 영고는 묘지(墓誌)의 명(銘)에서 그의 뜻을 '장지(壯志)'라고 표현했다. 그가 과거에 급제한 1125년 무렵은 문벌 가문 출신 귀족 관료들 간의 권력 분점과 상호 견제의 정치체제가 이미 이자겸의 권력 독점으로 깨뜨려졌던 시기이다. 그러한 권력구조 아래에 일개 지방 출신 신진관료로서 정지원의 삶은 절대 만만치 않았을 것이다. 더구나 정지원은 친한 벗인 영고조차 묘지에서 그 가문에 대해 한 글자도 남기지 못할 만큼 미미한 가문 출신이었으니 더욱 그랬을 것이다.

정지원이 과거에 급제하여 벼슬살이에 나아가 그만둘 때까지 기간은 이자겸의 난(1126), 척준경의 제거(1127), 묘청의 난(1135)과 김부식의 집권 등 귀족들 간의 갈등과 대립으로 말미암아 중·하급 관료와 지방 출신 신진관료들의 정치적 입지가 매우 불안정한 시기였다. 한편으로는 그들이 집권세력에 편승하여 영달할 기회도 없지 않았을 것이다. 하지만 정지원은 제술업 출신으로서 유교의 명분론이 몸에 밴 인물이어서 일시의 권력을 추종하려는 기회주의적인 인물이 아니었을 것이다. 결국 좌절된 그의 장지는 벗에 의해 몇 자의 명(銘)으로 남겨졌다.

정지원은 진주에서 왕도 개경까지 천리 먼 길을 마다하지 않고 유학길에 오를 때부터 마음속에 지닌 앞날에 대한 계획이 컸다. 하지만 지방 출신 신진관료가 겪게 되는 현실의 벽은 너무나 높았다. 남겨진 소문으로는 죽는 날에도 그는 울분이 가득했으며, 이로 인해 죽게 되었다. 그랬으므로 아들 정조도 피눈물을 흘리면서 슬픔을 머금고 종신토록 잊지 않겠다고 다짐했다. 그가 품었던 장지가 구체적으로 어떠했는지 알 수 없으나 영고는 벗의 묘지명에서 "아아 그대여, 마음속에 품은 장하고 큰 뜻을 행하지도 못하고 쉿돌 가운데 명으로 새겨졌구나. 생전에 큰 포부가 있었으니, 유골은 저승에 맡기더라도 이로써 훼손되지 않음을 보이리라"고 탄식했다.

한편 정지원의 자손은 아들 정조의 이름 이외에 알려진 게 없다. 그런데 『등과록전편』에 의하면 1158년(의종 12) 5월 무인방에 급제한 허이섭(許利涉)의 처부와 1176년(명종 6) 8월 병신방에 급제한 허경(許京)의 외조는 정지원(鄭知源)이다.[52] 또한 미수(眉叟) 허목(許穆, 1595~1682)의 연보에 실린 세계도에도 허이섭의 처부는 진주정씨(晉州鄭氏) 조의랑(朝議郎) 상서(尙書) 정지원의 딸이라고 했다.[53] 허이섭의 아버지 허순(許純)이 1135년(인종 13) 1월 제위보부사(濟危寶副使), 1144년(인종 22) 4월 시예부원외랑(試禮部員外郎), 1155년(의종 9) 1월 동북면병마부사(東北面兵馬副使)로서 활동한 연대는 앞에 언급했듯이 정지원이 1145년 권지감찰어사(權知監察御史), 1146년 감찰어사로서 활동한 연대와 거의 일치한다.[54] 그렇다면 정치원은 허이섭의 처부이고, 예부소경(禮部少卿)을 지낸 허경의 외조일 가능성이 높다고 본다.[55]

---

52) 『登科錄前編』 卷1, 毅宗 12年 5月 戊寅榜; 『登科錄前編』 卷1, 明宗 6年 8月 丙申榜.

53) 『眉叟年譜』 「世系圖[許磊]」. 허목의 15대조 허이섭은 정7품 전구령(典廐令)을 지냈다고 했으나 그의 증손 문경공(文敬公) 허공(許珙, 1233~1291)의 묘지명에 의하면 종8품 전구서승(典廐署丞)을 지냈다.(許興植, 『韓國金石全文』(中世上), 亞細亞文化社, 1984, 638-642쪽) 정지원의 벼슬인 상서는 아마도 상서도성(尙書都省) 원외랑의 착오인 것으로 보인다. 정지원의 관계가 정6품 조의랑이며, 그의 관직이 정6품 상서도성 원외랑이기 때문이다.

54) 『高麗史節要』 卷10, 仁宗 13年 春正月 21日(乙丑); 許興植, 『韓國金石全文』(中世上), 亞細亞文化社, 1984, 638-642쪽; 『高麗史』 卷18, 世家 毅宗 9年 春正月 3日(辛亥).

55) 허이섭의 양천허씨 가문은 그의 조부 허재(許載, 1062~1144)가 처음으로 재상 반열에 올랐다.(『高麗史』 卷98, 列傳 許載傳) 정지원의 외현손인 허공(許珙, 1233~1291)이 다시 재상의 지위에 올랐으며, 그의 내외 자손이 번성했다.(許興植, 『韓國金石全文』(中世上), 亞細亞文化社, 1984, 638-642쪽) 허공의 8대손이 우의정에 오른 충정공(忠貞公) 허종(許琮, 1434~1494)과 좌의정에 오른 문정공(文貞公) 허침(許琛, 1444~1505) 형제이다.(『續東文選』 卷19, 行狀, 「忠貞公行狀[申從濩]」; 『慕齋集』 卷14, 行狀 「許文貞公行狀」)

5) 맺음말

정지원(1090~1149)은 자(字)가 남로(南老)이며, 본관이 진양(晉陽)이다. 그의 묘지명은 진양이라는 진주의 별호가 가장 이른 시기에 쓰인 사례라는 점에서도 의미가 있다. 12세기 전반에 활동한 정지원은 진주지역의 역사와 인문적 환경에서 지식을 쌓아 향공으로 선발되었으며, 개경에 유학하여 향공진사를 거쳐 과거에 급제하였다.

진주지역은 685년(신문왕 5) 청주(菁州) 주치(州治)가 두어진 이후 행정과 군정의 정치적 기반 위에서 상대적으로 수준 높은 문화적 혜택, 효과적인 지적 기반의 재생산 시스템 등을 바탕으로 재지세력의 성장이 지속적으로 이루어졌던 것 같다. 진주향교는 토성이족 자제들이 양대업(兩大業)에 응시하기 위한 교육에 중요한 기능을 했을 것이다. 이는 정지원이 진주목사에 의해 향공으로 선발될 수 있었던 배경이었다.

정지원의 묘지명에 본관과 출신지 이외에 가계가 전혀 드러나지 않는 것은 아들 정조(鄭慥)가 의도적으로 누락한 것으로 생각된다. 그렇다면 정지원의 출신과 관련지어 생각해볼 수밖에 없을 것 같다. 그의 아버지는 부호정(副戶正) 이상의 향리였겠지만 아마도 호장을 세습하는 상층 이족 가문이 아닐 가능성이 높을 것이다. 혹은 진주지역 토성이족 출신인 정지원의 아들 정조는 중앙 귀족 가문에 비해 상대적으로 미미한 자신의 가문이 드러나는 것을 원하지 않았으므로 자신의 가계를 언급하지 않았을 것이다. 정조는 아버지의 벗인 영고(永固)에게 본관과 출신지 이외의 자세한 가문의 정보를 제공하지 않음으로써 정지원의 묘지명에는 그의 출신을 알 수 있는 내용이 언급되지 않았던 것으로 보인다.

1125년(인종 3) 5월 과거에 급제하고 처음으로 산직인 제기도감판관(祭器都監判官)에 임명되었으며, 얼마 지나지 않은 1129년(인종 7) 경관직을 겸대하고서 실직인 금성관기(錦城管記)에 임명되어 나주로 부임하였다. 이후 벼슬을 옮겨 감위녹사(監衛錄事)·대관서령(大官署令)에 임명되었다. 1142년(인종 20) 정지원은 시합문지후(試閤門祗候)로서 외직인 지승평군사(知昇平郡事)에 보임(補任)되었다. 정지원은 승평군사로서 청렴하고 올곧다는 고과(考課)로 인해 중서주서(中書注書)가 되었다. 1145년 무렵 권지감찰어사(權知監察御史)로 옮겼다가 1146년 감찰어사(監察御史)에 제수되었다. 이어 정지원은 좌정언(左正言)에 임명되고 지제고(知制誥)를 겸직하였다.

정지원은 1147년(의종 원년) 봄에 경관직인 좌정언을 겸대하고서 전라주도안찰사(全羅州道按察使)로 나아갔다. 그는 6개월 만에 임무를 끝내고 가을에 개경으로 돌아온 직후 의종이 장원궁(長源宮)에 행차했을 때 밝혀져 있지 않은 앞의 일을 재차 거론하고, 국가의 이해에 관한 일로 간언을 올렸다. 즉, 그는 1147년 12월 종6품의 좌정언으로서 지어사대사(知御史臺事) 문공유(文公裕)와 함께 시사(時事)를 극론하였다. 이후 그는 정6품 상서도성(尙書都省) 원외랑(員外郞)으로 승진하였으나 그가 극론한 시사로 말미암아 간관인 좌정언에서 밀려나고 끝내 용주방어사(龍州防禦使)로 좌천되었다.

정지원은 제술과 출신으로서 유교의 명분론이 몸에 밴 인물이어서 일시의 권력을 추종하려는 기회주의적인 인물이 아니었을 것이다. 이는 정지원이 집권 세력의 잘못을 두고 보지 못하고 언사(言事)를 꺼리지 않았던 사실에서 짐작할 수 있다. 그는 집권자의 잘못을 이것저것 따져서 바른말 하기를 주저하지 않았던 인물이다. 결국 그는 시사(時事)를 극론하다가 끝내 좌천되었다. 정지원은 6품관으로서 결코 녹록하지 않은 벼슬살이를 끝냈다. 그는 한때 대간(臺諫)의 일원으로서 정국의 중심에 서기도 했지만 결국 중앙의 관직에서 밀려나 변경의 방어사로 좌천되었다. 그의 울분은 극에 달하여 병으로 앓아눕는 지경에 이르러 끝내 죽음을 맞이하였다. 정지원은 아들 정조와 사위 허이섭을 두었으나 그 가문의 행적은 더 이상 알려진 게 없다.

2. 12세기 중엽 진양정씨 가문의 문사 정여령

1) 머리말

문벌귀족사회의 최극성기인 12세기 중엽에 왕도 개경에서 문사로서 이름이 드러난 한 인물이 있었다. 그는 이인로가 지은 『파한집』의 시화(詩畫) 서두에 나오는 군부참모(軍府參謀) 정여령(鄭與齡, ?~?)이다.

1623년 정준(鄭浚, 1581~1654)은 아들 팔송(八松) 정필달(鄭必達, 1611~1693)을 대동하고 진주의 능허(凌虛) 박민(朴敏, 1566~1630)에게 가서 배우도록 하고, 곧 조상의 묘소에 성묘했다. 이때 정필달은 정여령의 시에 차운하여 사람들을 놀라게 했다.[1] 정여령은 정필달 가문의 계보상에 나타나지 않는 인물이다. 그는 오로지 그가 남긴 시로 인해 5백여 년 뒤 진양정씨 가문의 인물들에게 기억되고 걸출한 인물로 추앙되었던 것으로 보인다.[2]

정여령은 진주지역 토성이족인 진양정씨 가문 출신으로 생각된다. 하지만 그의 출신 가문과 출사의 배경은 전혀 알려지지 않았으며, 활동 연대만 대략 짐작할 수 있을 뿐이다. 정여령은 군부참모로 있을 때 남긴 칠언절구와 또 다른 시 한 편으로 역사에 기록되고 17세기 중엽의 인물에 의해 기

---

1) 『八松集』卷7, 附錄「行錄[門人判校一善金千鎰]」; 『八松集』卷6, 墓誌銘「先考學生府君墓誌銘」.

2) 정필달은 1686년에 지은 '진양정씨세보' 발문에서 "내가 들은 바로는 청천군(菁川君) 정을보(鄭乙輔), 교은(郊隱) 정이오(鄭以吾), 우의정 정분(鄭苯), 정여령 같은 이는 모두 빼어난 인걸(人傑)이라고 세상에서 일컫고 있지만 모두 족보에 널리 전하지 않는다"고 했다.(『八松集』卷5, 跋「世譜跋【丙寅】」) 정필달이 정을보와 정이오 및 정분에 대해 그렇게 말한 것은 보첩의 내용을 두고 한 말인 것 같다. 세 인물에 관한 관찬 사서의 기록이 너무나 많기 때문이다.

억되었던 인물이다. 그가 지은 칠언절구의 내용에 근거해서 볼 때 그가 진주 출신이라는 사실은 확실하고, 군부참모였다는 사실도 틀림이 없다. 이는 그의 신분과 출세의 배경을 이해하는 데 실마리가 될 수 있다. 그가 진주지역의 토성이족이 아니었다면 그러한 출세는 애초에 불가능했다. 그러므로 진양정씨 가문의 출신으로 봐도 무방할 것이다.

군부참모 정여령이 재상 이지저(李之氐, 1092~1145) 집을 방문하여 시작(詩作)을 권유받을 정도이면 일반 문사라고 볼 수 없다. 그는 이미 시문을 잘 짓는 사람으로서 알려져 있었을 것이다. 정여령이 군부참모라는 사실은 그가 진주지역 토성이족 출신으로서 과거를 통해 벼슬살이하던 인물임을 의미한다. 이는 음직을 통해 벼슬살이에 나아갔다가 과거에 급제하여 군부참모에 오른 최효사(崔孝思, 1140~1218)의 사례를 검토함으로써 정여령이 과거에 올라 벼슬살이에 나아가 정8품 정도의 경관에 임명되고 겸직으로서 군부참모에 임명되었던 사실을 추정할 수 있을 것으로 본다.

이 글에서는 군부참모 정여령의 출신을 검토함으로써 문학에 뛰어나고 시문을 잘 지었던 정여령의 존재를 규명하려고 한다. 비록 짧은 글이지만 정지원과 정여령 등 12세기 진주지역 토성 출신 인물에 관한 일련의 연구는 진양정씨 가문만이 아니라 진주지역 토성이족의 사족화 배경과 시기를 추정하는 데 연구적 토대가 될 수 있을 것이다.

2) 출신과 군부참모

창주(滄洲) 하증(河憕, 1563~1624)의 '하씨세계변(河氏世系辨)'에 의하면 함안 산족리(山足里) 원북동(院北洞) 함안조씨 가문 출신의 단성현감 조응경(趙應卿, 1487~1549)은 하씨의 외손으로서 정성을 다하여 진주 토성 자료를 찬집하고 진양사대성(晉陽四大姓)의 족보를 만듦으로써 삼하(三河)·사강(四姜)·십정(十鄭)의 분질(分秩)을 명백히 갖추었다. 이를 진주의 향사당(鄉射堂)에 보관했다.[3] 유헌(遊軒) 정황(丁熿, 1512~1560)이 1551년(명종 6)에 지은 조응경의 묘지명에 의하면 그의 외조부는 진양하씨 시랑공파 가문의 감찰 하백달(河伯達)이다.[4] 조응경은 16세기 초반에 진주 네 토성의 족보를 찬집하면서 진주 토성의 세계를 정리했는데, 진양하씨가 세 개 계열, 진양강씨가 네 개 계열, 진양정씨가 열 개 계열이라고 명백히 했다. 이는 이후에 흔히 말하는 '팔정(八鄭)' 이나 '육정(六鄭)'은 진양정씨 분파를 전부 파악하고 말한 것이 아닐 수 있다는 사실을 의미한다.

한편 초간(草澗) 권문해(權文海, 1534~1591)는 성균녹정(成均錄正) 정인순(鄭仁順)이 진양정씨 '육정(六鄭)', 즉 여섯 분파의 한 파조라고 보았다. 나머지 다섯 파조는 낭장(郎將) 정송익(鄭松益), 통례지후(通禮祗候) 정신(鄭侁), 검교군기감(檢校軍器監) 정대령(鄭大齡), 사노반군(四弩班軍) 정춘보(鄭春輔), 대제학(大提學) 정척(鄭陟)이라고 보았다. 이 여섯 분파의 선조는 모두 주리(州吏)[5]에서 나왔다

---

3) 『晉陽誌』卷3, 姓氏條.

4) 하백달의 아버지는 문과에 급제하여 사헌부지평을 지낸 하충, 조부는 통정대부로서 성주목사 등을 지낸 하경리, 종조부는 양정공 하경복이다. 하백달은 두 딸만 두었는데, 맏사위가 사헌부 장령을 지낸 전의이씨 이창윤, 둘째 사위가 남계처사(南溪處士) 조수만(趙壽萬, 1469~1491) 이다.(『襄靖公實記』附外派圖「參議公外派圖」;『晉陽河氏大同譜』(2000)) 조수만은 하백달의 딸(1465~1490) 사이에 아들 조응경과 사위 우참찬 이미(李薇, 1484~?)를 두었다. 조응경은 1530년 조봉대부 사도시주부(司䆃寺主簿)를 거쳐 사헌부감찰, 단성현감을 지내고 1539년 안음현감을 거쳐 다시 감찰에 제수되었다가 예안현감 제수를 끝으로 벼슬살이를 그만두고 함안으로 귀향했다. 조응경은 진주류씨 장사랑 류형창(柳亨昌)의 딸 사이에 아들 둘과 사위 한 명을 두었다. 그의 장자 조성(趙城)의 맏아들이 대소헌 조종도이다.(『游軒集』卷4, 墓誌「禮安縣監趙君墓誌銘 辛亥」;『咸州誌』卷1, 塚墓「趙壽萬墓碣銘[李薇]」)

5) 정필달은 소위 주리(州吏)는 지금의 이역(吏役)과 견주어서 서로 같지 않다면서 벼슬이 시중에 이른 일선김씨(一善金氏) 김선궁(金宣弓)과 아들 삼사윤(三司尹) 김문봉(金文奉)이 고향으로 돌아와 향리가 되었던 사실, 합단(哈丹)의 침입 때 정주(靜州) 호장 김유한(金裕翰)이 적을 물리쳤던 것을 그 증거라 했다.(『八松集』卷5, 跋「世譜跋【丙寅】」)

고 했다. 그리고 시중(侍中) 정유(鄭裕), 동정 정모(鄭謨), 어사(御史) 정택(鄭澤)의 동원(同源) 여부는 알 수 없다고 했다.[6] 또한 팔송 정필달은 1685년에 지은 선고(先考) 정준의 묘지명에서 진양정씨는 8파가 있다고 했다.[7] 그리고 정필달이 1686년에 지은『진양정씨세보』의 발문에 의하면 진양정씨 계열은 모두 6파이다. 이는 앞의 권문해의 '대동운부군옥'에서 취한 내용이다.[8]

고려 건국 이래 재지세력을 대표하던 토성이족은 각기 읍사(邑司)를 중심으로 강력한 사회·경제적 기반을 보유했으며, 여말선초 신분제의 재편성 과정에서 이족의 사족화가 활발했다.[9] 진양정씨는 토성이족 가문이 사족화한 시기에 따라 분파를 달리했던 것 같다. 팔송 정필달은 호장의 후손들 중에 현족이 많은데, 세상에 드러나기 전의 보첩에 전할 만한 것이 없어 각 가문이 현달한 인물을 중심으로 그 집안의 시조로 삼았다면서 이는 동성동본이 분파를 달리했던 이유라고 했다.[10]

이상과 같이 동성동본으로 생각되는 진양정씨 가문이 서로 간에 계보가 확실하지 않은 여러 분파로 나누어진 것은 각 분파의 현조(顯祖)가 출사(出仕)한 시기의 선후 차이에서 비롯했던 것으로 볼 수 있다. 16세기 초반의 기록에 진양정씨 가문의 분파가 십정(十鄭)이라 할 정도로 그 가문은 다른 토성에 비해 번성했으며, 현달한 인물을 중심으로 한 10개 가문의 가승(家乘)이 후세에 전해졌던 것 같다. 정여령의 경우 진양정씨 어느 계열과 관련이 있는지를 확인할 근거 자료가 전혀 없다. 다만 그가 진주지역 토성이족 중에

---

6) 『大東韻府羣』玉卷17, 去聲 24敬. 권문해는 지후공파의 파조 정신(鄭侁)을 '정선(鄭銑)'이라 오기했다.『晉州鄭氏祗候公派大同譜』(2017) 참고.

7) 『八松集』卷6, 墓誌銘「先考學生府君墓誌銘」.

8) 『八松集』卷5, 跋「世譜跋【丙寅】」.

9) 李樹健,「直村考」,『韓國中世社會史研究』, 一潮閣, 1984, 444쪽.

10) 『八松集』卷5, 跋「世譜跋【丙寅】」.

상급 호장층 가문의 출신일 것으로 추정할 뿐이다.

정여령이 진주 출신이라는 사실은 훗날 '진주산수도(晉州山水圖)'라고 이름 붙인 칠언절구를 통해 확인할 수 있다. 그는 "물가에 초가집 얼마나 있는가. 그중에 내 집도 있으련만 그려졌는지 안 그려졌는지"라고 했기 때문이다. 그 그림의 구도에는 진주의 승경(勝景)인 남강과 그 북안(北岸)의 진주성을 중심으로 한 진주의 주내(州內) 일부가 포함되었을 것으로 추정된다. 따라서 정여령은 그 시구에서 자신의 집이 주내에 있었던 사실을 말한 셈이다. 정여령이 진주 출신이라는 사실은 틀림이 없는 사실이다.

정여령이 진주 출신으로서 가작(佳作)의 칠언절구를 남겼을 정도이면 그를 진주지역 토성이족 가문 출신으로 볼 수밖에 없다. 그는 8세 무렵 향교에 진학하여 다년간 학업에 전념했다가 진주목사에 의해 향공으로 선발되었으며, 개경으로 올라가 국자감시(國子監試)를 거쳐 과거에 급제했을 것이다. 진주지역 토성이족 출신이 왕도 개경에서 군부참모를 겸직할 수 있는 벼슬살이의 길은 과거 이외에 사실상 없었기 때문이다. 그렇다면 다른 사례를 통해 군부참모 정여령의 존재를 살펴보자. 군부참모의 사례는 관찬 사서에는 확인되지 않으며, 금석문에도 최효사(崔孝思, 1140~1218) 한 사례에 지나지 않지만, 그 이해에 주요한 실마리는 될 것으로 생각된다.

「추밀원사예부상서보문각대학사최공묘지병명(樞密院使禮部尚書寶文閣大學士崔公墓誌并銘)」[11])에 의하면 최효사는 뒤에 이름을 '최탄(崔坦)'으로 바꾸었다. 그는 본관이 한남(漢南), 내사령(內史令) 최사위(崔士威)의 6대손이며, 증조가 화순공(和順公) 최계방(崔繼芳), 조부가 문간공(文簡公) 최함(崔諴), 아버지가 예부낭중(禮部郎中) 최광세(崔光世)이고, 어머니가 경원군대부인이씨(慶源郡大夫人李

---

11) 김용선, 「최효사(崔孝思)묘지명」, 『역주 고려묘지명집성』(개정판), 한림대학교 출판부, 2006, 512쪽. 이하 「崔孝思墓誌銘」으로 약칭하겠다.

氏)이다. 이처럼 최효사는 문벌 가문 출신으로서 어려서 문음으로 벼슬살이에 나아갔다가 그만두고 국학에 입학하여 상국 김영윤(金永胤, ?~1169)의 문하에서 과거에 급제했다. 최효사는 관례대로 중화현(中和縣)에 보임되었는데, 농상(農桑)에 치적이 있었으므로 고과에서 최고를 받고, 개경에 들어와서 경덕궁녹사(敬德宮錄事)가 되었다. 1178년(명종 8)에 찰방사(察訪使)를 나누어 파견하여 주군(州郡)을 다니면서 전후 수령의 정적(政績)을 조사하게 했는데, 그가 치적으로 1등에 올랐다. 이로 인해 정8품 도교서령(都校署令) 겸 군부참모로 고속 승진했다.

앞에서 살펴본 것처럼 최효사는 문음으로 잠시 벼슬살이를 했으며, 국학에 입학하여 학업을 익혀 과거에 급제했다. 그는 지방관으로서 치적을 인정받아 정8품 경관직 도교서령 겸 군부참모에 임명되었다. 그가 정8품 경관직 도교서령과 겸직 군부참모에 임명된 것을 두고 고속 승진이라고 했던 점에 주목하지 않을 수 없다. 더구나 그는 문벌 가문 출신으로서 과거에 급제한 인물이었다. 그가 상국 김영윤의 문하에서 급제했으므로 최효사의 급제 시기는 김영윤이 재상에 올라 지공거(知貢擧)로 활동한 시기에서 추정할 수 있다. 김영윤은 1163년(의종 17) 12월에 종2품 동지추밀원사(同知樞密院事) 겸 판삼사사(判三司事)에 임명됨으로써 재상의 지위에 올랐다.[12] 재상 김영윤은 지공거로서 1163년(의종 17) 5월, 1166년 5월, 1168년 3월 등 모두 세 번의 과거를 관장하고,[13] 1169년(의종 23) 12월에 세상을 떠났다.[14] 따라서 최효사가 1168년 3월 과거에 급제했더라도 정8품 경관으로서 군부참모의 겸직에 오르는 데 거의 10년이 걸린 셈이다. 그 시기는 무신란으로 문벌 가문 출신의 관료들이 대거 숙청이나 죽임을 당하는 등의 정치적 격변으로 상대적으

---

12) 『高麗史』卷18, 世家 毅宗 17年 12月條.

13) 『高麗史』卷73, 選擧志1 毅宗 17年 5月 · 20年 5月 · 22年 3月條.

14) 『고려사』권19, 세가 의종 23년 12월조.

로 관직 승진이 빨랐을 것으로 생각된다. 그럼에도 불구하고 문벌이 좋은 최효사는 과거에 급제한 후 10여 년 만에 정8품의 경관직에 올라 군부참모를 겸직하였다. 그렇다면 정여령이 군부참모에 오른 것은 단순히 과거에 급제한 것만이 아니라 문사로서 능력에 기인한 것 같다. 바꾸어 말해서 과거 급제자 정여령이 군부참모에 오른 배경은 문벌보다 문사로서 능력이라고 여겨진다.

이상과 같이 정여령이 진주 출신으로서 가작(佳作)의 칠언절구를 남겼을 정도이면 그는 진주지역 토성이족 가문 출신으로 볼 수밖에 없다. 최효사의 사례에 의하면 정여령은 과거에 급제하여 벼슬살이에 나아가 여러 관직을 지내고 정8품 경관의 겸직인 군부참모에 임명된 인물이었던 것 같다. 군부참모는 하위직이지만 문벌 가문 출신의 급제자 최효사도 벼슬살이 10여 년 만에 임명된 벼슬이었다. 더구나 최효사가 그 벼슬에 임명된 시기는 무신란 이후 정치세력 교체가 활발하던 때였다. 이는 정여령이 과거 출신이 아니었다면 군부참모에 도저히 오를 수 없었음을 의미한다. 정여령은 최효사보다 한 세대 앞의 인물이었으므로 아마도 더 힘든 과정을 거쳐 군부참모에 올랐을 것이다. 정여령은 문벌 가문 출신의 인물들이 권세를 거의 독점하다시피 한 인종대에 활동한 지방 출신의 신진관료였기 때문이다. 아마도 그가 뛰어난 문사로서 이름을 얻었으므로 그러한 교유와 직위에 오를 수 있었을 것이다.

정여령이 활동한 시기는 인종대와 의종대 초반일 것으로 추정되는데, 이를 좀 더 구체적으로 살펴보자. 앞에서 살펴보았듯이 정여령은 생몰년이 미상이고, 그의 활동도 알려진 게 거의 없다. 단지 그가 군부참모일 때 남긴 두 수의 시밖에 전하는 게 없다. 정여령의 활동과 연대는 그가 지은 시와 관런한 인물인 이지저(李之氐, 1092~1145)[15])와 최선(崔詵, ?~1209)의 활동 연대에 미루어 짐작할 수 있는 정도에 지나지 않는다.

이지저의 주요한 활동 사실을 통해 그가 재상의 지위에 오른 시점을 살펴봄으로써 정여령이 '진주산수도'를 지은 시기를 어느 정도 한정할 수 있을 것이다. 군부참모 정여령이 이지저의 집을 방문했을 때 이지저는 재상이었으므로 그 시를 지은 것은 이지저가 재상의 지위에 오른 이후였다.

이지저는 본관이 인주(仁州)이며, 1092년 시중 이공수(李公壽)의 아들로 태어나 1120년(예종 15) 5월 과거에 장원 급제하여 우정언(右正言)에 임명되었다.[16]) 이후 그는 국자사업(國子司業) · 중서사인(中書舍人) · 좌승선(左承宣) · 추밀원부사(樞密院副使)를 거쳐[17]) 1138년(인종 16) 12월에 추밀원의 종2품직 동지추밀원사(同知樞密院事)에 임명됨으로써 재상의 지위에 올랐다. 그는 지추밀원사(知樞密院事) · 정당문학(政堂文學) · 수사공(守司空) · 좌복야(左僕射)를 역임하고 참지정사(參知政事)로 있던 1145년(인종 23) 5월에 54세의 나이로 세상을 떠났다. 그는 중서시랑평장사(中書侍郎平章事)에 추증되고, 문정(文正)이라는 시호를 내려받았다.[18]) 따라서 정여령이 재상 이지저의 집을 방문하여 그의 권유로 '진주산수도'라는 칠언절구를 지은 시기는 1138년 12월에서 1145년 5월 사이에 해당한다. 그렇다면 정여령이 이지저를 가서 뵈었을 것으로 추정되는 연령은 어느 정도였을까.

앞에서 살펴본 최효사는 39세 때 군부참모에 임명되었다. 이 외에 다른 사례가 없어 일반화할 수 없으나 정여령의 활동 연대를 추정하는 데 한

---

15) 「崔孝思墓誌銘」.

16) 『고려사』 권73, 선거지1 선장 예종 15년 5월조; 『고려사절요』 권10, 인종 23년 5월조.

17) 『고려사절요』 권10, 인종 10년 5월 · 13년 11월 · 14년 3월 · 16년 8월조.

18) 『고려사절요』 권10, 인종 16년 12월 · 17년 12월 · 19년 12월 · 20년 12월 · 21년 12월조; 『고려사』 권17, 세가 인종 23년 5월조; 『고려사』 권76, 백관지 밀직사조; 『고려사』 권95, 열전 李之氐傳.

가지 단서는 될 것이다.

이와 더불어 그 당시 정여령의 연령은 어느 정도였는지 이지저와의 관계를 통해 대략이나마 추정해볼 수 있을 것이다. 그럼으로써 정여령의 활동 연대 추정도 가능할 것이다.

재상 이지저와 군부참모 정여령 간 벼슬의 높고 낮음의 차이만이 아니라 시화의 서론에 보이는 정여령이 이지저에게 "가서 뵈었다"거나 이지저가 정여령에게 말한 "그대의 고향"이라는 표현을 통해 그들 간의 연령 차이를 어느 정도 짐작할 수 있을 것이다. '왕알(往謁)'은 단순히 관직의 높고 낮음의 관계를 의미하는 것만 아니라 연령의 차이를 나타낸 표현일 수 있을 것이다. 또한 '왕알'은 알현의 의미로서 정여령이 군부참모로서 인사드린 것으로 이해할 수 있을 것이다. 정여령은 경관으로서 군부참모에 임명되어 재상 이지저에게 가서 알현했던 것으로 볼 수 있다. 최효사의 사례에 의하면 군부참모 정여령은 북쪽 변방의 여러 성을 순행하며 군비를 검열하러 떠나기로 예정되어 있었을 것이다.

한편 최자의 『보한집』에 의하면 문의공(文懿公) 최선(崔詵, ?~1209)의 「갈대[위(葦)]」라는 시에 정여령이 화답했다. 최선은 생년이 미상이다. 그의 아버지 문숙공(文淑公) 최유청(崔惟淸, 1095~1174)과 어머니 동래군부인정씨(東萊郡夫人鄭氏, 1104~1170)의 생몰년 및 동래군부인 소생의 아들 7명과 딸 1명 중에 그가 다섯째였다.[19] 이를 통해 볼 때 최선은 1130년대 후반에 태어났을 것으로 추정된다.

지금껏 정여령의 활동 연대와 관련한 생년을 추정했다. 아마도 그는 재상 이지저와 최선의 아버지 문숙공 최유청보다 20여 년의 차이가 나는

---

19) 『고려사』 권99, 열전 최유청·최선전; 김용선, 「최유청(崔惟淸) 처 정씨(鄭氏) 묘지명」, 『역주 고려묘지명집성』(개정판), 한림대학교 출판부, 2006, 325쪽. 이하 「東萊郡夫人鄭氏墓誌」라고 칭하겠다.

1110년대에 태어났으며, 1170년대까지 활동했을 것으로 추정된다. 정여령은 진주지역 토성이족 출신의 급제자 정지원과 동성동본으로 생각되지만, 그들 간의 계보를 전혀 알 수 없다.

요컨대 문벌 가문 출신의 최효사의 사례에서 보면 군부참모는 겸직이었던 것으로 보인다. 군부참모는 정8품 정도의 경관이 겸직했던 관직으로 추정된다. 한편 문벌 가문 출신의 최효사가 문음으로 벼슬살이에 나아갔다가 그만두고 국학에 입학했다가 과거에 급제하고 외직을 거쳐 39세에 도교서령(都校署令) 겸 군부참모(軍府參謀)에 임명된 것을 두고 '고속 승진'이라고 했다. 그렇다면 정여령이 군부참모라는 사실은 그가 과거 출신일 수밖에 없음을 의미한다. 그의 삶은 더 이상 알려진 게 없다. 그렇더라도 그가 진주지역 토성이족 출신으로서 진주목사에 의해 향공으로 뽑혀 개경으로 올라가 예비 시험을 통과하여 향공진사가 되고, 과거에 급제한 이후 벼슬살이했을 것으로 보는 게 타당한 이해일 것이다.

3) 문사로서 활동

군현의 토성이 중앙 정계로 진출할 수 있었던 배경 중의 하나는 군현통치의 행정적 기능과 관인이 될 수 있는 학문적 소양을 들 수 있다. 그리고 그들의 1차적인 세력 기반은 족적 유대에 있었다.[20] 그렇다면 12세기 전반 정지원이 과거에 급제하여 벼슬살이에 나아간 것은 진양정씨 가문 출신 인물들의 출사(出仕)에 간접적인 배경으로 작용했을 것이다. 정여령의 출사는 정지원이 1125년 과거에 급제하여 중앙으로 진출한 사실과 무관하지 않

---

20) 이수건, 『한국의 성씨와 족보』, 서울대학교 출판부, 2003, 241쪽.

앉을 것이다. 그는 진양정씨의 족적 기반과 진주지역의 학문적 기반을 통해 문사로서 소양을 갖추었을 것이다. 그는 진주목사의 향공 선발에 뽑혀 개경에 올라가 국자감시를 거친 후 과거에 급제하여 초직과 여러 관직을 거쳐 경관으로서 군부참모를 겸직했던 것으로 여겨진다.

정여령의 명성은 조선 중기 진주지역 진양정씨 사족 가문의 인물에 영향을 주었다. 1623년 정준은 아들 정필달을 진주의 능허 박민에게 데려가서 배우도록 하고, 곧 조상의 묘소에도 성묘했다. 이때 정필달은 정여령의 시에 차운하여 사람들을 놀라게 했다.[21]

고려 중기 문벌귀족사회의 최극성기에서 무인정권 초기에 활동한 것으로 추정되는 정여령의 문사로서 학식은 진주지역의 향교를 비롯한 지적 기반에서 비롯했을 것이다. 비록 정여령의 시가 두 수밖에 전하지 않지만, 당대에 그는 뛰어난 문사로서 이름을 얻었던 것 같다. 그의 시는 이인로가 지은 『파한집』의 시화(詩畫) 서두에 나온다. 이인로는 훗날 '진주산수도(晉州山水圖)'라고 시제를 붙인 진양의 산수도에 곁들인 칠언절구(七言絶句) 한 수를 언급했는데, 그 시는 다음과 같다.[22]

점점이 푸른 산이 푸른 호수를 베개했구나.　　　數點靑山枕碧湖
공이 이르기를 이것이 진양의 그림이라네.　　　公言此是晉陽圖
물가에 초가집 얼마인지 알겠구려.　　　　　　水邊草屋知多少
그중에 내 집도 있으련만 그려졌는지 안 그려졌는지.　中有吾廬畫也無

---

21) 『八松集』卷7, 附錄「行錄[門人判校一善金千鎰]」.

22) 『破閑集』卷上, 「晉陽古帝都 溪山勝致爲嶺南第一」; 『東文選』卷19, 七言絶句「晉州山水圖 [鄭與齡]」; 『신증동국여지승람』권30, 慶尙道 晉州牧. 『파한집』에 실린 정여령의 칠언절구에는 별도의 시제가 없지만, 시화에 얽힌 서두의 두 구절로서 다른 시화와 구분했다. 『동문선』의 시제에 따라 이하 '진주산수도'라고 칭하도록 하겠다.

이인로는 "진양(晉陽)은 옛 제왕의 도읍지로, 산수의 좋은 경치가 영남(嶺南)에서 제일이다. 어떤 사람이 그곳의 그림을 그려 상국(相國) 이지저에게 바쳤다. 이지저는 그 그림을 벽에 걸어두고 늘 감상하였다. 어느 날 군부참모인 영양여령(榮陽與齡)이 가서 인사를 올리니 상국 이지저가 이를 가리키며 '이 그림은 그대의 고향이네. 마땅히 한 구(句) 남기시게'라고 말했다"고 했다. 이처럼 이인로는 정여령이 앞의 칠언절구를 짓게 된 동기와 작자에 대해 언급했다. 진양은 중국의 지명에서 취한 진주의 별호이다. 그래서 이인로는 진양이 옛 제왕의 도읍지라고 했던 것이지, 실제 진주가 그랬다는 의미로 말하지 않았다.

위의 칠언절구는 고려 중기 당시 별도의 시제가 있었던 것 같지 않다. 시제가 원래 없었으나 후대에 '진주산수도'라고 시의 제목을 지어 붙인 것이다. 이인로의 『파한집』의 첫 시화(詩畵) '진주산수도'에 의하면 정여령은 군부참모로서 문학에 뛰어나고 시문을 잘 짓는 인물이었다. 정여령이 당대의 문사(文士)라 할 만한 인물이므로 이인로는 여러 시화의 첫머리에 정여령의 시를 실었을 것이다.

앞에서 언급했듯이 정여령은 군부참모라는 벼슬 이외에 알려진 활동 경력이 없으므로 그의 활동 연대를 간접적으로 추정할 수밖에 없다. 『고려사』백관조에는 '군부참모'라는 관직이 보이지 않는다. 오직 최효사의 묘지명에 그가 군부참모를 겸직한 사실이 나올 뿐이다. 그는 1110년대에 진주지역 토성이족의 아들로 태어나 12세기 중엽에 활동했던 인물이다.

'영양여령(榮陽與齡)'의 영양은 중국 하남성 정주(鄭州) 영양현(榮陽縣)을 지칭한 것으로 진주정씨나 서산정씨를 '영양'으로 별칭하기도 했다. 바꾸어 말해서 '영양'은 성씨 '정(鄭)'을 대체하여 쓴 것이다. 곧 영양여령(榮陽與齡)은 정여령을 의미한다고 보는 게 합리적인 이해일 것이다. 정지원 묘지명에서는 "친구인 영양(榮陽) 정군(鄭君)이 세상을 떠났다는 것을 들었다"라는 표현이 보이는데, 진양정씨인 정지원의 본관을 영양이라 했다. 이처럼 영양은 본관인 진양을 대신하여 쓰이기도 했다.[23] 따라서 정여령은 진주의 토성 진양정씨일 것으로 여겨진다.

지금껏 살펴보았듯이 '진주산수도'의 작자는 진주지역 토성이족 가문 출신으로서 과거에 급제하여 군부참모로 있던 진양정씨 정여령이다. 재상 이지저의 집에는 그가 늘 아끼면서 감상하던 산수화 한 폭이 있었다. 그 그림은 진주의 산수를 그린 것이나 누가 그렸는지 알려져 있지 않다. 재상이 집에 걸어둘 정도였으니 당대 최고 수준의 화공이 그려서 바친 산수화였으리라. 그 산수화를 보고 있노라면 시 한 수를 더하고 싶은 마음이 절로 일어날 만큼 진주의 빼어난 경치를 잘 묘사했던 것 같다. 이지저도 마찬가지였다. 마침 군부참모 정여령이 알현하러 들르자, 이지저는 이 그림이 그대의 고향이니 마땅히 시 한 수를 남기라고 권했다.

정여령은 그 그림에서 떠나온 고향 진주의 풍경이 눈앞에 펼쳐진 듯하여 시상(詩想)을 가다듬지 않아도 붓이 절로 나아갔다. 읍치의 북쪽에 멈춘 진산(鎭山)은 봉황이 날개를 활짝 펼쳐 비상하려는 듯한 형국의 푸른 산이 점점이 남으로 뻗어 남강에 닿았으니 마치 읍치 좌우의 청산(靑山)이 벽호(碧湖)를 베개 삼은 듯했다. 고향 진양의 그림이라 하지 않아도 초가들은 엊그제 본 듯 잘도 그렸으니 고향의 집 생각에 결구(結句)를 끝맺었다. 이리하여 '진주산수도'라는 한 편의 시화가 세상에 빛을 보았으며, 정여령이 문사로서 이름을 남겼다.

이인로는 『파한집』에서 좌중의 사람들이 그 정밀하고 민첩함에 감복했다고 했다. 한편 17세기 초엽의 지봉(芝峯) 이수광(李睟光, 1563~1628)은 그의

---

23) 김용선, 「정지원(鄭知源)묘지명」, 『역주 고려묘지명집성』(개정판), 한림대학교 출판부, 2006, 151쪽.

'동시(東詩)'에서 고려시대 정여령은 진주인이라면서 그의 '진주도'를 언급했다. 그는 정여령의 시를 세상에서 가작이라 일컫는데, 자신이 볼 때 승구(承句)는 그렇지 않다고 했다.[24] 그 자리에 없었던 이수광이 그 진면목을 다 알 수 없었으므로 그런 말을 했을 것이다.

정여령의 시는 두 수가 전하는데, 또 다른 한 수는 최자가 1254년(고종 41) 무렵에 간행한 것으로 알려진 『보한집』에 전한다. 정여령은 문의공 최선의 「갈대[葦]」라는 시에 화답하여 다음과 같은 시를 지었다.[25]

봄 새싹 푸른 날에 복어[河豚]가 올라오고,　　　春芽綠日河豚上

가을 낙엽 노랗게 물들 때 변방 기러기 날아오네.　秋葉黃時塞鴈來

위의 시를 두고 최자는 "이 시는 사물을 읊은 것이 단적(端的)한데, 사실을 서술하는 것이 사물을 읊은 것에 미치지는 못하였다"라고 했다. 아마도 그 시를 두고 세상에서는 정여령의 평소 시격(詩格)에 미치지 못한다는 말이 제법 있었던 것 같다. 세상에 전하는 말이 생겨났을 정도이기 때문이다.

최자는 세상에 전하는 말이라면서 "최선이 정여령의 이 시구를 보고 '내 시는 감히 이것과 같은 판(板)에 있을 수 없다'고 말하고는 그것을 삭제하였다"라고 했다. 최자는 "그 말은 과장된 것이다. 정여령의 시를 보니 비록 단적이나 이것은 신진(新進)이 시 짓는 시간을 한정하고 사물을 읊은 것으로 급하게 지은 시체(詩體)라고 할 만하다"라면서 세상에 전하는 말이 정여령의 시를 제대로 말한 것이 아니라고 했다.

이상에서 살펴보았듯이 정여령은 군부참모로서 중·하위직의 경관 벼

---

24) 『芝峯類說』 卷13, 文章部6 東詩 晉州圖條.

25) 『補閑集』 卷下, 「皇祖九月二十五日夜月云」.

슬에 있었으나 문사로서 동시대에 명성을 얻었던 것으로 보인다. 그의 시는 단지 두 수밖에 전하지 않지만 동시대의 인물이 그의 시를 두고 가작으로 평가하고, 선초의 문적이나 조선 중기 진양정씨 가문의 정여령이나 이수광에 의해 언급되거나 차운할 정도였기 때문이다.

4) 맺음말

정여령(鄭與齡)은 그가 살아 있을 때 문학에 뛰어나 시문을 잘 짓는 이로 알려지고, 5백여 년 후의 진양정씨 은열공파 가문의 팔송 정필달에게 빼어난 인걸로 기억되었다. 하지만 그가 진주의 진양정씨 가문 출신임에도 불구하고 팔송 정필달 이후 진주지역에서 그를 기억하고 추억하는 이가 더 이상 없었다. 이는 그의 가계가 단절되었기 때문이었을 것이다. 그렇더라도 그는 진양정씨 가문의 출사와 사족화의 시기를 살펴보는 데 빠뜨릴 수 없는 인물이라고 본다.

12세기 중엽에 활동한 정여령이 재상 이지저(李之氐, 1092~1145)의 집을 방문하여 인사를 올린 자리에서 시작(詩作)을 권유받을 정도이면 일반 문사라고 볼 수 없다. 그가 남긴 '진주산수도(晉州山水圖)'의 내용으로 볼 때 그가 진주 출신의 군부참모(兼軍府參謀)라는 사실은 확실하다. 다른 사례에서 보면 그는 군부참모를 겸직한 것이므로 본직이 따로 있었을 것이다. 이러한 관직에 이를 수 있는 진주지역 출신 인물의 신분은 토성이족일 수밖에 없다. 그렇다면 그는 진양정씨 가문 출신일 것으로 생각된다. 토성이족 출신이 군부참모를 겸직하고 있었다면 과거 출신이 아니고서는 불가능했을 것이다.

문벌 가문 출신의 최효사(崔孝思, 1140~1218)가 39세에 정8품 도교서령(都校署令) 겸 군부참모였다는 사실에 비추어 정여령의 출신을 짐작할 수 있을 것 같다. 그는 진주지역 토성이족 출신으로서 진주목사에 의해 향공(鄕貢)으로 뽑혀 개경으로 올라가 예비 시험을 통과하여 향공진사가 되었으며, 과거에 급제한 후 벼슬살이했을 것으로 추정된다. 최효사(崔孝思)의 사례에서 보면 군부참모는 정8품 정도의 경관이 겸직했을 벼슬이었던 것 같다. 문벌 가문 출신의 최효사가 문음으로 벼슬살이에 나아가 과거에 급제한 후 지방직을 거쳐 39세에 도교서령(都校署令) 겸 군부참모(軍府參謀)에 임명된 것을 고속승진이라 했다. 정여령이 군부참모라는 사실은 그가 과거 출신일 수밖에 없음을 말한다. 그는 문사로서 이름을 얻었으며, 이인로(李仁老)가 그의 칠언절구[진주산수도]를 첫 시화로 언급하였다. 그의 삶은 더 이상 알려진 게 없다. 그렇더라도 그가 진주지역 토성이족 가문 출신으로서 군부참모였다는 사실만으로도 12세기 중엽 진양정씨 가문의 출사와 사족화의 시기를 짐작하는 데 언급해야 할 가치를 지닌 인물이라고 생각된다.

정여령은 군부참모로서 중·하위직의 경관 벼슬에 있으면서 문사로서 명성을 얻었던 것으로 보인다. 정여령이 재상 이지저(李之氐)의 권유로 '진주산수도'를 짓자, 좌중의 사람들은 그 정밀하고 민첩함에 감복하였다고 이인로가 『파한집』에서 전하기 때문이다. 또한 그의 시는 단지 두 수밖에 전하지 않지만 가작(佳作)으로서 선초의 『동문선』·『동국여지승람』(진주목)과 17세기 초 지봉 이수광의 『지봉유설』에 언급될 정도였기 때문이다. 그리고 진양정씨 은열공과 상사리 가문의 후손 팔송 정필달은 불과 13세에 정여령의 시에 차운하기도 했다.

3. 진양강씨 가문의 계보와
13세기 전반의 강창서

1) 머리말

진양강씨 가문의 인물로서 과거에 처음 급제한 이는 강민첨(姜民瞻)이다. 「진주강씨휘민첨도상」의 화기(畵記)에 의하면 강민첨은 963년(광종 14)에 태어나 1021년(현종 12)에 세상을 떠났다. 1005년(목종 8) 과거 을과에 급제했는데, 최충(崔冲)의 방하(榜下)였다. 강민첨은 현종 때 동여진·거란과의 싸움에서 크게 공을 세워 추성치리익대공신(推誠致理翊戴功臣) 금자흥록대부(金紫興祿大夫) 병부상서(兵部尙書) 겸 태자태부(太子太傅) 상주국(上柱國) 천수현개국남(天水縣開國男) 식읍(食邑) 3백호(三百戶)에 봉해졌으며,[1] 세상을 떠난 후 은열공(殷列公)으로 증시(贈諡)되었다.[2]

고려 초 강민첨은 진주지역의 토성들 가운데 과거에 급제하여 벼슬길에 나아가면서 본관을 떠나 재경관인이 되었으며, 진주에 그대로 토착하던 토성 가문은 읍사(邑司)를 발판으로 상급 향리층을 구성하여 군현을 지배했다.[3] 전하는 기록에 근거할 때 강민첨 이후 진양강씨 가문의 자제로서 처음으로 과거에 급제한 인물은 주사(州司)의 호장(戶長) 강복민(姜福民)의 아들 강

---

1) 「晉州姜氏諱民瞻圖像」書記. 강민첨이 과거에 급제할 때 최항(崔沆)이 지공거였으며, 갑과 최충 등 7명, 을과 10명, 명경과 3명이 급제했다.(『高麗史』卷73, 選擧志1 穆宗 8年 3月條) 그런데 『등과록전편』에는 목종 10년(1007) 정미방(丁未榜) 아래에 보충 기재되어 있다.(『登科錄前篇』卷1, 穆宗 8·10年 乙巳·丁未榜) 이는 강민첨의 급제 시기를 몰랐기 때문이다.

2) 『高麗史』卷94, 列傳 姜民瞻傳.

3) 李樹健, 「高麗時代「邑司」研究」, 『國史館論叢』3, 1989, 70쪽 참조.

창서(姜昌瑞)[4]이다. 강창서는 진주의 토성이족 출신으로서 1211년(희종 7) 과거에 장원했다.[5] 그의 집안은 아버지 강복민이 사호(司戶), 즉 주사의 호장이었으므로 할아버지 강희경(姜希經)도 호장이었을 것이다. 따라서 강창서는 진주의 토성이족 가운데 족세(族勢)가 강성하여 호장층을 세습했던 가문 출신이었다.

강창서는 어려서 진주향교에서 학업에 전념하여 글을 잘 지었다. 그리하여 강남(江南)의 학자 가운데 그보다 더 뛰어난 자가 없었다[6]고 할 정도로 당대에 명성을 얻었다. 그는 과거에 급제하여 벼슬살이에 나아가 재경관인이 되었으나 춘주(春州) 수령을 끝으로 낙향하여 재지사족으로서 삶을 마쳤다. 재경관인 강창서가 낙향자로서 삶을 선택했다는 사실만으로도 진주지역에 적잖은 영향을 끼쳤을 것이다. 장기적으로 그가 속한 진양강씨 가문의 신분 향상을 초래했을 것이기 때문이다.

이 글은 진주의 재지세력인 토성이족의 사족화 과정을 규명하기 위한 일환에서 나온 것이다. 이 연구의 세부 목표는 첫째, 진양강씨 계보(系譜)와 강창서 가계에 대해 검토할 것이다. 선행연구에서는 진양강씨 계보에 대한 검증이 거의 이루어지지 않았기 때문이다.[7] 둘째, 과거 급제와 출사(出仕) 및 그의 최고 벼슬을 중심으로 검토하겠다. 이 연구에서는 매우 한정된 자료에 의존할 수밖에 없지만 『동국여지승람』 진주목 인물조, 『등과록전편』, 진양

---

4) 강창서의 한자명은 『高麗史』와 『高麗史節要』 및 『登科錄前編』에는 '姜昌瑞', 『東文選』과 『新增東國輿地勝覽』 및 『晋陽誌』에는 '姜彰瑞'라고 했다. 한편 『등과록전편』의 세주에는 족보에 '姜章瑞'라 한다고 했다. 이 글에서는 관찬 사서와 등과록에 의거하여 '姜昌瑞'라고 칭하겠다. 『新增東國輿地勝覽』은 이하 『신증』으로 약칭하겠다.

5) 『高麗史』 卷73, 選擧志1 選場 熙宗 7年 10月條; 『등과록전편』 권2, 희종 7년 신미방.

6) 『신증』 권30, 진주목, 인물조.

7) 진양강씨 박사공파의 계보에 관해 간략하게 언급한 다음의 연구도 마찬가지이다. 韓忠熙, 「朝鮮前期 晋州姜氏 啓庸派 家系硏究」, 『朝鮮史硏究』 12, 2003 참고.

강씨 집안의 족보,『진양지』,『고려사』,『고려사절요』등의 자료를 활용하여 논의를 이끌어갈 것이다.

2) 진양강씨 계보와 강창서 가계

진양강씨는 고려 초기에 강민첨이 과거를 통해 중앙으로 진출함으로 써 재경관인 계열과 토성이족 계열로 분파되었던 것으로 추정된다. 진양강 씨 재경관인 계열의 가문은 강민첨 이후에도 단절되지 않고 지속적으로 중 앙에서 벼슬살이하는 인물을 배출한 것으로 추정된다. 13세기 이후 토성이 족 계열에서도 과거를 통해 사족화하면서 파조를 달리하는 가문이 나타났 는데, 박사공파 가문이 대표적이다.[8]

한편 창주(滄洲) 하증(河憕, 1563~1624)의 '하씨세계변(河氏世系辨)'에 의하면 함안 산족리(山足里) 원북동(院北洞) 함안조씨 가문 출신인 단성현감 조응경(趙 應卿, 1487~1549)은 하씨의 외손으로서 정성을 다하여 찬집한 진양사대성(晋陽 四大姓)의 족보를 만들었는데, 이때 삼하(三河)·사강(四姜)·십정(十鄭)이라 하 여 그 계열을 명백히 정리했다.[9] 16세기 초엽에 조응경이 처음으로 진주 토 성의 세계를 찬집하여 정리함으로써 진양강씨 네 계열의 존재가 확인되었 던 것 같다.

박사공파의 파조 강계용(姜啓庸) 이전의 세계에 대한 기록은 분명히 존

---

8) 여말선초 박사공파 강군보 가문에 관한 다음 두 편의 논고는 애초에 이 책에 싣고자 했으나 지 면의 한계로 인해 여기에 소개하는 것으로 그친다. 박용국,「삼절을 숨기고 나무와 꽃을 드러 낸 인재 강희안」,『通亭 姜淮伯과 그 後孫들의 生涯와 學問』, 통정선생과 후손의 논문집 발간 추진위원회, 2020; 박용국,「위민을 실천한 당대 최고의 문장가 문량공 강희맹」,『通亭 姜淮伯 과 그 後孫들의 生涯와 學問』, 통정선생과 후손의 논문집 발간 추진위원회, 2020.

9) 『晋陽誌』卷3, 姓氏條.

재했을 테지만, 여말선초 가문의 기록에는 전혀 전해지지 않는다. 조선 초 진양강씨는 강사첨(姜師瞻)의 조부인 강계용의 상계에서 분파되었을 것으로 추정되는 분파가 여럿 있었을 것이다. 앞에서 본 것처럼 함안 산족리 원북동 함안조씨 가문 출신인 조응경이 진주 토성의 족보를 찬집하면서 진양강씨를 일러 '사강(四姜)'이라고 분질(分秩)한 것을 보면 16세기 초엽 이전에 이미 진양강씨는 네 계열이 존재했음을 의미한다.

그런데 초간(草澗) 권문해(權文海, 1534~1591)는 고구려 병마원수(兵馬元帥) 강이식(姜以式) 이후 강민첨 계열과 강계용 계열로 나누어지며, 호장 강영경(姜令京)의 후손을 다른 분파로 보아 크게 세 계열이 존재한다고 했다.[10] 그렇다면 진양강씨는 진주를 본관으로 하는 토성으로서 단일 본이지만, 조선 중기에 이르면 강이식을 시조로 삼으면서도 서로 간의 계열이 명확하지 않은 네 계열이 있었던 것으로 추정된다. 요컨대 고려 초기 이후 그 계보가 명확하지 않아 중기 이후 강민첨을 중시조로 하는 계열과 강계용을 파조로 하는 계열로 크게 나누어지며, 또 호장 강영경을 중시조로 하는 계열도 존재했던 것으로 보인다.

결국 진양강씨 여러 분파는 고려 초기 강민첨을 시조로 하는 파, 강민첨 이전의 고구려 원수 강이식을 시조로 하는 파로 크게 나누어지며, 이러한 분파는 고려 초기 재경관인 계열과 토성이족 계열, 그리고 그들의 자손 세계(世系)의 분파에서 비롯되었을 것이다. 그리고 조선 후기에 이르면 강이식을 시조로 하고 강민첨을 중조로 하는 조선(祖先) 세계에 대한 계통 인식이 거의 확정되었던 것 같다.

그러나 진양강씨 박사공파 가문은 강민첨으로부터 강창서의 조부 강희경 이전까지 계보가 명확히 정립되지 않음으로써 그 가문에서 그 사실을

---

10) 『大東韻府群玉』卷6, 下平聲 [書] 七陽 姓氏(晉州姜氏).

둘러싸고 늘 논란이 되었다. 물론 처음부터 그랬던 것은 아니었을 것이다. 진양강씨 박사공파 가문은 과거 응시와 사환(仕宦) 과정에서 반드시 제출해야 할 가승(家乘) 형태의 가첩(家牒)을 보유하고 있었기 때문이다.

고려시대 과거 시행 절차에 의하면 제생(諸生)은 행권(行卷)과 가장(家狀)을 일정 기한 내에 공원(貢院)에 제출하게 되어 있었다.[11] 가장에는 응시생의 가장 기본적인 성명(姓名)·본관(本貫) 및 사조(四祖, 부·조·증조·외조)를 기록했다. 시험에 응시하는 모든 응시생은 권수(卷首)에 성명·본관 및 사조를 쓰고 풀로 봉한 후 시험을 치르기 며칠 전 시원(試院, 공원의 이칭)에 제출하도록 했기 때문이다.[12] 이러한 과거 시행 절차 같은 제도적인 측면만이 아니라 혼사 같은 사회적인 측면에서도 가첩은 필수였다. 그러므로 고려시대에도 직계 위주 가승 형태의 족보가 존재했다.

고려시대에 유행했던 가보(家譜)나 가첩은 부계(父系) 위주의 중국과 달랐다. 고려시대에는 양측적 친속관계가 강하게 유지되어 부계 못지않게 모계가 중시됨으로써 내외양계를 동일한 비중으로 정리하는 보첩이 나오게 되었다. 즉 부계와 함께 모계, 조모계, 증조모계와 그들의 외조모계 및 처의 내외계 등을 중심으로 편성되었다. 이처럼 고려 후기로 갈수록 가첩에는 조상의 범위가 점점 확대되어 언급되었으며, 한편으로 조상과 그 배우자를 세대별로 기록하고 간단한 전기(傳記)를 기록했다. 이와 동시에 아들과 딸, 며느리와 사위의 가계, 친손과 외손, 손녀사위와 외손녀까지 거의 다 기록했다.[13] 한편 각 가문의 가첩에 언급된 인물의 간략한 전기의 내용이 후대에 윤색되거나 개변된 경우가 없지 않았다.

국자박사(國子博士) 강계용 이전 강창서 가계 3대 인물을 정보(正譜)나 별

---

11) 『高麗史』 卷73, 選擧志1 科目1 宣宗 8年 12月 判文; 睿宗 11年 11月 判文.

12) 『高麗史』 卷74, 選擧志2 科目2 試官 元宗 14年 10月條.

13) 심승구, 「朝鮮初期 族譜의 刊行形態에 관한 硏究」, 『國史館論叢』 89, 2000, 6-7쪽.

록으로 하는 문제는 1685년에 편찬된 『진산강씨족보』[14]에도 언급했듯이 변란을 여러 번 겪으면서 보첩이 온전한 게 없었기 때문에 초래된 것이었다. 앞의 『진산강씨족보』에 의하면 시조 강이식 이하 강희경 이상의 세계가 끊어져서 계대(繼代)할 수 없게 되었다. 바꾸어 말해서 『진산강씨족보』 편찬을 주도한 강석로(姜碩老)와 강석구(姜碩耉) 형제는 강계용의 윗대 3대 인물 강창서 · 강복민 · 강희경까지 계보를 파악하고 있었던 것 같다. 그러던 중 영남에 사는 자손에게서 검교대장군 강운기(姜雲紀)로부터 보문각교감(寶文閣校勘) 강도(姜度)까지 모두 16대 기록을 얻었다. 하지만 그들은 그 16대의 기록만으로 강이식 아래의 수삼 대를 계대할 수 없으며, 그것이 인본(印本)이 아니므로 혹시 대수가 전도되고 이름이 잘못되었을 수도 있다는 점을 염려했다. 더구나 그 16대 인물 관련 관제(官制) 중에도 의심스러운 곳이 있으므로 감히 계대를 차례대로 하지 못하고 상권(上卷) 첫머리에 별록(別錄)했다. 『진산강씨족보』 편찬자들은 의문을 그대로 둔 채 전한다면서 뒤에 박식한 사람이 명백한 문구를 널리 수집하고 고찰하여 바로잡기를 바란다고 했다.[15]

1685년 『진산강씨족보』 편찬 시 영남의 후손에게서 얻은 강이식 이하 16대의 인물은 상권 첫머리에 별도로 기록했으나 강창서 가계 3대 인물은 국자박사 강계용의 3대 조상으로 인정하고 계보를 확립했다. 하지만 이후 편찬된 진양강씨 여러 족보에서는 그렇게 하지 않았다. 이들 가첩에서는 강희경의 관직이 충렬왕 이후의 것이라는 점과 강창서가 강도(姜度)의 증손 항렬이지만 강창서의 과거 급제 시기가 강도보다 오히려 앞선다면서 그 연대

---

14) 이 족보는 1685년(숙종 11) 후손 강석로와 강석구 형제가 주도하여 남한산성(南漢山城) 승영사찰(僧營寺刹)의 한 곳인 천주사(天柱寺)에서 판각하여 그곳에 보장(寶藏)한 진양강씨 족보의 초간 목판본이다. 진양강씨 '남한보(南韓譜)' 또는 '을축보(乙丑譜)'라고 칭하기도 한다. 『진산강씨족보』는 상 · 중 · 하 · 별보(別譜)로 된 모두 2책(冊)이다.

15) 『晉山姜氏族譜』卷上, 別錄 末尾.

의 도치를 지적했다. 또 1259년(고종 46)에 활동한 강도와 1274년(원종 15) 일본에 간 강계용 · 강인문 부자의 활동 연대도 그들을 계대할 수 없는 이유라고 보았다. 그래서 강이식부터 강창서까지 인물을 별록하였으며, 국자박사 강계용부터 정보(正譜)로 삼았다.[16] 결국 강희경의 간략한 전기의 잘못된 개변은 박사공파 가문의 계보 의식과 확립에까지 영향을 끼쳤다.

그러나 강창서의 가계와 출신은 그의 과거 응시 절차 과정에서 명확히 기록되고 지역에 널리 알려져 있어 당대에 어떠한 계보 변경이나 인물 전기의 개변이 불가능했을 것이다. 그러므로 고문서에는 강창서의 부조(父祖)와 신분이 그대로 드러나 있어 『신증』이나 『등과록전편』에 그의 가계의 신분과 지위를 알 수 있는 단서가 남겨졌다. 강창서는 진주의 토성이족 가운데 강민첨 · 정지원 · 정여령 다음으로 이른 시기에 과거를 통해 재경관인이 되었으나 정지원과 달리 벼슬에서 물러나 본향으로 낙향했던 인물이다.

『만가보』에 의하면 진양강씨 박사공파의 파조 강계용의 세계는 강창서 가계에 이어지고 있다. 『등과록전편』에 의하면 강창서의 아버지는 강복민, 할아버지는 강희경이다.[17] 그렇다면 진양강씨 박사공파의 계보는 파조 강계용의 증조부까지 밝혀진 셈이다. 강창서는 향리 자제의 과거를 통한 기가(起家)와 그 후손의 명문화 사례로 일찍이 주목을 받았다.[18] 그 후손 가문은 재상의 지위에 오른 문경공(文景公) 강군보(姜君寶, 1312?~1380)와 공목공(恭穆公) 강시(姜蓍, 1339~1400) 가계이다. 그렇다면 강창서는 진양강씨 박사공파 가문의 조선(祖先)이며, 그 가문의 현조(顯祖)에 다름이 없는 인물이라고 볼 수 있

---

16) 『晉山姜氏世譜』(1830) 水編上; 『晉山姜氏世譜』(1845) 遺事; 『晉山姜氏世譜』(1848) 卷首. 한편 『진산강씨세보』(1899)에서는 시조 강이식으로부터 강도까지 16대 17인의 인물을 모두 별록상(別錄上)으로, 강희경 · 강복민 · 강창서 가계의 인물을 모두 별록하(別錄下)로 편차하였으며, 강계용부터 정보로 삼았다.

17) 『등과록전편』 권2, 희종 7년 신미방.

18) 李樹健, 「後三國時代 支配勢力과 土姓」, 『韓國中世社會史研究』, 一潮閣, 1984, 130쪽.

을 것이다.

그런데 양촌(陽村) 권근(權近, 1352~1409)은 통정(通亭) 강회백(姜淮伯, 1357~
1402)의 부탁을 받아서 지은 공목공(恭穆公) 양진재(養眞齋) 강시(姜蓍, 1339~1400)
의 묘지명에서 5세조 국자박사 강계용만 언급하고 그 윗대 조상은 왜 언급
하지 않았을까.[19] 더구나 강창서는 강남 쪽 학자로서는 그보다 나은 이가 없
었다고 할 만큼 당대에 명성을 얻었으며, 과거에 장원 급제했던 인물이다.
일반적으로 볼 때 강창서 같은 조상을 두었다면 그들 계보 정립에서 반드시
언급했을 것이다. 강시의 묘지명에서 4대조만 언급했다면 6대조 강창서를
누락했더라도 크게 이상할 것도 없겠지만, 왜 하필이면 5대조 국자박사 강
계용만 언급하고 과거에 장원 급제한 6대조 강창서를 언급하지 않았는지에
대해 의문을 갖지 않을 수 없다.

여말선초 진양강씨 박사공파 가문이 유업(儒業)에 대대로 종사한 가문
임을 내세우기 위해 사호(司戶)를 아버지로 둔 조상을 의도적으로 누락했던
것일까. 즉, 조상이 토성이족이었다는 사실을 감추기 위해 강창서를 언급하
지 않았던 것일까. 당시 토성이족 출신으로서 사족으로 성장하여 재상의 지
위에 오른 이가 적지 않았으므로 굳이 그렇게 할 필요는 없었을 것이다. 한
편으로 가첩에 의하면 강창서의 아버지 강복민은 판금천도사(判錦川郡事)의
벼슬을 역임했으며, 조부 강희경은 문과에 급제하여 문하시중(門下侍中)·동
지밀직제학(同知密直提學)·평의사(評議使)·내사령(內史令)을 역임하고 문성공
(文成公)에 증시(贈諡)되었던 인물이다. 하지만 그들의 전기는 사실과 전혀 부
합하지 않는다. 특히 강희경의 관직은 조선 후기 박사공파 가문의 계보 정
립 과정에서 의심되고 논란이 되었던 부분이다. 결국 국자박사 강계용의 조
부와 증조의 간략한 전기에 대한 후대의 잘못된 윤색과 개변으로 말미암아

---

19) 『陽村集』卷39, 墓誌類「有明朝鮮國贈諡恭穆姜公墓誌銘 幷序」.

그들 가문의 계보(系譜) 확립에 차질이 빚어졌다.

강창서 가계의 신분은 일찍이 알려져 있듯이 아버지가 사호(司戶)였다[20]는 사실을 통해 잘 알 수 있다. 고려 후기 자료에서 '군사호(郡司戶)' '부사호(副司戶)', '권사호(權司戶)'라는 용례가 나오는데, 이는 '사호'가 아니라 '군사(郡司)의 호장(戶長)', '주사(州司)의 부호장(副戶長)', '읍사(邑司)의 권지호장(權知戶長)'을 지칭한 것이다.[21] 따라서 강창서는 진주 호장의 아들이다. 강창서가 과거를 통해 중앙으로 진출한 과정은 당시 군현의 토성이족 자제의 관인화를 이해하는 데 중요한 사례였다.[22]

고려 중기 이래 임내(任內)의 승격과 이속(移屬)이 부분적으로 실시되고 있을 때 그 읍격의 승강과 이속은 그 임내의 통치기관인 읍사의 승강과 이속을 의미했다. 고려 이래 호장을 읍사의 수반(首班)이라는 뜻으로 '사수(司首)' 또는 민호(民戶)의 업무를 총괄한다는 뜻으로 '사호(司戶)'라고 호칭했듯이 호장층이 읍사의 주인공이었다. 따라서 읍사의 지위와 권한 및 기능도 그 주인공인 호장층의 그것과 연혁을 같이하여 호장이 군현의 실질적인 통치자로서의 지위를 견지할 때 그 읍사도 명실공히 군현 행정의 중심 기관이었다. 하지만 고려 후기 이래 향리의 지위가 계속 격하되면서 그것도 따라서 격하되어 조선시대에 오게 되면 단지 향리 세계의 한 직과인 호장의 집무소에 불과했으며, 그나마 양반사회로부터 천대받는 존재가 되었다.[23] 이처럼 조선시대 들어 향리의 지위가 격하되면서 이족 출신 가문의 일부는 그 사회적 인식의 부정적인 측면의 영향에서 전혀 자유롭지 못하여 조선(祖先)의 간략한 전기의 윤색과 개변을 행했을 것이다. 물론 여러 고문서에는 개

---

20) 『신증』 권30, 진주목, 인물조.

21) 李樹健, 「高麗時代 「邑司」 硏究」, 『國史館論叢』 3, 1989, 76쪽.

22) 李樹健, 『韓國中世社會史硏究』, 一潮閣, 1984, 310쪽.

23) 李樹健, 앞의 논문, 60-61쪽.

변 이전의 사실을 전하고 있었으므로 이를 근거로 『대동운부군옥』 같은 기록에 그 출신이 이족이라는 사실을 밝혀놓기도 했다. 강창서의 부 강복민과 조부 강희경은 강창서에 비해 상대적으로 고문서에 기록으로 남겨질 기회가 적었으므로 그들 전기의 공백을 극히 간략한 개변 내용으로 채워 넣었을 것이다. 물론 강창서 부조(父祖)의 간략한 전기의 개변은 그와 같은 사회적 배경과 전혀 무관하다고 볼 수 없을 것이다.

현존하는 진양강씨 족보 가운데 가장 오래된 1685년에 편찬된 『진산강씨족보』에서는 국자박사 강계용을 진양강씨 박사공파의 파조로 하면서도 강희경을 1세로 하는 계보가 정립되었다. 이러한 조선(祖先) 의식은 고려 중기 이후 조선 중기까지 분명하게 존재했으나 강창서의 부조(父祖) 강복민과 강희경의 간략한 전기의 잘못된 개변으로 인해 그 계보 의식이 흐려졌던 것일 뿐이다. 강창서와 강계용을 부자로 하는 진양강씨 박사공파의 계보 확립을 부정할 수 있는 다른 명백한 방증 자료가 없는 한 고려 중기 이후 조선 중기까지 이어져 내려온 계보 인식의 결과들을 부정할 수 없을 것이다.

3) 급제와 출사 및 낙향

여초 이래 진주지역 재지세력을 대표하던 토성이족은 주사(州司)를 중심으로 강력한 사회·경제·문화적 기반을 보유했다.[24] 이로 볼 때 진주지역 자체의 지적 기반은 토성이족 각 가문 중심으로 한 일종의 가학(家學) 형태로 갖추어져 있었을 것으로 짐작된다. 설령 토성이족 가문이 능문능리(能文能吏)라 할 수 없을지라도 그들 자제는 부조(父祖)의 가르침을 통해 문자를

---

24) 李樹健, 앞의 책, 444쪽.

해득하고 8세 무렵 향교에 나아가 사서오경 중심의 명경과 제술을 익히는 교육과정을 단계적으로 밟았을 것이다. 중앙의 사학(私學)과 전혀 비교할 수 없겠지만 지방에도 관학인 향교에 대비되는 교육 시스템을 갖추고 있었던 것으로 여겨진다. 물론 향교는 여초 이래 진주지역 문사(文士)와 재상 지위에 오른 인물을 배출하는 데 교육기관으로서 절대적 위상을 갖고 있었다.

경재 하연은 『사교당기』에서 내 일찍이 들으니 은열공 강민첨이 이 향교에서 배워서 공업이 빛났고, 그 뒤에 인재가 더욱 성했다고 한다면서 "근고(近古)에 문경공(文敬公) 강군보(姜君寶), 나의 선조 원정공(元正公) 휘(諱) 즙(楫), 어사대부 휘 윤원(允源), 청천군(菁川君) 하을지(河乙沚), 참찬 정을보(鄭乙輔)와 더불어 조선 초기 이래로는 문충공(文忠公) 하륜(河崙), 문정공(文正公) 정이오(鄭以吾), 양정공(養正公) 하경복(河敬復)이 모두 이 향교에서 공부한 뛰어난 분들로서 문과 무로서 모두 당시에 날렸다"고 했다. 이처럼 하연은 강군보로부터 하경복에 이르기까지 근고에 재상의 지위에 오른 인물을 거론했다.[25] 하연은 진주향교에서 배운 많은 인재 가운데 근고의 인물만 예시했을 뿐 중고(中古)의 인물들을 구체적으로 거론하지 않았다. 하연이 거론하지 않은 정지원, 정여령, 강창서, 강계용, 강인문(姜引文), 하탁회, 하정재, 하남수 등이 고려 중기 향교에서 배워 이름을 빛낸 대표적인 인물들일 것이다.

후대의 기록이지만 진주향교의 사교당 글에서 하연은 사람이 나서 8세가 되면 모두 소학(小學)에 들어가서 대학(大學)의 가르침을 받기에 이르기까지 날마다 먹는 음식과 행동과 언어에 학문 아님이 없다고 했다. 그렇다면 강창서는 8세 무렵 진주향교에 입학하여 교수에게 배우기 시작했을 것이다. 토성이족의 자제들은 향교가 주사(州司)에 이웃해 있었으므로 제 집

---

25) 『敬齋集』卷2, 記「晉州鄉校四教堂記」.

드나들 듯이 공간적 유리함을 안고서 배움에 이를 수 있었다.[26] 그런데 강창서가 향교에 입학하여 문리를 터득하고 관례를 치를 나이에 이르렀을 무렵 진주지역 전체를 혼란의 소용돌이로 몰아넣는 공사(公私) 노비의 반란과 정방의(鄭方義)의 난이 발생했다.

강창서 집안을 비롯한 진주지역 토성이족의 대부분은 강창서가 장원급제하기 10여 년 전인 1200년 4월에 일어난 공사 노비들의 반란과 뒤이어 일어난 창정(倉正) 정방의의 난으로 큰 피해를 입었던 것 같다. 공사 노비들에 의해 주리(州吏)의 집 50여 채가 불태워지고, 뒤이어 정방의가 난을 일으켜 읍을 장악하고 주리(州里)의 사람들을 6,400명이나 죽였기 때문이다. 1201년 3월 이족들이 주도한 진주 사람들이 정방의를 죽였으며, 그 동생 정창대(鄭昌大)가 2백여 인을 이끌고 진주성에 들어갔다가 주인(州人)들의 공격을 받고서 도망침으로써 1년 가까운 정방의의 난이 평정되었다.[27]

당시 진주목은 어느 정도 규모의 고을이었을까. 1047년(문종 1) 10월에 진주목사 사재경(司宰卿) 최복규(崔復圭)가 유리(流離)하던 백성 1만 3천여 호를 불러 안착시키고 본업에 복귀하게 했으며,[28] 앞에서 보듯 정방의에 의해 6,400인이 죽임을 당했다. 그렇다면 진주목은 주부군현(州府郡縣) 가운데 천정(千丁) 이상의 대읍이었다. 따라서 1018년(현종 9) 향직의 인원수와 직제 마련 때 천정 이상인 진주 주사에는 호장 8명, 부호장 4명, 병정(兵正)·부병정(副兵正) 각 2명, 창정(倉正)·부창정(副倉正) 각 2명, 사(史) 20명, 병사(兵史)·창

---

26) 원래 진주향교 자리는 지금의 진주시 계동이라 속칭하는 교동이었으며, 조선 후기 향청(鄕廳)이 있던 곳에 있었다. 이후 몇 번의 이건을 거쳐 1644년(인조 22) 지금의 자리 옥봉리로 옮겼다. 향교의 원래 자리의 이웃에는 주사(州司)가 있었다.

27) 『高麗史節要』卷14, 神宗 3年 4·8月條;『高麗史節要』卷14, 神宗 4年 3月條;『高麗史』卷128, 列傳 鄭方義傳.

28) 『高麗史』卷7, 世家 文宗 元年 10月條. 1만 3천여 호는 약간의 과장이 있겠지만, 계수관으로서 진주목의 범위를 고려한다면 어느 정도 이해할 수 있는 호수(戶數)라고 생각된다.

사(倉史) 각 10명, 공수사(公須史)·식록사(食祿史) 각 6명, 객사사(客舍史)·약점사(藥店史)·사옥사(司獄史) 각 4명씩이 두어졌다.[29]

창정은 읍사 내의 이직자 중 16인 안에 포함된 위상과 궁과 시험을 거쳐 일품군 교위(校尉)로서 장교에 충원될 수 있는 지위였으며,[30] 1051년(문종 5) 10월에 마련된 향리의 승진 규정에 의하면 창정은 부호장을 거쳐 주사 구성원의 최고 지위인 호장에 이를 수 있었다.[31] 따라서 정방의는 창정으로서 주사(州司)의 주요 구성원 가문 가운데 어느 한 가문 출신이었을 것이다.

정방의 난의 규모와 기간을 고려하면 정방의와 정창대 형제만이 아니라 일부 토성이족 중에도 가담한 세력이 있었을 것이다. 반면에 강창서 집안은 정방의 집단을 진압하는 데 기여한 토성이족 가운데 포함되어 있었던 것 같다. 만약 그렇지 않았다면 토성이족 집단에서 도태되었을 것이기 때문이다. 이러한 과정에서 그 집안은 앞선 시기에 비해 진주지역의 사회적 기반이 상대적으로 더욱 강화되었을 것이다. 한편 진주지역 토성이족들을 비롯한 진주 사람들이 주도하여 정방의를 진압했을지라도 난을 일으킨 주체가 주사의 창정이었으므로 국가 권력의 이족에 대한 지배력이 이전에 비해 상대적으로 강화되었을 것이다. 그러한 결과 강창서의 아버지 강복민이 죄에 걸려 옥에 갇히게 되었던 것 같다. 진주목사가 이족을 죄로 엮어 임의로 처분할 수 있는 상황이었다. 따라서 그 죄는 목사가 문제 삼지 않는다면 죄가 성립되지 않을 정도의 가벼운 것으로 여겨진다. 큰 죄였다면 목사가 강창서를 향공(鄕貢)으로 선발할 수도 없었다. 또한 목사가 임의대로 그의 죄를 처분할 수 있었으므로 아들 강창서가 관에 아버지의 석방을 요구했으며, 과거 장원 급제를 조건으로 방면할 것을 약정했다.

---

29) 『高麗史』 卷75, 選擧志3 銓注 鄕職 顯宗 9年條.

30) 『高麗史』 卷75, 選擧志3 銓注 鄕職; 『高麗史』 卷81, 兵志1 兵制.

31) 『高麗史』 卷75, 選擧志3 銓注 鄕職 文宗 5年 10月 判文.

『신증』진주목 인물조에 의하면 강창서는 어려서 진주향교에 취학했다. 향교에 취학할 수 있는 나이는 아마도 8세였을 것이다. 경재 하연의 '진주향교사교당기'에 의하면 8세가 되면 모두 소학에 나아간다고 했기 때문이다. 13세기 초반 진주향교의 취학 나이는 조선 초기에도 커다란 변화가 없었을 것이다. 그는 진주향교 소속 생도로서 학업에 힘써서 글을 잘 지었다. 그래서 "강남 쪽 학자로서 그보다 나은 이가 없었다"는 평판을 들었다. '강남'이라는 공간적 구획은 개경이 기준이 된 것이므로 그 명성은 과거 급제 때 그가 지은 과부에서 비롯했을 수 있을 것이다. 가첩(家牒)에 의하면 강창서가 지은 과부는 성왕(成王)이 기품(氣稟)을 태교(胎敎)에서 받아 나이가 들수록 덕이 풍성한 것을 읊은 「성왕기품태교덕여년풍부(成王氣稟胎敎德與年豊賦)」이다.[32] 그가 과거에서 지은 과부는 당대에 유명했으므로 보존될 수 있었으며, 조선 초기『동문선』에도 실리게 되었던 것 같다.

후술하듯이 강창서는 이미 진주향교에서부터 글을 잘 짓는다고 이름을 얻었으며, 실제 진주목사가 향공을 선발하는 과정에서 그것이 입증되어 소문을 증폭시켰을 것이다. 과거 급제가 그렇게 흔하지 않던 당시 진주지역에서 장원 급제를 기약할 정도로 이미 진주지역에서 촉망받는 인재로서 토성이족들의 기대를 한 몸에 받고 있었던 것 같다. 그가 장원 급제하자, 온 경내가 영화롭게 여겼기 때문이다. 강창서의 과거 응시는 자연스러운 과정이었다. 따라서 처음부터 부친의 죄를 방면하기 위한 목적이라는 특별한 계기가 있었던 것이라 볼 수 없다.[33]

강창서는 호장의 아들이므로 향리 자손의 과거 응시 자격을 갖추고 있었다. 1048년(문종 2) 10월 제술업과 명경업에 응시할 수 있는 향리 자손의

---

32) 『東文選』卷2, 賦「成王氣稟胎敎德與年豊賦[姜彰瑞]」.

33) 李樹健,「後三國時代 支配勢力과 土姓」,『韓國中世社會史硏究』, 一潮閣, 1984, 130쪽.

자격이 정해졌는데, 제술업과 명경업에 응시할 수 있는 자는 각 주현의 부호장(副戶長) 이상의 손자와 부호정(副戶正) 이상의 아들이었다.[34]

양대업(兩大業)에 응시할 수 있는 기본 자격을 갖춘 향리의 자손들은 시(詩)·부(賦)의 제술과 명경의 능력을 갖추어야 소재지 관원의 시험을 거쳐 향공으로 선발되어 개경에 천거될 수 있었다. 상서성(尚書省)과 국자감(國子監)에서는 천거된 자들이 지은 시·부가 격식에 어긋나거나 명경(明經)에서 한두 궤(机)를 읽지 못할 경우 그들을 천거한 시험관을 처벌할 것을 명시했다.[35] 이러한 과정에서 드러난 강창서의 제술 능력은 결국 문장을 잘 짓는다는 평판으로 이어졌을 것이다.

그런데 강창서가 과거에 응시하려는 그때, 아버지 강복민이 마침 죄에 걸려 옥에 갇혔다. 강창서는 아버지의 죄가 극히 사소한 것이므로 쉽게 방면될 것으로 여기고 관아에 요청했으나 관원이 허락하지 아니하고 "네가 만약 장원 급제하면 방면할 수 있을 것이다"라고 했다. 그래서 그 옥사를 연기하고 기다렸다. 관원은 강창서의 제술 능력이면 과거 급제가 가능할 것으로 판단하고 장원 급제를 아버지 방면의 조건으로 내세웠던 것 같다. 설령 그렇더라도 향공선상(鄉貢選上)이 계수관(界首官)으로서 진주목사의 임무 중의 하나였으므로 뽑혀서 올라간 자가 급제하거나 장원하면 자신의 고과(考課)에도 전혀 영향이 없지 않았을 것이다. 진주목사는 그에 대한 일말의 기대감을 갖고 있었던 것 같다. 강창서가 장원 급제하자, 아버지 사유(赦宥)는 말할 것도 없고 지나칠 정도로 환대했기 때문이다.

강창서는 호장의 아들로서 시·부의 제술 능력을 갖춘 후 향공으로서 국자감시 등의 절차를 거쳐 제술업에 응시했다. 1211년(희종 7)[36] 10월 문하

---

34) 『高麗史』 卷73, 選擧志1 科目1 文宗 2年 10月 判文.

35) 『高麗史』 卷73, 選擧志1 科目1 文宗 2年 10月 判文.

36) 『신증』에는 희왕 8년(1212) 봄이라고 하고, 이를 전재한 『진양지』도 마찬가지로 오류를 범했

시랑(門下侍郎) 이계장(李桂長)이 지공거(知貢擧), 대사성(大司成) 조충(趙冲)이 동지공거(同知貢擧)가 되어 진사를 뽑았는데, 강창서 등 38명,[37] 명경업 5명에게 급제를 내려주었다. 이 신미방(辛未榜) 제술과에서 강창서는 38명 중에 장원으로 뽑혔다.[38]

그런데 강회중(姜淮仲)의 장손자 호군(護軍)[39] 강휘(姜徽)를 파조로 삼는 진양강씨 대호군파(大護軍派) 문중에서 1848년에 편찬한 『진산강씨세보』는 1685년에 편찬된 『진산강씨족보』를 대호군파 가문을 중심으로 증보하여 중간(重刊)한 세보이다. 이 세보의 권수(卷首) 별록에 기재된 강창서 편에 그가 1211년(희종 3) 명경과에 급제한 것으로 오기했다.[40] 고려시대 과거제에서 제술과 명경의 양대업 가운데 제술업이 명경업(明經業)에 비교할 수 없는 절대적 우위에 있었다. 더구나 강창서는 제술과 급제자 38인 중에 장원했다.

강창서는 평판대로 과연 뛰어난 과부(科賦)로 장원이 되었다. 『신증』의 진주 인물조에 의하면 강창서가 금의환향하자, 진주목사는 막료와 주리(州吏)들을 거느리고 성 밖에 나와서 먼저 맞이했다. 진주목사는 그대로 강창서의 집으로 가 크게 잔치를 베풀고 부모에게 술을 권해서 경축했다. 진주 온 경내가 강창서의 장원 급제를 영화롭게 여겼다. 진양강씨는 강창서의 과거 급제를 계기로 성장을 거듭하여 고려 말에 족세(族勢)가 번창했으며, 그 후손

다. 『신증』 권30, 진주목, 인물조; 『진양지』 권3, 인물조.

37) 제술과 인원에 대해 28명이라는 기록도 있으나(『高麗史節要』 卷14, 熙宗 7年 10月條) 선거지의 38인이 옳을 듯하다.

38) 『高麗史』 卷21, 世家 熙宗 7年 冬十月條; 『高麗史』 卷73, 選擧志1 選場 熙宗 7年 10月條; 『登科錄前編』 卷2, 熙宗 7年 10月 辛未榜.

39) 강휘는 1455년(세조 1) 12월 원종공신 3등에 녹훈되었는데, 관직이 '호군'으로 나온다.(『世祖實錄』 卷2, 世祖 1年 12月 27日(戊辰)) 가첩의 대호군이 사실이라면 1455년 이후 승진했을 것이다.

40) 『晉山姜氏世譜』(1848). 표지에는 별도로 '大護軍派'라고 표기하고, 권수와 자손록에는 『晉山姜氏增補重刊世譜』라는 제목을 붙였다.

강시(姜蓍) 이후 최고 문벌을 자랑하기에 이르렀다[41]고 한다.

강창서의 벼슬살이는 극히 단편적인 사실만 알려져 있다. 한림원의 직한림원(直翰林院)과 합문지후(閤門祗候)를 겸대하고서 춘주(春州)의 수령, 즉 지춘주사(知春州事)를 지냈다는 것 외에 전하는 게 없다. 다만 가첩에 의하면 그는 한림학사(翰林學士)를 지냈다. 『등과록전편』에도 강창서의 관직이 학사라고 했다. 그렇다면 강창서는 한림원의 정3품 관직인 한림학사를 겸직한 본직이 있었을 텐데 전하지 않는다.[42] 만일 그가 가첩과 『등과록전편』의 기록대로 한림원의 한림학사를 지냈다면 자손은 당연히 음서로서 벼슬살이에 나아갈 수 있었다.

강창서는 "벼슬이 여러 번 옮겨져서 직한림원이 되었다"고 했으나 직한림원이 최종적인 관직으로 생각되지 않는다. 왜냐하면 그는 경관의 벼슬 정7품 합문지후를 겸대하고서 지춘주사로 부임했으며, 이를 끝으로 벼슬살이에서 물러나 본향으로 낙향했기 때문이다. 따라서 정8품의 직한림원은 그의 마지막 벼슬이 아니라 합문지후 이전에 역임했던 관직이다.[43]

이오(李顗)는 과거에 급제하여 직한림원, 김군수(金君綏)는 과거에 장원 급제하여 직한림원, 이영(李穎)은 과거에 급제하여 직한림원에 제수되었다[44]고 하여 직한림원이 초직인 것처럼 오해할 수 있다. 한편으로 1212년 과거에 장원 급제해서도 학관(學官)에 머물러 10년 동안 다른 곳으로 옮겨가지 못했

41) 李樹健, 「後三國時代 支配勢力과 土姓」, 『韓國中世社會史硏究』, 一潮閣, 1984, 130쪽.

42) 문종 때 한림학사 2인은 정4품이었으나 1116년(예종 11) 학사승지와 학사는 모두 정3품으로 정해졌으며, 이때 한림원의 정4품 시강학사(侍講學士) 이상은 모두 본원관(本院官)을 겸하게 했다. 『高麗史』卷76, 百官志1 藝文館條.

43) 강창서가 지냈다는 직한림원의 관계가 정8품이었다고 단정할 수 없다. 다만 그가 여러 번 옮겨서 직한림원에 임명되었다면 그는 직한림원이 정8품으로 승격되었을 때 그 관직에 임명되지 않았을까 한다.

44) 『高麗史』卷95, 列傳 李子淵 附李顗傳; 『高麗史』卷98, 列傳 金君綏傳; 『高麗史』卷106, 列傳 李穎傳.

던 전경성(田慶成)의 경우도 있었다.[45] 그렇다면 강창서가 1211년 10월 과거에 장원 급제하여 초직으로 직한림원에 임명되었을 가능성이 크지 않다. 그렇다면 직한림원이 과거에 장원 급제한 인물들이 제수받았던 초직이라 할수 없을 것이다. 물론 직한림원은 4인 중에 2인이 권무(權務)였으므로 이오와 김군수가 초직으로 받았을 가능성이 없지 않다.

한림원은 사명(詞命)을 작성하는 일을 담당했다. 학사원(學士院)은 현종대에 한림원으로 개편되었는데, 직한림원 4인 중 2인이 권무(權務)였다. 1116년(예종 11) 한림원의 관직을 겸직하는 관료들은 모두 본품(本品)의 행두(行頭)로 서게 했으며, 뒤에 직한림원을 8품으로 높였다가 1220년(고종 7)에 다시 직한림원을 권무로 삼았다.[46] 직한림원은 결원이 발생하면 후임을 뽑는 방식으로 운영되었으며, 임명 조건도 과거 급제자 가운데 성품이나 행동거지가 방정한 이들이 과거 급제 출신 재상들의 추천을 받아 후보가 되고 가계나 신분상으로도 하자가 없어야 최종적으로 임명되었던 관직이다.[47] 그러므로 강창서가 직한림원으로 임명된 것은 중앙의 인적 네트워크가 없는 지방 출신 신진 관료에게 드문 사례였을 것이다. 가문의 배경 없이 오로지 자신의 능력으로 직학림원에 임명된 것으로 볼 수 있다. 그는 강남 쪽 학자로서 그보다 나은 이가 없었다[48]는 명성을 이미 얻고 있었기 때문이다.

직한림원은 국가나 왕실 차원의 불교나 도교 행사를 위한 기도문인 소(疏), 청사(靑詞) 등을 작성하거나 국왕의 장례식을 위한 만사(挽詞)를 짓는 등 예식문의 작성이 기본 역할이었다. 또 왕명의 작성 주체인 지제고들이 제때 작성하도록 일정을 챙기는 등의 '관리'를 하는 역할도 담당했다. 그리고 지

---

45) 『東人之文五七』 卷8, 崔滋小傳.

46) 『高麗史』 卷76, 百官志1 藝文館條.

47) 김보광, 「李仁老의 사례로 본 고려전기 直翰林院의 운영과 역할」, 『史叢』 83, 2014, 133쪽.

48) 『신증』 권30, 진주목, 인물조.

제고가 작성한 내용을 형식에 맞게 베껴 정식 문서로 만드는 역할도 했다. 이러한 점들 때문에 직한림원이 국왕의 문서를 짓는다는 수사적 표현이 나타나기도 했다.[49]

『신증』 춘천도호부 명환조(名宦條)에 의하면 강창서는 희종 때 합문지후를 겸대하고 춘주(春州)의 수령이 되었으며, 수령을 그만둔 뒤에 고향에서 죽을 때까지 살았다. 우선 강창서는 춘천도호부의 명환조에 실릴 정도로 치적이나 평판으로 명성을 얻었던 인물이다. 그가 춘주 수령으로 임명된 시기는 희종 때가 아니라 고종 때일 것이다. 그가 과거에 급제하고 두 달도 채 되지 않은 1211년(희종 7) 12월 희종은 최충헌에 의해 폐위되었으며, 새로이 즉위한 강종도 1213년 8월 병들어 죽었기 때문이다.[50]

강창서는 합문지후를 겸대하고 지춘주사로 임명되어 춘주에 부임했다. 1356년(공민왕 5)에 외직으로 보임되는 자가 모두 경관직을 겸대하고 부임하던 제도가 폐지되었다.[51] 이에 따르면 강창서는 경관직인 합문지후로서 지춘주사에 보임되어 부임했다. 합문지후는 문종 때 관계가 정7품으로 정해졌다가 1116년(예종 11) 참질(參秩)로 승격되었다.[52] 이로써 합문지후는 비록 품계가 정7품이지만 참질, 즉 참상직의 대우를 받았다. 참외직 7품 이하가 흑대(黑帶)를 차도록 규정되어 있었으나 합문지후는 참상직이어서 서대(犀帶)를 차도록 규정되어 있었다.[53]

강창서가 경관직 합문지후를 겸대하고 지춘주사로 부임한 시기는 춘주의 연혁과 사건을 통해 하한은 어느 정도 짐작할 수 있다. 춘주는 1203년

---

49) 김보광, 앞의 논문, 133쪽.

50) 『高麗史』 卷21, 世家 熙宗 7年 12月條; 『高麗史』 卷21, 世家 康宗 2年 8月條.

51) 『高麗史』 卷77, 百官2 外職 大都護府.

52) 『高麗史』 卷76, 百官志1 通禮門條.

53) 『高麗史』 卷72, 輿服志1 冠服 公服; 『高麗史節要』 卷19, 忠烈王 元年 8月條 참고.

(신종 6)에 이르러 춘주 고을 사람들이 최충헌에게 뇌물을 주어 안양도호부(安陽都護府)로 승격되었다가 뒤에 지춘주사로 강등되었다.[54] 그 뒤라는 시점을 명확히 할 수 없으나 1217년 5월 거란군이 안양도호부를 함락하여 안찰사 노주한(魯周翰)을 잡아 죽였으며, 관속들도 피해가 많았다[55]는 기록을 고려한다면 안양도호부에서 지춘주사로 강등된 시기는 1217년 5월 이후일 것이다. 따라서 강창서가 지춘주사로 부임한 시기는 빨라도 1217년 5월 이후였다.

이상과 같이 강창서는 여러 벼슬을 거쳐 한림원의 직한림원에 올랐으며, 이후 그는 합문지후에 임명되었는데, 합문지후는 품계가 정7품이지만 참질이었다. 그리고 그는 합문지후를 겸대하고 지춘주사에 임명되어 치적과 평판이 좋아 춘천도호부의 명환조에 실렸다. 그는 지춘주사를 끝으로 벼슬에서 물러나 고향으로 돌아와 죽을 때까지 살았다.

그런데 그의 벼슬살이와 관련하여 누천(累遷)하여 직한림원이었다고 한 기록이 사실일 것 같지 않다. 1685년(숙종 11) 간행된 『진산강씨족보』 이후 거의 모든 보첩과 『등과록전편』(권2)에 의하면 강창서는 한림원 학사의 벼슬을 지냈다. 그렇다면 그가 여러 번 옮겨 마지막으로 오른 벼슬이 정8품의 직한림원이 아니라 정3품 한림학사일 것으로 볼 여지도 없지 않다. 다만 한림원의 학사는 겸직이었으므로 경관의 본직이 있었을 텐데 전혀 알 수 없다. 만일 강창서가 정3품의 경관직에 올랐다면 『진산강씨족보』(1685)의 계보상 그의 아들 강계용은 음서로서 국자박사에 오른 셈이다. 이러한 강창서의 벼슬살이는 더 이상의 방증 자료가 없어 실증할 수 없으나 한림학사의 벼슬을 지냈다는 기록도 전혀 부정할 수는 없을 것 같다.

---

54) 『高麗史』 卷58, 地理志3 春州 沿革條; 『高麗史節要』 卷14, 神宗 6年 7月條.

55) 『高麗史節要』 卷15, 高宗 4年 5月條.

강창서는 1211년 과거를 통해 재경관인이 되었으나 벼슬살이를 그만두고 본향(本鄕) 진주로 낙향하여 여생을 보내다가 삶을 마감했다. 강창서가 벼슬살이한 기간이 얼마인지 알 수 없으나 관직에서 물러나 고향으로 돌아온 것은 당시 그렇게 흔한 사례라고 여겨지지 않는다. 대체로 고려 말에 이르러 재경관인 가운데 벼슬살이에서 물러나 본향으로 돌아오거나 처향(妻鄕) · 외향(外鄕)을 따라 거처를 옮겨 여생을 보내는 낙향자가 생겨났기 때문이다.[56] 그렇다면 재경관인 가운데 고향으로 돌아와 생활하다가 삶을 마치는 경우는 일반적으로 14세기 중엽 이후에 일어난 정치 · 사회적 현상이었다. 바꾸어 말해서 강창서는 재경관인으로서 삶이나 진주에서 재지사족으로서 삶에 커다란 사회 · 경제적 차이가 없었으므로 그러한 결정을 내렸을 것이다. 이는 진주지역 토성이족 가운데 상층 가문의 신분이 이전에 비해 향상되었으므로 가능했던 것 같다. 강창서가 재지사족으로서 일상생활을 영위하면서 진양강씨 가문의 사족화와 진주지역 토성이족의 중앙 진출과 사족 가문으로 성장하는 데도 적지 않은 영향을 끼쳤을 것이다.

4) 맺음말

진양강씨 가문의 여러 분파는 고려 초기 재경관인 계열과 토성이족 계열의 분화, 그리고 그들 자손의 사족화 과정에서 비롯되었던 것으로 보인다. 16세기 초반에 서로 간의 계열이 명확하지 않은 사강(四姜), 즉 파시조를 달리하는 네 분파가 이미 존재했던 것으로 추정된다. 그리고 조선 후기에 이르면 강이식(姜以式)을 시조로 하고 강민첨(姜民瞻)을 중조로 하는 조선(祖先)

---

56) 李樹健, 『嶺南士林派의 形成』. 嶺南大出版部, 1979, 155-156쪽.

세계(世系)에 대한 계통 인식이 거의 확정되었던 것으로 보인다.

강창서(姜昌瑞, ?~?)는 진주의 토성이족 출신으로서 1211년(희종 7) 10월 과거에 장원했다. 그의 집안은 아버지 강복민(姜福民)이 주사(州司)의 호장(戶 長)이었으므로 할아버지 강희경(姜希經)도 호장이었을 것이다. 강창서는 진주 의 토성이족 가운데 족세(族勢)가 강성하여 호장층을 세습했던 가문 출신이 었다. 강창서 가계는 가승(家乘) 형태로나마 족보를 간직하여 후대에 전했을 것이다. 고려시대의 과거 시행 절차 같은 제도적인 측면만이 아니라 혼사 같은 사회적인 측면에서도 가첩은 필수였기 때문이다.

그렇지만 강창서의 계보는 전쟁 등 여러 요인으로 인해 후대에 제대로 전해지지 않았던 것 같다. 강민첨으로부터 강창서의 조부 강희경 이전까지 진양강씨 박사공파의 계보가 명확히 정립되지 않음으로써 그 가문에서는 그 사실을 둘러싸고 조선 후기까지 늘 논란이 되었다. 물론 처음부터 그랬 던 것은 아니었을 것이다. 진양강씨 박사공파 가문은 과거 응시와 사환(仕宦) 과정에서 반드시 제출해야 할 가승(家乘) 형태의 가첩(家牒)을 보유하고 있었 을 것이기 때문이다.

현존하는 진양강씨 족보 가운데 가장 오래된 1685년에 편찬된『진산 강씨족보』에서는 국자박사(國子博士) 강계용을 진양강씨 박사공파의 파조로 하면서도 강희경을 1세로 하는 계보가 정립되었다. 이러한 조선 의식은 고 려 중기 이후 조선 중기 때까지 가승(家乘)을 통해 분명하게 존재했으나 이후 강창서의 부조(父祖) 강복민과 강희경의 간략한 전기의 잘못된 개변으로 인 해 그 계보 의식이 오히려 흐려졌던 것 같다. 강창서와 강계용을 부자로 하 는 진양강씨 박사공파의 계보 확립을 부정할 수 있는 다른 명확한 방증 자 료가 없는 한 고려 중기 이후 조선 중기까지 이어져 내려온 계보 인식의 결 과들을 부정할 수 없을 것이다.

관찬 사서에는 강창서의 장원 급제의 사실 이외에 전하는 것이 없다.

그의 출신 가문을 알려주는 자료는 1485년에 편찬된『동국여지승람』진주목 인물조에 그의 아버지가 주사(州司)의 호장(戶長)을 의미하는 '사호(司戶)'라는 사실과『등과록전편』(권2)에 실린 부조(父祖)가 강복민과 강희경이라는 정도에 지나지 않는다. 이 두 자료를 종합하면 강창서는 진주의 토성이족 중 주사의 호장을 세습하면서 세력 기반을 구축하고 있던 가문 출신으로 생각된다.『신증』진주목 인물조에 의하면 강창서는 어려서 진주향교에 취학했다. 그가 향교에 취학한 나이는 아마도 8세였을 것이다. 그는 향교에서 학업에 전념하여 약관을 지나면서 시부(詩賦)에 능하다는 평판을 얻었던 것 같다. 그는 호장의 아들이어서 양대업에 응시할 자격이 충분했다. 그는 진주목사에 의해 향공으로 선발되어 개경에 천거되고 예비 시험을 거쳐 1211년(신종 7) 10월 과거에 제술과 급제자 38인 중 장원했다. 그가 과거에서 지은 과부(科賦)는 당대에 유명했으므로 보존될 수 있었으며, 조선 초기『동문선』에도 실리게 되었던 것 같다.

강창서는 여러 벼슬을 거쳐 한림원의 직한림원(直翰林院)에 올랐다. 선행연구에 의하면 직한림원은 결원이 발생하면 후임을 뽑는 방식으로 운영되었으며, 임명 조건도 과거 급제자 가운데 성품이나 행동거지가 방정한 이들이 과거 급제 출신 재상들의 추천을 받아 후보가 되고 가계나 신분상으로도 하자가 없어야 했다. 강창서는 가문의 배경 없이 오직 자신의 능력으로 그런 조건에 이르렀던 것 같다. 이후 그는 합문지후(閤門祗候)에 임명되었는데, 합문지후는 품계가 정7품이지만 참질(參秩)이었다. 그리고 그는 합문지후를 겸대하고 지춘주사(知春州事)에 임명되어 치적과 평판이 좋아 춘천도호부의 명환조에 실렸다. 그런데 그의 벼슬살이와 관련하여 누천(累遷)하여 직한림원이었다고 한 기록이 사실일 것 같지 않다. 보첩과『등과록전편』에 의하면 강창서는 벼슬을 여러 번 옮겨 마지막으로 오른 벼슬이 정8품의 직한림원이 아니라 정3품 한림학사였다. 다만 한림원의 학사는 겸직이었으므로 경관의 본직이 있었을 텐데 전혀 알 수 없다. 강창서의 벼슬이 정3품이었다면 그의 계보상 아들인 강계용은 음서로서 국자박사에 오른 셈이다. 강창서의 벼슬살이는 더 이상의 방증 자료가 없어 더 논증할 수 없다.

강창서는 상경종사(上京從仕)하다가 낙향했다. 재지사족으로서 그의 존재는 진양강씨 가문의 사회적 위상뿐만 아니라 진주지역 토성이족이 사족 가문으로 성장하는 데도 적지 않은 영향을 끼쳤을 것이다.

Ⅱ

진주지역의
사족 가문과
인물

1. 고려 말기 하즙 가문의 정치적 성장과 성격

1) 머리말

진양하씨 사직공파는 사직의 벼슬을 지낸 하진(河珍)을 파조로 하는 가문이다. 그 현조는 파조의 8대손 원정공 하즙(河楫)이다. 하즙은 자가 득제(得濟), 호가 송헌(松軒)으로 조현대부 정용장군 하직의(河直漪)의 아들이며, 철성군 판밀직사 이우(李瑀)의 사위이다. 그는 1303년에 진주 여사촌(餘沙村)에서 태어나 처음 문음으로 벼슬살이에 나아갔으며, 이후 과거에 급제하여 벼슬이 문하찬성사에 이르렀다. 그는 종1품 문산계 중대광에 임명되고 진천군(晉川君)에 봉해졌다. 1380년 8월 9일에 진주목 서면 여사촌에서 세상을 떠났으며, '원정'이라는 시호를 내려받았다.[1] 하즙 가문은 그가 1품 재상의 반열에 오른 이후 경재 하연에 이르기까지 4대 1백 년 가까운 시기에 걸쳐 재상을 배출한 여말선초의 대표적인 명문에 속한다.

지금껏 고려 말기 진양하씨 사직공파 하즙 가문의 정치적 성장에 대한 연구가 거의 이루어지지 못한 것은 연구 자료의 측면이라기보다 지역사에 대한 관심 소홀에서 비롯했다고 본다. 그래서 이 연구에서는 고려 말기 이래 중앙만이 아니라 진주지역의 대표적인 가문인 진양하씨 사직공파 가문의 정치적 성장을 원정공 하즙을 중심으로 살펴보려고 한다.

이 연구의 목적은 고려 후기 이래 진양하씨 사직공파 가문의 정치·사회적 성장과 성격을 규명하는 데 있다. 2절에서는 진양하씨 사직공파 가문

---

1) 『敬齋集』卷2, 序「世譜序」; 『晉陽河氏世譜』(萬曆本), 「歷代遺錄[河渾]」참고.

의 출자(出自)와 하직의 · 하즙 부자의 정치적 성장 배경을 하의(河義) · 하보(河保) 부자를 중심으로 검토할 것이다. 3절에서는 하즙의 아버지 하직의의 관계(官階)와 관직을 문헌을 통해 고증하겠다. 하직의가 1290년(충렬왕 16) 진사에 급제하고 이어 무과에 급제하여 정용호군에 올랐다는 가첩의 기록[2]은 역사적 사실과 부합하지 않으므로 고증이 필요하다. 4절에서는 하즙이 문음으로 벼슬살이에 나아간 사실과 1324년(충숙왕 11) 과거 급제 및 벼슬 역임의 사실 등 그의 정치적 성장의 사실과 성격을 규명하겠다. 5절에서는 하즙의 두 아들 하윤원 · 원규와 사위 강시(姜蓍)의 정치 · 사회적 성장을 통해 네트워크 확대를 규명하도록 하겠다.

이 연구는 진양하씨 사직공파 가문과 인물에 관한 기본적인 사실 고증에 우선적인 목적을 두고 있다. 이 연구에서는『고려사』·『고려사절요』 및『태조실록』등 관찬 사서류,『경재집』·『모헌집』·『사헌유집』등 문집류,『진양하씨세보』(만력본) 등 가첩류를 연구 자료로 활용할 것이다.

2) 출자와 성장 배경

진양하씨의 출자와 관련한 가문의 기록을 살펴볼 필요가 있다. 경재 하연이 1451년 1월에 지은 '세보서', 만력본(1606)『진양하씨세보』의 '역대유록', 모헌(慕軒) 하혼(河渾, 1548~1620)이 1616년에 지은 '봉선실록', 사헌(思軒) 하겸락(河兼洛, 1825~1904)이 지은 '여사선장사실' 등은 진양하씨 사직공파 가문의 출자와 성장을 이해하는 데 기본 자료로서 가치를 지니고 있다. 하겸락의 '여사선장사실'의 내용 가운데 진양하씨 사직공파 파조 하진부터 11세

---

2) 『晉陽河氏世譜』(萬曆本),「歷代遺錄[河渾]」.

목옹(木翁) 하자종(河自宗, 1350~1433) 대까지 주요 내용은 모헌 하혼의 '봉선실록'의 것과 거의 일치한다. 하혼은 하자종의 다섯 아들 중 셋째 아들 경재 하연의 세 아들 중 셋째 아들 연당(蓮塘) 하우명(河友明, 1413~1493)의 현손이고, 하겸락은 하자종의 넷째 아들 하결(河潔, 1380~?)의 15대손이다.[3]

진양하씨는 진주의 토성이라는 사실에서 추정하자면 나말여초의 호족 세력에서 그 근원을 찾을 수밖에 없을 것이다. 경재 하연은 1451년 진양하씨의 출자에 대해 "진주의 토성(土姓)으로 삼한시대부터 내려온 씨족은 넷이 있으니 하(河)·정(鄭)·소(蘇)·강(姜)이고, 기타는 잡성과 서민들이다"라면서 진양하씨를 비롯한 진주의 네 토성이 모두 삼한에서 비롯했다[4]고 했다.

모헌 하혼은 "우리 하씨는 삼국시대부터 진양의 니구산(尼丘山) 아래 여사월(餘沙月)에 터전을 잡고 살아왔다"면서 "우리 집안은 고타주(古陁州), 즉 지금 진주에서 나왔다. 삼한부터 지금까지 인척이 넝쿨처럼 이어져 몇천 년이 지났는지 모른다. 10세 이전은 연대가 오래되어 자녀와 방계 친족을 찾을 수 있는 문헌이 없다"[5]고 했다. 하혼은 진양하씨 사직공파 가문의 유래가 매우 오래되었다는 사실을 그렇게 표현했다. 이는 경재 하연의 '세보서'에 근거한 것으로 보인다.

한편 진양하씨 사직공파 가문이 삼한에서 비롯했다는 하연과 하혼의 인식은 그들 가문이 늦어도 고려 이전에 진주지역에서 지배세력을 형성하고 있었음을 드러내고자 한 것으로 이해할 수 있다. 그래서 하연은 "우리 하

---

3) 『晉陽河氏世譜』(萬曆本); 『晉陽河氏大同譜』(2000) 참고.

4) 『敬齋集』卷2, 序 「世譜序」.

5) 『晉陽河氏世譜』(萬曆本) 「河氏世譜序【丙午】」; 『暮軒集』卷2, 序 「河氏世譜序【丙午】」. 경재 하연의 '세보서'에 의거한 '고타주(古陁州)'는 설령 '옛 타주'라는 의미로 쓰였을지라도 거타주(居陁州)의 음상사(音相似)로 이해하는 게 타당하다고 본다. 이하 '고타주'는 거타주로 칭하겠다.

씨 집안은 옛 성씨 중의 하나로 거타주시대부터 선비 집안이었다"[6]고 한 것이다. 바꾸어 말해서 하연은 진양하씨 가문이 고려시대 이전에 진주지역의 지배세력에서 출자했다고 보았다. 그렇다면 진양하씨 사직공파는 나말여초 진주지역 호족세력에서 비롯했으며, 태조의 토성 분정 과정에서 하씨 성을 분정 받아 진주 주사(州司)의 구성원으로서 진주지역의 지배집단을 형성했던 것으로 추정된다.

진주의 토성인 진양하씨는 서로 간의 선계(先系)가 밝혀지지 않았으나 한 시조에서 분파한 것으로 추정되는 다음 세 계열로 갈리어 세계를 잇고 있다. 즉 고려 현종 때 상서좌사낭중(尙書左司郞中)으로서 거란을 물리치는 데 큰 공을 세우고 순절하여 상서공부시랑(尙書工部侍郞)에 추증된 하공진(河拱辰)을 파시조로 하는 시랑공파(侍郞公派), 고려 정종·문종대에 걸쳐 사직을 지냈다고 전하는 하진을 파시조로 하는 사직공파, 고려 때 주부(主簿)를 역임했다는 하성(河成)을 파시조로 하는 단계공파(丹溪公派)이다.

그런데 경재 하연은 1451년 1월에 지은 『진양하씨세보』 서문에서 시랑공파와 사직공파만 언급했을 뿐이다.[7] 이 시기에서 멀지 않은 16세기 초엽에 진양하씨 계열에 대한 정리가 있었다. 창주(滄洲) 하증(河憕, 1563~1624)은 '하씨세계변(河氏世系辨)'에서 "단성현감 조응경(趙應卿, 1487~1549)이 하씨 가문의 외손으로서 정성을 다한 찬집으로 진양사대성(晋陽四大姓)의 족보를 만듦으로써 삼하(三河)·사강(四姜)·십정(十鄭)의 분질(分秩)을 명백히 갖추었다. 이를 진주의 향사당에 보관하였다"고 했다.[8] 아마도 함안조씨 단성현감 조응경이 처음으로 진양하씨 세 계열을 정리한 것으로 보인다.

한편 하증은 조응경이 찬집하여 정리한 진양하씨의 세 계열에 대해 그

---

6) 『敬齋集』卷2, 序「世譜序」.

7) 『敬齋集』卷2, 序「世譜序」.

8) 『晋陽誌』卷3, 姓氏條.

근원이 일찍이 같지 않은 적이 없는 세 파로 나뉘었다고 했다.[9] 다만 진양하씨 세 계열 가운데 단계공파 하성에 대한 고려 초·중기의 선계가 확인되고 있지 않다. 하지만 조선 초·중기의 진양하씨 계보에 대한 인식에 의하면 진양하씨는 비록 선계가 명확히 밝혀져 있지 않지만 같은 시조에서 분파했을 것으로 추정된다.

진주 여사촌 하즙 가문의 사회·정치적 성장에는 혼인과 과거·벼슬살이가 크게 영향을 끼쳤을 것이다. 물론 경제적인 측면도 중요한 요소였겠지만 전하는 자료가 없어 논의할 수 없다. 그런데 하즙 가문의 성장 요인의 하나인 혼인 관련 기록은 하즙의 아버지 하직의부터 전하므로 그 이전의 사회적 네트워크를 통한 성장 과정은 규명할 수 없다.

하즙 가문을 비롯한 사족 가문들의 정치·사회적 성장에는 계수관인 진주의 읍격도 무시할 수 없는 요인으로 작용했을 것이다. 주현의 크기에 따라 향공선상(鄕貢選上)의 인원에 차등이 두어졌기 때문이다. 진주목사는 계수관으로서 3인의 향공을 선발하여 개경으로 올려보냈다.[10] 따라서 과거제는 진주지역 사족의 성장 과정에서 유리한 정치제도로 작용했을 것이다. 하지만 하즙 가문의 과거 관련 기록은 하직의 이전 것은 전하지 않는다. 파조 하진부터 하직의의 아버지 7세 하보까지는 단지 관직만 전할 뿐이다.

진양하씨는 고려 초에 이미 재경관인과 재지세력으로 분화했다고 보고 있다. 시랑공파의 하공진 등은 전자에 해당한다. 하즙의 8대조 하진도 하공진의 예와 비슷했을 것이다. 하진은 정종(靖宗, 재위 1034.9~1046.5)·문종(文宗, 재위 1046.5~1083.7) 두 임금 때 활동한 인물이라고 한다.[11] 그렇다면 하진은 11세기 초반에 활약한 하공진보다 한 세대 이후의 인물로 추정된다. 하진

---

9) 『晉陽誌』卷3, 姓氏條.

10) 『고려사』 권73, 선거지1 과목1 현종 15년 12월 判文.

11) 『思軒遺集』 卷2, 雜著 「餘沙先莊事實」.

이전의 사직공파 인물에 대한 기록이 전혀 전하지 않지만, 그 집안도 재경 관인이었을 가능성을 배제할 수 없을 것이다.[12] 하즙의 8대조는 하진, 7대 조는 주부 하영상(河永尙), 6대조는 참군(參軍) 하맹공(河孟恭), 5대조는 진사 하 원경(河元慶), 고조부는 사정(司正) 하백부(河白富)이다.[13]

하즙의 증조 하의(河義)는 재주가 있었으나 일찍 죽었으며, 하즙이 귀 하게 되어 참지(參知)에 증직되었다.[14] 증직 사실은 1451년과 1606년『진 양하씨세보』의 서문에 나온다. 다만 그 증직의 벼슬에 대해서는 고증을 필 요로 한다. 태계(台溪) 하진(河珍, 1597~1658)의 9대손 사헌 하겸락이 1900년에 중간한『태계집』의 세계도와 창녕의 진양하씨 사직공파 가문이 주도하여 1919년에 간행한『경재집』의 세계도에는 병부참지라고 했기 때문이다. 한 편『진양하씨대동보』(2000)에는 하의가 문하부의 참지정사(參知政事)에 증직 되었다고 했다. 후술하듯이 하즙이 재상의 지위에 오른 시기를 감안하여 병 부의 개편 과정을 살펴보자.

1356년(공민왕 5) 6부를 복립(復立)하면서 군부사(軍簿司)를 다시 병부로 고쳤다. 1362년 병부를 다시 군부사, 1369년 다시 총부(摠部), 1372년(공양왕 21) 다시 군부사, 1389년(공양왕 1) 다시 병조(兵曹)로 고쳤다.[15] 그렇다면 하의 는 1356년에서 1362년에 사이에 병부의 관직에 증직된 것인데, 이 시기에 하즙이 재상의 지위에 올라 그의 증조를 비롯한 3대를 추증한 것으로 볼 수 있을지 의문이 든다. 더구나 병부에 참지의 벼슬도 존재하지 않았다.[16] 참지

---

12) 박용국,『지리산 단속사』, 보고사, 2010 참고.

13) 『敬齋集』卷2, 序「世譜序」.

14) 『敬齋集』卷2, 序「世譜序」;『暮軒集』卷2, 序「河氏世譜序【丙午】」.

15) 『고려사』권76, 백관지1 吏曹 · 兵曹條.

16) 『고려사』권76, 백관지1 兵曹條 참고.

는 조선시대 병조의 정3품 당상관직으로 두어졌다.[17] 또 1466년(세조 12) 1월 신승선(愼承善)을 병조참지(兵曹參知)로 임명한 것이 관찬 사서의 첫 사례[18]라는 점에서 본다면 하의가 병조참지에 증직되었을 것으로 볼 수도 없다. 따라서 하의는 문하부의 종2품 참지정사, 또는 참지문하부사(參知門下府事)에 증직되었다고 보는 게 타당한 이해일 것이다. 하즙이 1품 재상에 오른 시기를 감안하면 하의는 아마도 참지문하부사에 증직된 것 같다. 1356년에 첨의부를 문하부로 고치면서 참리(參理)를 다시 참지정사로 바꾸었으며, 1362년에 다시 첨의부의 평리로 바꾸었다가 1369년에 다시 문하부의 참지문하부사로 바꾸었기 때문이다. 그리고 1372년(공민왕 21)에 다시 문하부의 참지문하부사를 문하부 평리로 바꾸었다.[19]

하직의의 아버지 하보는 벼슬이 사직이었으며, 판서(判書)에 증직되었다.[20] 선초 이래 그의 벼슬과 증직 사실에 관한 자료 간에는 이견이 없다. 한편 경재 하연은 하보에 대해 "가정에서 수신하고 동문(洞門)을 거의 나서지 않았다"고 했는데, 하혼은 "가정에서 수신하고 재주를 감춘 채 일생을 마쳤다"고 했다.[21] 이에 대해 사헌 하겸락은 "하보는 고려 원종조(元宗朝)에 벼슬이 사직이었다. 송나라가 망하고 원나라가 중원 땅을 차지하여 호령(號令)이 고려에 미쳤다. 그래서 하보는 관복이 모두 공변된 것이 아니라 여기고, 이에 벼슬살이를 즐기지 아니하여 사직한 후 향리로 돌아와 가정에서 수신하

---

17) 『經國大典』卷1, 吏典 京官職 正二品衙門條.

18) 『세조실록』 권38, 세조 12년 1월 15일(무오).

19) 『고려사』 권76, 백관지1 문하부 評理條. 한편 1369년에 첨의부를 다시 문하부로 바꾸었다. 『고려사』 권76, 백관지1 門下府條.

20) 『敬齋集』卷2, 序 「世譜序」; 『晉陽河氏世譜』(萬曆本); 『暮軒集』卷3, 雜著 「奉先實錄【丙辰】」; 『思軒遺集』卷2, 雜著 「餘沙先莊事實」.

21) 『敬齋集』卷2, 序 「世譜序」; 『暮軒集』卷3, 雜著 「奉先實錄【丙辰】」.

고 동문을 거의 나서지 않았다"고 했다.[22] 그렇다면 원종대에 사직으로 있던 하보는 원간섭기에 접어드는 시기에 벼슬살이를 그만두고 낙향하여 은둔한 인물인 셈이다.

사직은 1022년(현종 13) 6월 동궁(東宮)에 관속(官屬)을 설치했을 때 처음으로 두어진 동궁 소속 여러 관직 중의 하나였다.[23] 1068년(문종 22) 왕위를 계승할 태자의 지위 강화와 관련한 동궁 직제의 강화로 첨사부(詹事府)가 설치되었는데, 소속 관원으로는 지부사(知府事) 1인과 첨사 1인이 정3품, 소첨사 1인이 종3품, 승 1인이 정6품, 사직 1인이 정7품, 주부 1인이 종7품, 녹사 1인이 정9품이었다. 1131년(인종 9) 첨사부는 독자적인 관부로 독립하면서 좌·우첨사 각 1인, 사직 1인, 주부 1인, 녹사 1인, 춘방통사사인(春坊通事舍人) 2인으로 그 조직이 확대되었다.[24] 하보의 벼슬이 사실이라면 그는 동궁의 사무와 살림을 총괄하던 첨사부의 정7품 사직을 지내다가 1275년 무렵 벼슬에서 물러나 낙향한 것이다.

하보는 손자 하즙이 종1품의 재상 지위에 오름으로써 판서에 증직되었다. 증직된 판서의 소속 관부가 나오지 않지만 1356년(공민왕 5)에 다시 6부를 세운 이후 6사(司)로, 다시 6조(曹)로 관부의 명칭이 바뀌었는데 그 으뜸 벼슬의 관계는 정3품으로 변화가 없었다.[25] 뒤에 마련된 추증 제도에 의하면 하

22) 『思軒遺集』卷2, 雜著「餘沙先莊事實」.

23) 『고려사』권4, 현종 13년 6월 14일(임자);『고려사』권77, 백관지2 동궁관조.

24) 『고려사』권77, 백관지2 동궁관조.

25) 문종 때 정해진 이부(吏部)·병부(兵部) 등 6부(部)의 으뜸 벼슬인 판사(判事) 1인은 재신의 겸직, 각 상서(尙書) 1인은 정3품이었다. 1275년(충렬왕 1) 중서문하성과 상서성을 합쳐 첨의부(僉議府)로 개편하면서 상서를 판서로 고쳤다. 1298년 판서를 상서, 1308년(충렬왕 34) 상서를 전서(典書), 1356년 다시 6부를 세우면서 전서를 상서, 1362년 상서를 판서, 1369년 판서를 상서로 고쳤다가 1372년(공민왕 21) 상서를 다시 판서로 칭했다. 1389년 전리사(典理司)·군부사(軍簿司) 등을 이조·병조 등 6조로 고쳤으며, 판서의 관계는 정3품으로 변화가 없었다. 『고려사』권76, 백관지1 六曹條;『고려사』권76, 백관지1 尙書省條.

즙이 종1품 재상의 지위에 올랐으므로 그의 조부 하보는 정2품의 관직에 증직되어야 옳다. 1391년 8월에 2품 이상은 3대를 추증하되 아버지는 아들의 관직에 준하며 조(祖) · 증조(曾祖)는 차례로 한 등급씩 낮추는 추증 제도가 마련되었기 때문이다.[26] 따라서 하보에게 증직된 판서는 고려시대의 판서가 아니라 조선시대 육조의 으뜸 벼슬 정2품 판서를 의미하는 것으로 보인다.

하보가 세상을 떠난 후 자손들은 그를 위해 영당(影堂)을 세웠다.[27] 아들 하직의는 아버지 하보를 위해 영당을 세워 아버지의 유상(遺像)을 안치했을 것이다. 이는 진양하씨 사직공파 가문에서 처음으로 유상을 안치한 사당이었다. 하보의 아들 하직의가 벼슬살이에 나아가 사족 가문으로서 입지를 확고히 하고 정치 · 사회적으로 크게 성장한 사실과 관련이 크다고 본다.

이상과 같이 선초의 기록에 근거할 때 여사촌의 진양하씨 사직공파 집안은 재상 가문인 철성이씨와 혼사를 맺을 수 있을 만큼 13세기 말까지 정치적 성장을 거듭했다.

3) 하직의의 관계와 관직 고증

하직의(河直漪, ?~?)는 사직공파 가문의 정치적 성장의 사회적 기반을 마련한 인물이다. 그래서 모헌 하혼은 『진양하씨세보』(만력본)를 편찬하면서 하연의 '세보서'에 이어 '역대유록'을 두 번째 조목으로 편차하고, 첫 번째 인물로 호군 하직의를 설정했다. '역대유록'에는 하직의로부터 하혼의 아버지 성재(惺齋) 하천수(河千壽, 1515~1570)에 이르는 인물의 생졸 · 출처 · 행적 · 비

---

26) 『고려사』 권75, 선거지3, 전주 凡封贈之制 공양왕 3년 8월조.
27) 『敬齋集』 卷2, 序 「世譜序」.

갈의 사실이 등재되어 있다.[28]

'역대유록'에 의하면 하직의는 1290년(충렬왕 16) 진사에 급제하고, 곧이어 무과에 급제했다.[29] 그런데 이는 사실과 부합하지 않으므로 고증이 필요하다. 양대업인 제술과 · 명경과는 진사과와 명경과라고 칭하기도 했다.[30] 진사는 제술과 본시험인 예부시(禮部試) 급제자나 예비 시험 합격자 등을 지칭하기도 했다. 하지만 후자는 ○○진사처럼 접두어를 붙였는데, 국자감시 합격자인 국자진사와 이칭인 국학진사 · 성균진사, 예부시 바로 직전의 국자감시에서 새로 합격한 진사의 의미인 신진사(新進士), 국자감 학생(국학생) 출신의 진사 호칭인 태학진사 · 사문진사(四門進士) · 순진사(諄進士) 등으로 쓰였으므로 예부시 급제자인 진사와 구분되는 용어이며,[31] 향공으로 선발되어 국자감시에 급제한 향공진사도 그와 마찬가지였다. 따라서 하직의의 '진사 급제'는 과거에 급제했음을 의미한다. 1290년(충렬왕 16) 5월 정당문학 정가신(鄭可臣)이 지공거, 판비서사(判秘書事) 김변(金賆)이 동지공거가 되어 진사를 뽑았는데, 최함일(崔咸一) 등 31명에게 급제를 내려주었다.[32] 진사 급제자 31명 가운데 하직의도 포함되었던 것 같다. 그렇다면 하직의의 진사 급제는 본시험이므로 무과 급제 사실은 검토를 요한다.

하직의가 과거에 급제할 당시 무과는 존재하지 않았다. 물론 사실상의 첫 무과 시험은 이미 1120년에 실시되었다. 그전에 1109년(예종 4) 국학의

---

28) 『晉陽河氏世譜』(萬曆本), 「歷代遺錄[河渾]」; 『暮軒集』 卷2, 序 「河氏世譜序【丙午】」 참고.

29) 『晉陽河氏世譜』(萬曆本), 「歷代遺錄[河渾]」.

30) 『고려사』 권7, 세가 문종 10년 8월조; 『고려사』 권11, 숙종 3년 10월조. 이 외에 원항(元沆, 1080~1149)이 진사과에 급제한 사례나 최윤인(崔允仁, 1112~1161)이 진사과에 급제하고 성주통판(成州通判)이 되었던 사례 등 고려시대 묘지명에 아홉 사례가 있다. 김용선, 『역주 고려묘지명집성』(상 · 하), 한림대학교 아시아문화연구소, 2001 참고.

31) 朴贊洙, 「高麗學式에 대한 再檢討」, 『國史館論叢』 21, 1991, 246~247쪽.

32) 『고려사』 권73, 선거지1 선장 충렬왕 16년 5월조.

7재(齋) 중 무학(武學)의 강예재(講藝齋)가 두어졌다. 1120년(예종 15) 5월 한안인(韓安仁)이 지공거, 김부일(金富佾)이 동지공거가 되어 진사를 뽑았는데, 예종이 복시(覆試)를 보아 이지저 등 38명에게 급제를 내려주었다. 이 과거에서 무학생(武學生)에게도 아울러 대책(對策)으로 시험했다.[33] 이는 사실상 첫 무과 시험으로 이후 등과한 이가 있었던 것으로 여겨진다. 하지만 얼마 지나지 않은 1133년(인종 11) 정월에 무학으로 무사를 선발하는 일과 무학재의 호칭은 모두 혁파되었다. 무학재의 생도는 과거에 응시하는 자가 적어서 책론에 비록 합격하지 못하더라도 응분의 수에 따라 선발했으므로 급제하기가 매우 쉬웠다. 그래서 여러 생도가 다투어 무학에 속했다. 무학이 번성하여 문학인(文學人)과 대립하여 불화할 것을 매우 염려할 정도였다.[34] 이후 1352년(공민왕 1) 4월에 진사 이색(李穡)이 상서(上書)하여 무과를 설치할 것을 청했으나 시행되지 못했다. 무과는 1390년 윤4월에 가서야 설치되었다.[35] 따라서 하직의가 무과에 급제했다는 것은 사실이 아니다. 하직의가 정4품 장군에 제수되었으므로 가첩에서는 그를 소과 진사시에 급제하고 곧이어 무과에 급제한 것으로 오해한 것으로 추정된다.

하직의는 조현대부(朝顯大夫)로서 사순위(司巡衛) 정용호군(精勇護軍)을 지냈다고 한다.[36] 조현대부는 1298년(충렬왕 24) 관계 개정 뒤에 두어졌다는 기록[37] 이외에 관찬 사서에 더 이상의 언급이 없다. 하지만 조현대부의 사례는 여러 묘지명에서 확인할 수 있다.

---

33) 『고려사』 권74, 선거지2, 학교 예종 4년 7월조; 『고려사』 권73, 선거지1 선장 예종 15년 5월조.

34) 『고려사』 권74, 선거지2, 학교 인종 11년 1월 判文.

35) 『고려사』 권74, 선거지2 과목2 무과 공민왕 1년 4월조; 『고려사』 권74, 선거지2 과목2 무과 공양왕 2년 윤4월조.

36) 『晉陽河氏世譜』(萬曆本), 「歷代遺錄[河渾]」.

37) 『고려사』 권76, 백관지 문산계 충렬왕 원년조.

민종유(閔宗儒, 1245~1324)는 문음으로 벼슬살이에 나아가 청도군의 감무와 도염서승(都染署丞) 등을 거쳐 무자(武資)로 바뀌어 홍위위별장(興威衛別將)·좌우위낭장(左右衛郎將)·홍위위장군(興威衛將軍) 등을 지냈으며, 1283년에 다시 문자(文資)의 조현대부 시소부윤(試少府尹)에 임명되었으며, 시소부윤을 겸대하고 충주목부사(忠州牧副使)로 나아갔다.[38] 그런데 소부시(小府寺)의 관제에 의하면 민종유는 1283년에 소부감(小府監) 소속 관직인 정4품 소부감(小府監)의 시소부감(試小府監)에 제수되었다.[39] 민종유는 비록 시보관(試補官)[40]이었지만 정4품 소부감이었으므로 조현대부의 관계를 정4품으로 볼 수 있을 것이다.

최서(崔瑞, 1233~1305)는 1254년(고종 41) 과거에 급제하여 벼슬살이에 나아가 비서교감(秘書校勘)·처인현령(處仁縣令)을 거쳐 예부원외랑(禮部員外郞)을 겸대하고서 보주부사(甫州副使)에 제수되었으며, 판도좌랑(版圖佐郞)·전중시사(殿中侍史)을 지낸 후 전리좌랑(典理佐郞)을 겸대하고서 전라도안찰사(全羅道按察使)·첨의전서(僉議典書)로서 지제고(知制誥)를 겸직하는 등 여러 관직을 역임했다. 또한 그는 1282년 8월에 조산대부(朝散大夫) 판도총랑을 겸대하고서 안동대도호부의 수령으로 나아갔으며, 이어 1286년에 조현대부 시전법총

---

38) 『拙藁千百』卷1, 文(墓誌)「有元高麗國故重大匡僉議贊成事上護軍判摠部事致仕 諡忠順閔公墓誌」. 1356년(공민왕 5) 폐지될 때까지 외직으로 보임되는 자는 모두 경관을 띠고 부임했다. 『고려사』 권77, 백관지2 외직 大都護府條.

39) 『고려사』 권76, 백관지1 小府寺條. 소부시는 960년(광종 11) 보천(寶泉)으로 고쳤다가 뒤에 소부감으로 개칭했는데, 문종 때 판사는 관품이 종3품이며, 감 1인은 정4품이었다. 1308년에 충선왕이 내부감을 선공사에 병합시켰다. 1331년(충혜왕 원년)에 다시 소부시를 두었는데, 윤은 종3품으로 했다.(『고려사』 권76, 백관지1 小府寺條) 따라서 1283년 당시 민종유의 관직은 소부감의 정4품관 시소부감이 옳다.

40) 실직 앞에 '시(試)' 자(字)가 붙은 직관이 보이는데, 이것은 실직에 정식 임명되기 전 단계에 그 직사(職事)에 일정 기간 업무의 수습을 위해 임명되었던 시보관(試補官)이었던 것으로 생각된다. 宋春永,「元 干涉期의 自然科學」,『國史館論叢』71, 1996, 131쪽.

랑(試典法摠郞)으로서 지제고를 겸직했다.[41]

김순(金恂, 1258~1321)이 1279년(충렬왕 5) 과거에 급제하여 1280년에 무관직인 섭낭장(攝郞將)과 1282년에 전중시사(殿中侍史) 등을 거쳐 1292년(충렬왕 18)에 조현대부 전법총랑으로서 지제고를 겸직했던 사례,[42] 김태현(金台鉉, 1261~1330)이 1276년(충렬왕 2) 과거에 급제하여 1298년 이전에 전법총랑으로서 조현대부였던 사례,[43] 최운(崔雲, 1275~1325)은 1289년 사마시에 급제하여 1296년(충렬왕 22) 도재고판관(都齋庫判官)에 보임되어 내시부(內侍府)에 소속되었으며, 1299년에는 무자(武資)로 바뀌어 신호위 별장, 1300년 좌우위 장군, 1302년 다시 문자에 복귀하여 조현대부 군부총랑에 제수되었던 사례 등이 있다.[44] 이 외에 김방경(金方慶, 1212~1300)의 묘지명에 의하면 그의 둘째 사위 김원충(金元冲)은 조현대부로서 신호위 보승장군(保勝將軍)이었다.[45]

한편 1298년 문산계 개정으로 정4품은 상·하 구분을 없애고 대중대부로 고쳤으며, 1308년 대중대부를 정4품 봉상대부로 개정했다.[46] 그렇지만 앞에서 살펴보았듯이 실제에서는 그 관계를 대신해서 '조현대부'라고 칭하기도 했다. 또한 유자우(庾自偶, 1260~1313)는 1307년(충렬왕 33)에 조현대부 판도총랑으로서 지통례문사(知通禮門事)를 겸직했으며,[47] 이숙기(李叔琪)도 1325년 9월 조연수(趙延壽, 1278~1325)의 묘지명을 지을 때 조현대부 이부시

---

41) 許興植 編著, 『韓國金石全文』(中世下), 亞細亞文化社, 1984, 1089-1092쪽; 김용선, 『역주 고려묘지명집성』(하), 한림대학교 아시아문화연구소, 2001, 690-693쪽.

42) 김용선, 위의 책, 726-727쪽.

43) 김용선, 위의 책, 793-795쪽.

44) 『東文選』 卷123, 墓誌 「皇元高麗故通憲大夫知密直司事右常侍上護軍崔公墓誌銘[崔瀣]」; 『拙藁千百』 卷1, 文(墓誌) 「皇元高麗故通憲大夫知密直司事右常侍上護軍崔公墓誌銘」.

45) 김용선, 앞의 책, 666쪽.

46) 『고려사』 권76, 백관지 文散階 忠烈王 24·34年條.

47) 김용선, 앞의 책, 707-708쪽.

랑이었다.[48]

이상에서 살펴보았듯이 여러 묘지명의 사례에 의하면 조현대부는 1283년부터 1325년까지 소부감(小府監)·시전법총랑·전법총랑·군부총랑·보승장군·이부시랑 등 정4품의 문산계였다.

다음으로 하직의가 역임한 사순위 정용호군에 대한 문헌 고증이 필요하다. 사순위와 정용호군은 고려의 군제와 관직에 나오지 않기 때문이다. 그는 사순위의 정용호군으로 나오지만 사서에는 '사순위'라는 군사조직이 나오지 않는다. 다만 '김심묘지명(金深墓誌銘)'에 의하면 김심(金深, 1262~1338)은 15세에 문음으로 벼슬살이에 나아가 별장·낭장 등 여러 관직을 거쳐 1290년(충렬왕 16) 사순위 정용장군에 임명되었다.[49] 하직의의 활동 연대와 김심의 활동 연대는 그렇게 크게 차이가 나지 않는 것으로 보인다. 그렇다면 사순위는 그 무렵에 실제 존재했던 군사 조직으로 생각된다. 한편 금오위(金吾衛)는 도성을 순찰하여 비상한 일을 막는 임무를 맡았던 중앙군이었는데,[50] 충선왕이 금오위를 '비순위(備巡衛)'로 개칭하기도 했다.[51] 사순위가 순찰과 관련된 군사 조직으로 추측되므로 금오위의 임무와 금오위가 바뀐 비순위와 서로 통하지 않을까 한다. 그렇다면 사순위는 14세기를 전후하여 금오위를 일시적으로 바꾸어 칭한 것으로 추정할 수 있을 것이다.

앞의 김심 사례에 의하면 정용호군은 정용장군으로 이해할 수도 있을 것이다. 과연 정용호군은 정용장군을 의미하는 것일까. 2군 6위 가운데 좌우위(左右衛)에는 정용 3영(領), 신호위(神虎衛)에는 정용 2영, 흥위위(興威衛)에

---

48) 許興植, 『韓國金石全文』(中世下), 亞細亞文化社, 1984, 1131~1133쪽; 김용선, 앞의 책, 751쪽.

49) 김용선, 위의 책, 850쪽.

50) 『東文選』卷25, 制誥「盧之正金吾衛上將軍官誥[李奎報]」.

51) 『고려사』권76, 백관지2 금오위조.

는 정용 5영, 금오위에는 정용 6영이 두어졌다. 그리고 2군 6위의 각 영에 정4품 장군 1명씩을 두었다.[52] 따라서 정용이 두어진 4위의 각 영에 1명씩 편성된 정용장군이 실질적으로 정용군을 통솔했다. 따라서 정용호군은 정용장군을 의미한다. 공민왕 때 정4품 장군을 '호군'으로 고쳤기 때문이다.[53] 이런 사실로 인해 가첩에서는 그전의 정용장군을 '정용호군'으로 칭했던 것 같다. 그렇다면 하직의는 2군 6위의 좌우위·신호위·흥위위·금오위에 속한 정용군의 정4품 장군이었던 것으로 추정된다.

끝으로 문음이나 과거를 통해 벼슬살이에 나아간 인물들 가운데 문반과 무반의 관직에 번갈아 임명된 사례가 하직의의 활동 연대로 추정되는 14세기를 전후한 시기의 인물들에게서 확인된다. 앞에서 살펴본 민종유와 김순 및 최운은 문자(文資)와 무자(武資)에 번갈아 임명되었다. 또한 김심은 정용장군을 거쳐 1294년 지각문사(知閣門事), 1297년에 흥위위 대장군, 1298 년에 밀직사의 우부승지·우승지·지신사 등을 거쳐 우상시(右常侍)의 상장 군, 1302년 밀직사의 지밀직사사(知密直司事)·판밀직사사(判密直司事)에 제수 되었다.[54] 권렴(權廉, 1302~1340)도 문음으로 벼슬살이에 나아가 여러 관직을 지낸 후 1318년(충숙왕 5)에 봉상대부 삼사부사(三司副使), 1324년에 중정대부 사복시정(司僕寺正), 1326년에 응양군의 대호군, 1338년(충숙왕 후7) 광정대부 첨의찬성사(僉議贊成事)를 지냈다.[55] 이와 같이 김심과 권렴도 앞의 인물들처럼 무자와 문자에 번갈아 임명되었다.

이상의 사례에서 본다면 하직의는 비록 과거에 급제하여 벼슬살이에

52) 『고려사』 권76, 백관지2 西班 二軍六衛條.

53) 『고려사』 권76, 백관지2 鷹揚軍條.

54) 김용선, 앞의 책, 849-855쪽.

55) 『東文選』 卷126, 墓誌 「重大匡玄福君權公墓誌銘 幷序[李穡]」; 『牧隱文藁』 卷16, 墓誌銘 「重大匡玄福君權公墓誌銘 幷序」.

나아갔을지라도 문관의 관직과 무관의 관직에 번갈아 임명되었다가 마지막 벼슬이 조현대부 사순위 정용장군에 이르렀던 것으로 추정된다.

하직의의 묘소는 개성부 유후사(留後司) 남소문(南小門) 밖에 있다고 했다. 혹은 송경 고마리(羔麻里) 문밖에 있다고 전하지만 그 소재지가 자세하지 않다고 했다.[56] 전자는 선초의 관청 유후사를 기준으로 묘소의 위치를 말한 것이고, 후자는 왕경의 행정 구역 고마리에 따라 묘소의 위치를 전한 것으로 생각된다. 그런데 하직의의 부인 진양정씨의 묘소는 진주의 서촌(西村) 자비사동(慈悲寺洞)에 있다고 했다.[57] 앞의 사실에 비추어보면 하직의는 1305년 조현대부 사순위 정용장군에 임명되고 몇 년 지나지 않아 왕경에서 세상을 떠난 것이 아닐까 한다. 만약 그가 아들 하즙처럼 벼슬살이에서 물러나 진주 여사촌에서 세상을 떠났다면 당연히 진주에 묻혔을 것이다. 그의 부인은 진주 여사촌에서 지내다가 세상을 떠났으므로 여사촌 인근에 장사 지냈던 것 같다. 하직의의 묘소가 실전하게 된 것은 1303년에 여사촌에서 태어난 하즙이 아직 어리고, 묘소가 여사촌에서 천리가 넘는 먼 길의 왕경에 소재했던 것과 무관하지 않을 것이다.

4) 하즙의 정치적 성장

하즙은 1303년(충렬왕 7) 여사촌에서 하직의와 정지정(鄭之貞)의 딸 사이에 태어났다. 하즙은 1321년(충숙왕 8)에 처음으로 천거되어 판도좌랑(版圖佐郎)이 되었으며, 삼사판관(三司判官)으로 옮겼다. 그리고 1324년(충숙왕 11) 과

---

56) 『晉陽河氏世譜』(萬曆本),「歷代遺錄[河渾]」;『暮軒集』卷3, 雜著「奉先實錄【丙辰】」.

57) 『晉陽河氏世譜』(萬曆本),「歷代遺錄[河渾]」.

거에 급제했다.[58] 그런데 하즙이 불과 19세에 판도사(版圖司)의 정6품 좌랑을 거쳐 1324년 과거 급제 이전에 정5품의 삼사판관에 임명되었다[59]는 것은 그의 승진이 결코 정상적인 것으로 생각되지 않는다. 따라서 하즙이 처음으로 천거되어 판도좌랑에 임명된 가첩의 기록을 포함해서 그의 관직과 과거 급제의 사실은 다른 방증 자료를 통해 고증할 필요가 있다.

하즙은 아버지 하직의가 정4품의 벼슬을 지냈으므로 음서의 규정[60]에 따라 판도좌랑에 임명되기 훨씬 이전에 문음으로 벼슬살이에 나아갔을 것으로 본다. 음서의 초직 규정에 의하면 정종(正從) 4품은 정9품의 양온승동정(良醞丞同正)에 제수되었다.[61] 따라서 하즙은 문음으로 산직 정9품을 제수받았을 것으로 본다. 그러면 그는 나이 몇 살에 문음으로 벼슬살이에 나아갔을까.

음서로 출신(出身)하는 자는 모두 나이 18세 이상으로 제한했다.[62] 그

---

58) 『晉陽河氏世譜』(萬曆本), 「歷代遺錄[河渾]」. 그런데 관찬 사서에는 1324년(충숙왕 11) 과거 실시 기록이 전하지 않는다. 충숙왕대의 과거는 1315년 정월·1317년 9월·1320년 6월·1326년·1330년 10월에 있었으며, 1330년 10월 과거는 충숙왕 17년으로 나오지만 충숙왕은 이해 2월에 세상을 떠났으므로 충혜왕 즉위년에 실시한 과거이다.(『고려사』 권73, 선거지1 選場 忠肅王條 참고) 다만 『登科錄前編』 卷2, 忠肅王 11년 甲子榜에는 사서에 없다면서 1324년 과거 급제자 '하즙'을 보충하여 본관과 세주(細註)에 자(字)·호(號)·관직·봉군·시호, 부 하직의·조 하보·증조 하의·외조 정지정·처부 이우, 아들 승려 원규가 화장한 사실, 증손 하연 순서로 기재했다. 이하 하즙의 과거 급제 사실은 가첩과 『登科錄前編』에 따르도록 하겠다.

59) 문종 때 호조의 관제를 정했는데, 원외랑 2인은 정6품으로 1275년(충렬왕 1)에 좌랑으로 바뀌었으며, 1308년(충렬왕 34)에 민조(民曹)가 민부로 바뀌면서 좌랑을 산랑(散郎)으로 했다가 뒤에 민부가 판도사로 바뀔 때 다시 좌랑으로 바뀌었던 것 같다.(『고려사』 권76, 백관지1 호조조) 삼사의 판관은 문종 때 종4품 부사(副使) 아래에 둔 관직으로 1362년(공민왕 11) 다시 삼사를 두었을 때 판관 2인은 정5품으로 했다.(『고려사』 권76, 백관지1 三司條)

60) 1108년(예종 3) 2월 내린 조서에 의하면 개경·서경의 문·무반 중에서 5품 이상은 각기 아들 1명에게 음관(蔭官)을 허용하되, 친아들이 없는 자에게는 수양아들이나 손자에게 허용했다. 『고려사』 권75, 선거지3 전주 음서 예종 3년 2월 詔書.

61) 『고려사』 권75, 선거지3 전주 음서 인종 12년 6월 判文.

62) 『고려사』 권75, 선거지3 전주 음서조.

러나 음서를 제수받는 연령은 최저 5세에서 최고 33세로까지 나타나는데,
충렬왕에서 충목왕 때까지 그 평균 연령은 13.7세로 나타난다.[63] 충렬왕대
이후 문음으로 출신한 자의 나이를 보면 조연수(趙延壽, 1278~1325)는 9세,[64]
권준(權準, 1281~1352)은 9세,[65] 김심(金深, 1262~1338)은 15세,[66] 김승용(金承用,
1268~1329)은 14세,[67] 유보발(柳甫發, 1304~1340)은 16세,[68] 윤해(尹侅, 1307~1376)
는 14세,[69] 이달존(李達尊, 1313~1340)은 11세였다.[70] 조연수와 권준이 9세에
음서를 제수받은 것은 일반적인 사례로 볼 수 없다. 조연수는 아버지 조인
규(趙仁奎)가 이미 재상의 반열에 오른 이후 음서를 제수받았으며,[71] 권준도
재상 가문 출신으로서 특별한 경우에 속하기 때문이다.[72]

이상에서 살펴본 내용을 종합할 때 하즙은 15세에 접어든 1317년 무
렵 문음으로 산직인 정9품에 임명되어 벼슬살이에 나아갔을 것으로 추정
된다. 이로부터 머지 않은 때에 철성이씨 이우(李瑀)의 딸과 혼인했던 것 같
다. 하즙의 장남 하윤원이 1322년(충숙왕 7)에 태어났으므로 하즙은 늦어도
1320년 무렵 철성이씨와 혼인했을 것이다.

진한국부인(辰韓國夫人) 철성이씨(1301~1376)는 판밀직사사 철성군 이우

63) 朴龍雲, 『高麗時代 蔭叙制와 科擧制 研究』, 一志社, 1990, 324쪽.

64) 許興植, 『韓國金石全文』(中世下), 亞細亞文化社, 1984, 1131쪽; 김용선, 앞의 책, 749쪽.

65) 김용선, 위의 책, 1128쪽.

66) 김용선, 위의 책, 850쪽.

67) 김용선, 위의 책, 780쪽.

68) 『稼亭集』 卷11, 墓誌銘 「高麗國正順大夫密直司右副代言崇簿令兼監察執義知版圖司事柳君墓誌銘」.

69) 『牧隱文藁』 卷18, 墓碑銘 「坡平君尹公墓誌銘 幷序」.

70) 『稼亭集』 卷11, 墓誌銘 「高麗國奉常大夫典理摠郎寶文閣直提學知製教李君墓表」.

71) 1283년 3월 조인규는 종2품 부지밀직사사(副知密直司事)로 있었다. 『고려사』 권29, 세가 충
렬왕 9년 3월 2일(갑술); 『고려사절요』 권20, 충렬왕 9년 3월조.

72) 『고려사』 권107, 열전 權㫜 · 權溥 · 權準傳 참고.

의 딸이다.[73] 진한국부인의 어머니 함양군부인(咸陽郡夫人) 박씨는 판삼사사
(判三司事) 박지량(朴之亮, ?~1292)의 딸이다. 이우는 봉익대부 판밀직사사 이존
비(李尊庇, 1233~1287)의 장남으로 1287년 1월 아버지가 세상을 떠났을 때 근
시위(近侍衛) 낭장으로서 원나라의 궁전배(弓箭陪)로 있었다.[74] 이우는 문음으
로 벼슬살이에 나서 1279년 3월 독로화(禿魯花)로 파견되기 전에 정8품 관계
정도로 있다가 정6품 근시위 낭장에 임명되었던 것 같다. 독로화로 보내졌
던 김흔(金忻, 1251~1309) · 이우 등 25명에게 모두 3등급을 뛰어넘는 관직을
주어서 보냈기 때문이다.[75]

이우가 언제 원나라에서 돌아왔는지 알 수 없으나 1287년 1월에서 머
지 않은 시기에 귀국했을 것이다. 이존비가 세상을 떠났으므로 이우는 인질
구실을 상실했기 때문이다. 1299년(충렬왕 25) 1월 이우는 정4품 장군의 지위
에 있었다.[76] 이우는 일 처리하는 재능을 인정받아 회양 · 김해의 부사와 전
주 · 진주의 목사를 두루 역임했다. 그 고을 명환조에 의하면 그는 가는 곳
마다 선정을 베풀었으므로 떠난 뒤에도 백성이 사모했다고 전한다.[77] 이우
는 벼슬이 판밀직사사에 이르렀으며, 철원군에 봉해졌다.[78] 하즙의 처부 이
우가 재상의 지위에 오른 시기는 늦어도 이암(李嵓, 1297~1264)[79]이 정3품 관

73) 『晉陽河氏世譜』(萬曆本), 「歷代遺錄[河渾]」.

74) 許興植, 『韓國金石全文』(中世下), 亞細亞文化社, 1984, 1057-1060쪽; 김용선, 앞의 책, 643-
646쪽.

75) 『고려사』 권29, 세가 충렬왕 5년 3월 10일(정사).

76) 『고려사절요』 권22, 충렬왕 25년 1월조.

77) 『牧隱文藁』 卷17, 墓誌銘 「鐵城府院君李文貞公墓誌銘 幷序」; 『신증』 권32, 김해도호부 명환
조; 『신증』 권33, 전주부 명환조; 『신증』 권30, 진주목 명환조.

78) 『晉陽河氏世譜』(萬曆本), 「歷代遺錄[河渾]」; 『고려사』 권111, 열전 李嵓傳.

79) 행촌 이암은 초명이 이군해(李君侅)인데, 『고려사』와 『고려사절요』의 이암 관련 기록에 의하
면 1352년까지 이군해로 나오다가 이후부터 이암으로 나온다.(『고려사』 권38, 공민왕 원년 8월
19일(기미); 『고려사』 권39, 세가 공민왕 7년 8월조) 이하 '이암'으로 통칭하겠다.

직을 임명받은 1330년 4월 무렵 이전이었을 것으로 추정된다.

한편 하즙의 처남 이암은 1330년(충혜왕 즉위년) 충혜왕 즉위 직후인 2월에 정5품 도관정랑(都官正郞)으로 있었는데, 4월에 밀직사의 정3품 우부대언(右副代言), 5월 정3품 대언에 임명되어 전 장령 안목(安牧) 등과 함께 전주를 관장했다.[80] 1332년(충혜왕 후1) 2월 복위한 충숙왕은 밀직대언 이암을 충혜왕의 폐행(嬖幸)이라고 하여 섬으로 유배했으며, 이암의 아버지 이우도 파직하여 전리(田里)로 귀향하게 했다.[81] 1339년 11월 충혜왕이 복위하자, 이암은 정3품 지신사에 임명되었으며, 곧이어 동지추밀원사(同知樞密院事)로 진급하여 재상의 지위에 올랐다.[82]

이상으로 살펴본 철성이씨 가문은 하즙의 정치적 네트워크와 벼슬살이에 적지 않은 영향을 끼쳤을 것으로 생각된다. 하즙의 주요한 정치적 배경은 사실상 그의 처부 이우와 손위 처남 이암의 철성이씨 가문이었을 것으로 보인다. 하즙의 아버지 하직의는 그가 벼슬살이에 나설 무렵에 이미 세상을 떠났을 것으로 추정되고, 그의 외조부 정지정의 가문도 중하직의 벼슬을 지낸 가문이었기 때문이다.

하즙이 1321년(충숙왕 8) 처음으로 천거되어 정6품 판도좌랑이 되었다는 가첩의 기록은 자신의 정치적 배경인 이암의 관직 임명 사실에 대비하더라도 사실에 부합하지 않는다. 1313년 17세에 과거에 급제한 이암은 1330년 2월 34세 무렵에도 정5품 도관정랑으로 있었다. 그러므로 하즙이 1324년 과거에 급제하기 이전에 정6품의 관직에 임명되기란 불가능했다. 아마도 하즙이 문음으로 정9품 산직으로 벼슬살이에 나아가 1321년에 실직을

---

80) 『고려사』 권36, 세가 충혜왕 즉위년 2월 27일(무신); 4월 9일(경인)·5월 12일(임술); 『고려사』 권76, 백관지1 도관조; 『고려사』 권76, 백관지1 밀직사조.

81) 『고려사』 권111, 열전 이암전; 『고려사』 권35, 세가 충숙왕 후1년 2월 28일(무진).

82) 『고려사』 권111, 열전 이암전.

제수받고, 1324년 과거에 급제한 이후 여러 관직을 거쳐 정6품 판도좌랑과 정5품 삼사판관에 오른 사실을 의미하는 것으로 볼 수밖에 없을 것이다. 하즙은 자신의 능력과 철성이씨 가문을 배경으로 하여 1330년대에 정5품 삼사판관에 임명되었던 것으로 보이며, 이암이 재상의 반열에 오르는 등 가문의 위상이 한층 더 높아지는 1340년대 초반에 4품의 관직에 임명되었을 것으로 추정된다.

하즙은 1347년 2월에 설치된 정치도감(整治都監)의 정치관(整治官)으로서 양전 조사와 지방의 폐단 적발 등 충목왕대의 개혁 정치에 참여했다. 정치도감의 설치 목적은 토지 겸병과 압량위천(壓良爲賤) 등 전정(田丁) 조사와 외방 관리들을 규찰하고 정동행성(征東行省)의 폐단을 적발하는 등 국정 전반에 걸친 폐정(弊政)을 개혁하기 위함이었다.[83] 정치도감의 관원은 종2품 판밀직사사 이상의 판사(判事) 4인, 사(使) 9인, 부사(副使) 7인, 판관 12인, 녹사 6인으로 모두 38인이었다.[84] 그 운영을 총괄했던 판사에는 계림군공 왕후(王煦), 좌정승 김영돈(金永旽), 첨의찬성사 안축(安軸), 판밀직사사 김광철(金光轍)이 임명되었으며, 실제로 개혁을 주도한 정치관은 백문보(白文寶)·신군평(申君平)·전성안(全成安)·하즙(河楫)·남궁민(南宮敏)·조신옥(趙臣玉)·김달상(金達祥)·노중부(盧仲孚)·이천백(李天伯)·허식(許湜)·이승윤(李承閏)·안극인(安克仁)·정광도(鄭光度)·오경(吳璟)·서호(徐浩)·전녹생(田祿生) 등이었다. 곧이어 정치관들을 각 도에 보내 민호와 토지를 조사하게 하고, 아울러 안렴존무사(按廉存撫使)를 겸하게 했다.[85] 이때 하즙도 정치관으로서 안렴존무사를 겸하

---

83) 정동행성의 치폐와 그 운영 실태를 비롯한 고려 후기 외교에 관해서는 다음의 책이 참고된다. 張東翼, 『高麗後期外交史研究』, 一潮閣, 1994.

84) 『고려사』 권77, 백관지2 정치도감조.

85) 『고려사』 권37, 세가 충목왕 3년 2월 18일(신묘); 『고려사』 권37, 세가 충목왕 3년 10월 26일(갑오).

여 서해도에 파견되어 민전(民田)을 조사한 것으로 보인다.[86]

1347년 10월 원나라에서 기삼만(奇三萬)의 옥사를 문제 삼음으로써 백문보와 하즙 등 정치관들은 장형에 처해졌다. 하지만 이후 다시 정치도감이 두어짐으로써 하즙은 정치도감이 혁파되는 1349년 8월[87]까지 정치관으로서 활동했을 것으로 추정된다.

하즙은 정치관으로서 전민변정(田民辨正) 등 충목왕대의 폐정개혁에 참여했다. 다만 그가 정치도감에서 어떠한 지위에 있었는지 알 수 있는 근거가 전하지 않는다. 그는 1340년대 초반에 4품관에 올랐으므로 정치도감의 부사(副使)에 임명되었을 것이다. 판사가 종2품의 재상 반열이고, 판관이 경관으로서 5품이라면 사는 3품관, 부사는 4품관, 녹사는 6·7품관의 경관직에 있는 인물이 임명되었을 것이기 때문이다. 하즙의 정치적 성격은 다른 정치관과 크게 다르지 않았다고 본다. 하즙을 비롯한 정치도감의 정치관은 대부분 과거에 급제한 신진관료들로서 성리학을 학문적 기반으로 삼고 있다는 점에서 권문세족의 입장과 차이가 있었다. 이들이 주도하여 실시한 정치도감의 개혁안들이 원의 간섭과 부원세력(附元勢力)의 반격으로 실패했더라도 그들은 사대부의 성장과 공민왕대 개혁의 배경세력이 되었다.[88]

1347년 10월 이후 하즙의 활동과 관련한 기록은 가첩에서 확인할 수

---

86) 『思軒遺集』卷2, 雜著「餘沙先莊事實」.

87) 『고려사』권37, 세가 충목왕 3년 10월 26일(갑오);『고려사』권37, 세가 충정왕 원년 8월 16일 (갑진).

88) 閔賢九,「整治都監의 性格」,『東方學志』23·24, 1980; 변은숙,「고려 충목왕대 정치세력의 성격 - 整治都監의 整治官을 중심으로 -」,『중앙사론』19, 2004; 이정란,「政治都監 활동에서 드러난 家 속의 개인과 그의 행동방식」,『한국사학보』21, 2005; 이강한,「정치도감(整治都監) 운영의 제양상에 대한 재검토」,『역사와 현실』67, 2008; 신은제,「14세기 전반 원의 정국동향과 고려의 정치도감」,『한국중세사연구』26, 2009. 최근 정치도감의 설치와 활동이 원의 지원이나 영향이라는 데 반론이 제기되었다. 이에 대해서는 다음의 논고가 참고된다. 이익주,「고려 충목왕대의 整治都監 再論」,『진단학회』134, 2020.

있다. 그는 1350년대 초반에 3품관으로 승진했을 것으로 추정되며, 1360년 대에 2품관으로 승진하여 재상의 반열에 올랐다. 그는 1369년 종2품의 외직에 임명되어 계림부윤으로 나아갔으나 구체적인 활동은 전해지지 않는다. 그가 계림부윤으로 임기를 마치고 돌아온 1372년(공민왕 21) 찬성사 또는 문하찬성사에 임명되었다고 전한다.[89] 이를 좀 더 살펴보자. 1362년 도첨의부가 문하부로 개편됨과 동시에 정2품 문하찬성사로 개칭되어 고려 말까지 존속했다.[90] 따라서 하즙은 1372년 정2품 문하찬성사에 임명되었다는 가첩의 기록이 사실을 반영한 것으로 보인다. 하즙은 문하부의 정2품 찬성사에 임명되었으며, 진천군에 봉해졌다.[91]

하즙이 받은 종1품 문산계 중대광은 1308년(충렬왕 34) 충선왕의 관제 개편 때 종1품 문산계의 칭호가 되었다. 1356년(공민왕 5)에 종1품 문산계는 상계가 금자광록대부(金紫光祿大夫), 하계가 금자숭록대부(金紫崇祿大夫)로 바뀌었다. 1362년 종1품 문산계를 상하 구분 없이 다시 중대광으로 고쳤다가 1369년(공민왕 18)에 다시 종1품 문산계는 상계가 삼중대광, 하계가 중대광으로 바뀌었다.[92]

1377년(우왕 3) 수충좌리공신(輸忠佐理功臣) 중대광 보국숭록대부(輔國崇祿大夫) 진천부원군에 제수되었다[93]는 기록은 검토를 요한다. 먼저 수충좌리공신에 책록된 사실은 부정할 근거 자료가 전하지 않는다. 중대광은 하즙의

---

89) 『고려사』 권112, 열전 하윤원전; 『思軒遺集』 卷2, 雜著 「餘沙先莊事實」.

90) 『고려사』 권76, 백관지1 문하부조.

91) 그런데 『진양하씨대동보』(2000)에는 공목공 강시의 묘지명에 처부 하즙이 '삼중대광'으로 나온다고 했으나 권근이 지은 강시의 묘지명에는 '중대광 진산군'으로 나오는데,(『陽村集』 卷39, 墓誌類 「有明朝鮮國贈諡恭穆姜公墓誌銘 幷序」) 진산군은 진천군의 오기이다. 하즙은 진천군에 봉해졌기 때문이다.(『고려사』 권112, 열전 하윤원전)

92) 『고려사』 권76, 백관지2 문산계.

93) 『晉陽河氏世譜』(萬曆本), 「歷代遺錄[河渾]」.

차자 대선사(大禪師) 원규(元珪, ?~?)가 1377년 11월에 사경한 『묘법연화경(妙法蓮華經)』의 발문에서 확인할 수 있다.[94] 보국숭록대부는 고려시대의 문산계가 아니라 조선시대의 관계이므로 하즙에게 해당하지 않는다. 1362년(공민왕 11)에 부원군(府院君)을 정1품으로 고치고, 여러 군은 종1품으로 했다[95]는 관찬 사서에 의하면 진천부원군은 후대의 착오인 것 같다.

5) 가문의 네트워크 확대

하즙의 조부 하보는 중하직의 벼슬을 지냈지만, 사직공파 가문이 사족으로서 사회적 지위를 확보하는 데 크게 기여한 인물로 생각된다. 이는 하직의의 혼인에도 영향을 끼쳤다고 본다. 하직의의 처부 진양정씨 정지정은 비록 임시직이지만 정7품의 권지합문지후(權知閤門祗候), 처외조부 진양정씨 정방진(鄭邦振)은 벼슬이 지안악군사(知安岳郡事)였다. 따라서 하직의의 가문은 혼사를 통한 사회적 네트워크가 진주지역을 크게 벗어나지 않았으며, 인적 네트워크도 마찬가지였을 것이다. 하지만 하보는 진주지역 유력한 토성 출신의 사족 가문과 혼사를 통해 지역적 기반과 사회적 기반을 확대하였던 인물이라고 생각된다.

하직의의 인적 네트워크는 벼슬살이 과정에서 크게 확대되었을 것으로 추정되지만, 이를 뒷받침할 직접적인 근거 자료가 거의 남아 전하지 않는다. 다만 하직의와 이우는 13세기 말에 벼슬살이하면서 교유했을 것으로

---

94) 『白紙墨書妙法蓮華經』 卷7, 寫經 跋文. 원규는 돌아가신 어머니의 극락세계에 환생하여 아미타불을 대면하기를 바라고, 살아계신 아버지 중대광 진성군(晉城君)의 장수와 정토(淨土) 왕생(往生)을 기원하기 위한 목적으로 『묘법연화경』을 사경했다.

95) 『고려사』 권77, 백관지2 이성제군조.

추정된다. 앞에서 살펴보았듯이 이우는 1299년 장군으로 있었으며, 이 무렵에 하직의도 정5품 중랑장이나 종4품의 벼슬을 지내고 있었을 것으로 추정되기 때문이다. 하직의와 이우의 교유는 훗날 양 가문이 혼사를 맺는 계기가 된 것으로 추측된다. 이처럼 하직의는 진양하씨 사직공파 가문의 인적 네트워크의 확대와 정치적 성장에서 주목되는 인물이다. 그러므로 모헌 하혼은 『진양하씨세보』(만력본)의 '역대유록'에서 하직의를 첫 인물로 언급했을 것이다.

재상의 지위에 오른 하즙은 그 가문이 여말선초 대표적인 명문으로 성장하는 데 결정적인 역할을 했다. 그래서 모헌 하혼은 "원정공 하즙부터 문효공 하연에 이르기까지 높은 벼슬이 두 왕조에 걸쳐 연이어 번성하여 내외 자손들이 나라에 가득한 것을 뚜렷이 알 수 있다"[96]고 했다.

하즙은 진한국부인 철성이씨 사이에 두 아들 하윤원과 원규, 두 사위 강수명(姜壽明, ?~1408)과 강시(姜蓍, 1339~1400)를 두었다. 하윤원은 자가 담지(湛之), 호가 고헌(苦軒)으로 1322년(충숙왕 9) 진주목 여사촌에서 하즙의 장남으로 태어났다.

하윤원이 충혜왕 말 과거에 급제했다[97]는 『고려사』 열전 기록에 의하면 그는 충혜왕대의 마지막 과거인 1344년(충혜왕 후5) 11월에 지공거 박충좌(朴忠佐)와 동지공거 이천(李蒨)이 주관한 과거에 하을지(河乙沚, 1318~?) 등과 함께 급제한 것으로 볼 수 있다.[98] 그런데 가첩에 의하면 하윤원은 연호로 지정(至正) 2년(1342), 간지로 신사년(辛巳年, 1341) 과거에 급제했다.[99] 이후 가첩

---

96) 『慕軒集』 卷2, 序 「河氏世譜序【丙午】」.

97) 『고려사』 권112, 열전 하윤원전.

98) 『고려사』 권73, 선거지1 선장 충혜왕 후5년조.

99) 『晉陽河氏世譜』(萬曆本), 「歷代遺錄[河渾]」.

과 가전 자료에 의하면 그는 1341년 과거에 장원 급제했다.[100] 한편『등과록전편』에 의하면 1342년(충혜왕 후3) 7월 임오방(壬午榜)에 급제했다. 그렇다면 그는 1342년 7월 지공거 김진(金稹)과 동지공거 신예(辛裔)가 주관한 과거에 이자을(李資乙) 등 33명과 함께 급제했을 것으로 보인다.[101]

하윤원은 1342년 7월 과거에 급제하여 전교교감(典校校勘)에 보임되었다. 공민왕 때 전리총랑으로서 장수들을 따라 종군해 개경을 수복했으므로 2등 공신이 되었다. 그는 경상도·서해도·양광도·교주도 4도의 안렴사와 원주와 상주 2주의 목사를 지냈는데, 부임지마다 명성과 공적이 있었다. 하윤원은 신돈이 권세를 마음대로 휘두를 때도 그쪽에 붙거나 아첨하는 일이 없었으며, 대사헌으로서 강직하기로 유명했던 인물이다.

운곡(耘谷) 원천석(元天錫, 1330~?)은 자사(刺史) 하윤원에게 올린 시의 서문에서 "현사대부(賢士大夫)가 시대에 부응하여 출사한 것을 보건대 백성에게 덕을 입혔으며, 사직에 공을 베풀었으니 금석에 새기고 죽백(竹帛)에 써서 빛이 후세에까지 빛나고 영원토록 드리우리라"고 했다.[102] 훗날 다산 정약용은『목민심서』유애(遺愛) 편에서 "많은 사람의 칭송이 오래도록 그치지 않으면 그 정사한 것을 알 수 있다"라면서 하윤원이 원주 목사로 있을 때 인자한 정사가 있었으므로 만기가 되어 소환되는 그에게 많은 이들이 시를 지어 마음을 달랬는데,『신증』원주목 명환조에 실린 승려 운감(云鑑)의 시를 덧붙였다.[103]

---

100)『暮軒集』卷3, 雜著「奉先實錄【丙辰】」;『台溪集』世系圖, 河允源;『진양하씨대동보』(2000) 권2, 하윤원 편.

101)『고려사』권73, 선거지1 선장 충혜왕 후3년 7월조; 박용국,「태계 하진의 家系와 行歷에 대한 연구」,『경남권문화』22, 2013, 205쪽.

102)『耘谷行錄』卷2, 詩「上河刺史詩【并序】允源」.

103)『與猶堂全書』第5集,『牧民心書』卷14, 解官「旣沒而思 廟以祠之 則其遺愛可知矣」.

1375년(우왕 1) 10월 하윤원은 사헌부의 대사헌에 임명되었으며,[104] 진산군(晉山君)에 봉해졌다.[105] 그런데 하윤원의 봉군 사실에 대해 가전 자료에 따라 진산부원군(晉山府院君),[106] 또는 진산군[107]으로 달리 전하고 있다. 한편 교은 정이오(1347~1433)는 하윤원의 외손 정기(鄭其, 1380~1425)의 묘지명에서 하윤원을 진산부원군이라 했다.[108] 『고려사』 백관지 이성제군(異姓諸君)에 의하면 1356년(공민왕 5) 제군(諸君)을 공(公)·후(侯)·백(伯)으로 고쳤다가 1362년(공민왕 11)에 부원군(府院君)을 정1품으로 고치고, 제군은 종1품으로 했다.[109] 따라서 하윤원은 정1품 진산부원군이 아니라 종1품 진산군에 봉해졌다.

진산군 하윤원은 세 아들 하유종(河有宗)·하자종(河自宗)·하계종(河啓宗)을 두었던 것으로 나오지만,[110] 그는 딸 한 명을 더 두어 경주정씨 정진(鄭璡)과 혼인하게 했다.[111] 이로써 정진이 처향을 따라 진주로 이주하였는데, 이후 그의 후손이 진주를 비롯한 경상우도 여러 고을에 정착했다.

하윤원의 외종(外從)인 철성부원군 이림(李琳, ?~1391)은 정1품 재상의 지위에 올랐던 인물이다. 문하시중 이림은 도촌(桃村) 이교(李嶠, ?~1361)의 아들이자 문정공(文貞公) 행촌(杏村) 이암(李嵒, 1297~1364)의 조카이므로 원정공 하즙의 처조카이자 하윤원의 외종이다. 이림은 1379년 개성부판사(開城府判事)로 있을 때 그의 딸이 우왕의 비(妃)가 되어 철성부원군(鐵城府院君)에 봉해졌

---

104) 『고려사절요』 권30, 우왕 1년 10월조. 공민왕대에 대사헌에 제수되었다(『謙齋集』 卷8, 行狀 「執義台溪河公行狀」)는 것은 착오이다.

105) 『고려사』 권112, 열전 하윤원전.

106) 『敬齋集』 卷2, 序 「世譜序」; 『晉陽河氏世譜』(萬曆本), 「歷代遺錄」; 『謙齋集』 卷8, 行狀 「執義台溪河公行狀」.

107) 『暮軒集』 卷3, 雜著 「奉先實錄【丙辰】」; 『思軒遺集』 卷2, 雜著 「餘沙先莊事實」.

108) 『郊隱集』 卷下, 墓誌 「贈奉列大夫漢城少尹行司憲府持平戶曹正郞鄭公其墓誌銘」.

109) 『고려사』 권77, 백관지2 이성제군조.

110) 『고려사』 권112, 열전 하윤원전.

111) 『郊隱集』 卷下, 墓誌 「贈奉列大夫漢城少尹行司憲府持平戶曹正郞鄭公其墓誌銘」.

다.[112] 또한 하윤원의 외종제인 문경공(文敬公) 이강(李岡, 1333~1368)은 철성부원군 행촌 이암의 아들로서 재상 반열로 추증하여 시호를 내려받았던 인물이다. 이강은 아들 철성부원군 양헌공(襄憲公) 이원(李原, 1368~1429)과 사위 양촌(陽村) 권근(權近, 1352~1409)을 두었다.[113] 1389년 11월 이성계 일파는 우왕과 창왕을 서인으로 강등시키면서 이림과 그의 아들 이귀생(李貴生), 두 사위 류염(柳琰)과 최렴(崔濂), 그의 외손녀서(外孫女壻) 노구산(盧龜山) 및 조카 이근(李懃)을 먼 곳으로 유배 보냈다.[114]

한편으로『고려사』열전에 언급된 하즙의 차자 승려 원규에 대해 진양 하씨 사직공파의 여러 족보와 가전 자료에는 전혀 언급하지 않았다. 원규는 아마도 여말선초의 사상적 변화를 거치면서 의도적으로 잊힌 인물이 되었던 것 같다. 하지만 그는 승과(僧科)에 급제하여 선종 최고 지위인 대선사에 올랐던 인물이다. 따라서 그는 당시 불교 교단이나 진주지역에서 상당한 역할을 했던 인물임에 틀림없다. 하지만 그에 대해서는 지금껏 전혀 주목하지 못했다. 따라서 대선사(大禪師) 원규(元珪)의 사회사적 의미로서 그 존재를 살펴봄으로써 그 가문의 사회적 네트워크의 한 실태를 이해할 필요가 있다.

지방사회의 향리층 · 독서층 자제들이 13세기에 접어들면서 대거 불교계에 투신한 예는 백련사 결사 사주(社主) 요세(了世, 1163~1245), 수선사의 2세 사주인 혜심(慧諶, 1178~1234), 백련사의 2세 천인(天因, 1205~1248), 백련사의 4세 천책(天頙, 1206~?) 등에서 볼 수 있으며, 당시 일반적인 현상이었다.[115] 물론 원정공 하즙의 차자 원규의 경우 재상 가문의 자제이지만, 그의 출가

---

112) 『고려사절요』 권31, 우왕 5년 4월조;『고려사』 권116, 열전 이림전.

113) 『牧隱文藁』 卷17, 墓誌銘「鐵城府院君李文貞公墓誌銘 幷序」;『容軒集』 卷4, 附錄「神道碑銘 [徐居正]」.

114) 『고려사』 권45, 공양왕 1년 11월 15일(기묘).

115) 채상식, 「고려 · 조선시기 불교사 연구현황과 과제」, 『韓國史論』 28, 1998, 72쪽.

는 앞 시대의 그러한 일반적인 현상과 궤를 같이하는 것으로 볼 수 있다. 하즙의 처숙부 정행(精行)도 재상 가문 출신으로서 출가한 인물이다. 재상 이존비(李尊庇, 1233~1287)의 묘지명에 의하면 그의 둘째 아들 정행은 수선사의 5세 원오국사(圓悟國師) 천영(天英, 1215~1286)에게 가서 머리를 깎고 조계종 굴산(崛山) 아래에서 승려가 되었다. 정행은 원정공 하즙의 처부 철원군 이우의 바로 손아래 동생이다.[116] 또한 우헌(迂軒) 허옹(許邕, ?~1357)의 아들도 출가했다. 허옹은 봉익대부 전리판서를 지냈으므로 재상의 지위에 오른 인물이다.[117] 그는 합주의 속현인 단계현의 처향으로 낙향했는데, 모두 6남 2녀를 두었다. 그의 다섯째 아들은 출가한 각경(恪經)인데, 합주 속현인 산음현의 범액사(梵額寺) 주지를 지냈다.[118]

대선사는 승과시에 급제한 승려가 오르는 선종 최고 지위였다. 따라서 원규는 승과시에 급제하여 대사·삼중대사·선사 등을 거쳐 최고 법계 대선사에 승진했던 인물이다. 진산군 하윤원과 대선사 원규의 어머니 진한국부인 철성이씨는 1376년 1월 15일에 세상을 떠났다.[119] 그리하여 1377년 11월 전 단속사(斷俗寺) 대선사 원규는 세상을 떠난 어머니가 극락세계에 환생하여 아미타불을 대면하여 받들어 친히 성불할 것을 바라고, 살아계신 아버지가 장수하고 평안하며 정토에 왕생하기를 기원하는 목적으로 사경(寫經)을 조성했다.[120] 이 발원문에 의하면 원규는 1377년 11월 이전에 선종의 최고 지위인 대선사에 올라 진주 지리산 단속사에 주석했다. 대선사 원규가

---

116) 許興植, 『韓國金石全文』(中世下), 亞細亞文化社, 1984, 1057-1060쪽; 김용선, 『역주 고려묘지명집성』(하), 한림대학교 아시아문화연구소, 2001, 643-646쪽.

117) 박용국, 「산청 단계리의 역사 변천과 의미」, 『남명학연구』 48, 2015, 22-29쪽 참고.

118) 『雙梅堂篋藏集』 卷25, 碑銘類 「江陽郡夫人李氏墓誌銘」.

119) 『思軒遺集』 卷2, 雜著 「餘沙先莊事實」.

120) 『白紙墨書妙法蓮華經』 卷7, 寫經 跋文.

단속사에 주석할 때 강회백을 비롯한 5형제는 단속사에서 학문을 익혔으며, 특히 강회백은 1376년 병진방(丙辰榜)에 정총(鄭摠, 1358~1397) 등과 동방급제했다.[121]

1380년 8월에 진천군 하즙이 세상을 떠나자,[122] 승려인 아들 원규가 화장했다.[123] 장자 진산군 하윤원은 1376년 1월에 어머니 상을 당하여 시묘살이를 하던 중인 12월 27일에 이미 세상을 떠났다.[124] 하즙의 손자 봉산군(鳳山郡) 하유종(河有宗, ?~?), 목옹(木翁) 하자종(河自宗, 1350~1433), 하계종(河啓宗, 1353~1430) 형제와 손서 경주정씨 정진(鄭璡, ?~?)이 비록 장성했을지라도 진천군 하즙의 장례 일체는 대선사 원규가 주도했을 것이다. 장례는 일반적으로 불교식 화장법이 행해졌으며, 1389년(공양왕 1)까지 불교식 화장에 대한 어떠한 금지도 없었다. 1389년 사헌부에서는 불교의 다비법(茶毘法)이 매우 부당하다면서 비로소 화장을 금지할 것을 상소했기 때문이다.[125] 원규는 당대 선종 최고 지위의 대선사로서 정치·사회적으로 진주지역만이 아니라 왕도 개경에까지 영향을 미칠 정도의 위상을 갖고 있었던 것 같다.

원규는 원증국사(圓證國師) 태고(太古) 보우(普愚, 1301~1382)의 문도였다. 1385년 9월에 세운 '태고사원증국사비(太古寺圓證國師碑)'의 '음기(陰記)'에 의하면 원규는 왕실의 원당인 내원당(內願堂)의 국일도대선사(國一都大禪師)로서 보우의 문도 가운데 네 번째로 이름이 등재되어 있다.[126] 원규는 고려 말기에 선승의 최고 지위 도대선사에 오를 정도로 명성을 얻고 있었던 것 같다.

---

121) 『고려사』 권73, 선거지1 選場 禑王 2年條; 『登科錄前篇』 卷2, 禑王 2年 丙辰榜.

122) 『暮軒集』 卷3, 雜著 「奉先實錄【丙辰】」; 『思軒遺集』 卷2, 雜著 「餘沙先莊事實」.

123) 『고려사』 권112, 열전 하윤원전.

124) 『고려사』 권112, 열전 하윤원전; 『晉陽河氏世譜』(萬曆本), 歷代遺錄[河渾]」; 『暮軒集』 卷3, 雜著 「奉先實錄【丙辰】」.

125) 『고려사』 권85, 형법지2 공양왕 원년조.

126) 李墻, 「太古寺圓證國師塔碑」, 『朝鮮金石總覽』(上), 조선총독부, 1923, 528쪽.

하지만 그의 활동은 그 이외에 확인되지 않는다.

하즙의 두 사위는 강수명과 강시이다. 하즙의 첫딸은 강수명과 혼인했으나 자식 없이 세상을 떠났다. 강수명은 뒤에 하동정씨 정귀생(鄭貴生)의 딸(1373~1433)을 맞아들여 두 아들 강원직(姜元直)·강원량(姜元亮)과 두 사위 하경리(河敬履)·양사귀(梁思貴)를 두었는데, 강수명은 개성유수(開城留守)를 지냈다.[127]

원정공 하즙은 진양강씨 박사공파 가문의 문경공(文敬公) 강군보(姜君寶, 1312?~1380)와 거의 같은 시기에 진주와 중앙에서 함께 활동했던 것으로 보인다. 이는 재상 지위의 두 인물이 혼사를 맺게 되는 배경이었을 것이다. 하즙의 둘째 딸과 강군보의 첫째 아들 강시의 혼사는 두 집안이 진주와 중앙에서 정치·사회적 결속력을 더욱 다질 수 있었던 계기였을 것이다.

강시는 1357년(공민왕 6) 4월 정유방(丁酉榜)에 염흥방(廉興邦)과 동방급제(同榜及第)하여 벼슬살이에 나아갔다.[128] 1383년 봄 문하평리상의(門下評理商議)에 임명되었으며, 같은 해 겨울 진산군에 봉해지고 문산계 종1품 중대광에 올랐다. 1390년 겨울에는 상의문하찬성사에 임명되었다.[129] 이 관직을 끝으로 더 이상 벼슬살이에 나아가지 않았다. 1400년 11월에 세상을 떠난 후 공목공(恭穆公)에 증시되었다.[130]

하즙의 외손 강회백은 1376년 병진방(丙辰榜)에 정총(鄭摠, 1358~1397)과 동방급제했다.[131] 그는 불과 26세이던 1382년 밀직사의 대언(代言)에 임명

---

127) 『斗山居士集』 卷6, 銘 「十三代祖妣河東鄭氏墓銘攷」.

128) 『고려사』 권73, 선거지1 선장 공민왕 6년 4월조; 『등과록전편』 권2, 공민왕 6년 정유방.

129) 『陽村集』 卷39, 墓誌類 「有明朝鮮國贈諡恭穆姜公墓誌銘 幷序」. 강시의 벼슬은 문하찬성사(『고려사』 권117, 열전 강회백전), 그의 졸기에서는 상의찬성사(『정종실록』 권6, 정종 2년 11월 13일(계유))라고도 했다. 문하찬성사상의를 그렇게 표현했던 것으로 보인다.

130) 『정종실록』 권6, 정종 2년 11월 13일(계유).

131) 『고려사』 권73, 선거지1 選場 禑王 2年條; 『등과록전편』 권2, 우왕 2년 丙辰榜.

되고, 이어 재상 관계인 봉익대부로 승진하고 밀직제학에 제수되었다. 1388
년 강회백이 재상 지위 관계에 걸맞은 종2품 밀직사사(密直司使)로서 명나라
에 다녀온 후 1389년 광정대부(匡靖大夫)로서 판밀직사사(判密直司事)에 올랐
다. 이처럼 하즙의 사위 강시 가문은 문경공 강군보와 공목공 강시 부자 이
후 16세기 초 우의정 강구손(姜龜孫)[132]에 이르기까지 재상을 끊임없이 배출
한 여말선초의 대표적인 명문이었다.

요컨대 원정공 하즙의 사위 진양강씨 박사공파 공목공 강시는 문경공
강군보의 첫째 아들로서 왕조 교체 과정에서 정치적 부침을 겪었다. 강시의
아들 강회백 · 강회중 5형제는 하즙의 손자 하유종 · 하자종 · 하계종, 손서
정진 등과 정치적 성향이 거의 같았던 것으로 보인다. 이방원의 집권 이후
두 가문은 다시 출사하여 15세기 대표적인 명문이 되었다.

6) 맺음말

진양하씨 사직공파 가문이 삼한에서 비롯했다는 경재 하연의 인식은
늦어도 그들 가문이 고려 이전에 진주지역에서 지배세력을 형성하고 있었
음을 드러내고자 한 것으로 이해할 수 있다. 그렇다면 그들 가문은 나말여
초 진주지역의 호족세력에서 비롯했다.

『진양하씨세보』의 서문에 의하면 하즙의 8대조 하진(河珍)부터 고조부
하백부에 이르기까지 5대조 하원경을 제외한 그들은 상경종사(上京從仕)하다
가 낙향했던 것으로 보인다. 하의(河義)는 일찍 죽었으며, 증손 하즙으로 인
해 참지문하부사에 증직되었다. 하보는 동궁의 사무와 살림을 총괄하던 첨

---

132) 『연산군일기』권59, 연산 11년 8월 25일(정축).

사부의 정7품 사직을 지내다가 1275년 무렵 벼슬에서 물러나 낙향했던 것 같다. 하보는 손자 하즙이 귀하게 되어 판서에 증직되었다.

여사촌의 하직의(河直漪)는 아버지 하보를 위해 처음으로 영당(影堂)을 세워 유상(遺像)을 안치했다. 이는 하즙 집안이 사족 가문으로서 입지를 확고히 하고 정치·사회적으로 크게 성장했음을 의미한다. 한층 더 성장한 가문의 위상을 배경으로 한 하직의는 1290년 5월 과거에 급제하고 벼슬살이에 나아가 문관의 관직과 무관의 관직을 지낸 후 1305년 정4품 조현대부(朝顯大夫) 사순위(司巡衛) 정용장군(精勇將軍)에 임명되었다. 하직의는 벼슬살이 과정에서 재상 가문 출신의 이우(李瑀)와 교유했다. 그는 아마도 아들 하즙의 혼사 이전에 세상을 떠난 것으로 추정된다. 따라서 이우가 하즙을 사위로 맞이한 셈이다. 하직의는 아들 원정공 하즙이 1품 재상에 오름으로써 종1품 정승(政丞)에 증직되었다.

하즙은 15세에 접어든 1317년 무렵 문음으로 산직인 정9품의 양온승동정(良醞丞同正)에 임명되어 벼슬살이에 나아갔을 것으로 추정된다. 하즙은 1320년 무렵 철성이씨와 혼인함으로써 그의 정치적 네트워크와 벼슬살이에 적지 않은 영향을 입었을 것으로 생각된다. 하즙은 1321년에 실직을 제수받고, 1324년 과거에 급제한 이후 여러 관직을 거쳐 정6품 판도좌랑을 지내고 1330년대에 정5품 삼사판관에 임명되었던 것으로 보인다. 그는 이암이 재상의 반열에 오르는 등 가문의 위상이 한층 더 높아지는 1340년대 초반에 4품의 관직에 임명되었을 것이다. 하즙은 1347년 2월에 설치된 정치도감(整治都監)의 정치관(整治官)으로서 양전 조사와 지방의 폐단 적발 등 충목왕대의 폐정개혁에 참여했다. 이 시기 하즙은 다른 정치관과 마찬가지로 권문세족의 입장과 차이가 있었다. 이후 그의 활동은 1369년에 이르러 확인되는데, 종2품의 외직인 계림부윤에 임명되어 부임했으나 구체적인 활동은 전해지지 않는다. 그는 임기를 마치고 돌아온 1372년 종1품 문산계 중대광

(重大匡)으로서 종1품 진천군(晉川君)에 봉해졌으며, 실직인 정2품 문하찬성사 (門下贊成事)에 임명되었다.

1품 재상의 지위에 오른 하즙은 그 가문이 여말선초 대표적인 명문으로 성장하는 데 결정적인 역할을 했다. 하즙은 두 아들 하윤원 · 원규와 두 사위 강수명 · 강시를 두었다. 하윤원은 1342년 7월 과거에 급제하여 전교 교감에 보임되었다. 공민왕 때 전리총랑으로서 장수들을 따라 종군해 개경을 수복했으므로 2등 공신이 되었다. 그는 경상도 · 양광도 등 4도의 안렴사, 원주와 상주의 목사를 지냈는데, 부임지마다 명성과 공적이 있어 그곳의 명환조에 실렸다. 훗날 다산 정약용은 『목민심서』에서 원주목사 하윤원의 치적을 본보기로 삼았다. 1375년(우왕 1) 10월 하윤원은 사헌부의 대사헌에 임명되었으며, 종1품 중대광 진산군에 봉해졌다. 그는 대사헌으로서 강직하기로 유명했던 인물이었으나 1376년 12월 어머니 상중에 세상을 떠났다. 진산군 하윤원은 세 아들 하유종 · 하자종 · 하계종과 사위 경주정씨 정진(鄭 瑨)을 두었다. 정진이 처향을 따라 진주로 이주함으로써 그의 후손이 진주를 비롯한 경상우도 여러 고을에 정착했다.

하윤원의 둘째 아들 목옹 하자종은 1350년(충정왕 2) 진주의 여사촌에서 태어나 1433년 12월 12일에 세상을 떠났다. 하자종은 비록 시호를 내려받지 못했지만 재상의 지위에 올랐던 인물이다. 하자종의 셋째 아들이 영의정을 지낸 경재 하연(1376~1453)이다. 따라서 진양하씨 사직공파 가문은 14세기 중엽 송헌 하즙 이후부터 15세기 중엽 경재 하연에 이르기까지 4대 1백년 가까운 시기에 걸쳐 재상을 배출한 여말선초의 대표적인 명문에 속한다. 하즙의 내손만이 아니라 외손 가문도 번성하여 16세기까지 재상을 끊임없이 배출했다. 하즙의 사위 진양강씨 박사공파 공목공 강시(姜蓍, 1339~1400) 자손 가문과 하자종의 외손인 덕수이씨 강평공 이명신(李明晨, 1392~1459) 가문이 대표적이다.

한편 고려 말기 진양하씨 사직공파 가문이 단속사를 중심으로 한 불교 세력과 네트워크를 형성하여 사회적 기반을 확대한 사실도 빠뜨릴 수 없을 것이다. 진양하씨 사직공파와 그 외손 가문의 정치·사회적 네트워크의 주요한 인물로서는 하윤원의 바로 손아래 동생인 대선사 원규의 존재를 결코 간과하거나 소홀히 할 수 없다. 그가 대선사로서 단속사에 주석할 때 그의 누이동생의 아들 강회백·강회중 등 5형제는 그곳에서 독서하여 과거에 급제하거나 음직으로 벼슬살이에 나아갔다. 원규는 원증국사 보우의 문도로서 1385년 9월 무렵 내원당의 국일도대선사(國一都大禪師)의 지위를 갖고 있었던 당대 최고의 승려로서 활동했던 인물이다.

2. 태종대 하륜의
정치적 존재 양태의 변화

1) 머리말

호정(浩亭) 하륜(河崙, 1347~1416)은 여말선초 지배세력의 교체 과정에서 목격할 수 있는 여러 사건에 깊이 개입한 인물 가운데 최고 권력자로서 천수를 누린 몇 안 되는 인물 중의 한 사람이다. 특히 하륜은 조선 초의 정국 추이와 권력구조 변화의 상징적 인물이라고 봐도 절대 지나치지 않다. 물론 정도전도 그 같은 인물로 볼 수 있겠다. 그러나 권력구조의 지향성에서 보면 정도전은 고려 말기의 특징을 결코 벗어나지 못했다. 따라서 하륜은 조선 초기 정치와 권력구조를 이야기하는 데 매우 중요한 위치를 차지한다.

지금껏 하륜에 대한 연구는 양과 질의 양면에서 크게 부족했다. 하륜에 대한 연구는 일찍이 태종대의 정치체제, 정치세력, 제도개혁 등의 연구에서 부분적 언급에 그쳤으나,[1] 1990년대 이후 그를 다룬 전론으로써 그의 사상과 정치적 이력 및 그 성격의 대략이 밝혀졌다. 하지만 그의 사상과 정

---

1) 태종대의 시대별 연구 경향과 현황은 다음 논저가 도움이 된다. 한영우, 『改訂版 鄭道傳思想의 硏究』, 서울대학교 출판부, 1983; 한영우, 『조선전기사회경제연구』, 을유문화사, 1983; 李泰鎭, 「集權官僚體制의 성립」, 『한국사연구 입문』, 지식산업사, 1987; 鄭杜熙, 『朝鮮初期 政治支配勢力硏究』, 一潮閣, 1983; 李喜寬, 「朝鮮初 太宗의 執權과 그 政權의 性格」, 『歷史學報』 120, 1988; 鄭杜熙, 「朝鮮建國初期 統治體制의 成立過程과 그 歷史的 意味」, 『韓國史硏究』 67, 1989; 南智大, 「朝鮮初期 中央政治制度 硏究」(서울대학교 대학원 박사학위논문), 1993; 지두환, 『朝鮮前期 儀禮硏究』, 서울대학교 출판부, 1994; 한국역사연구회 편, 『한국사연구입문』②, 풀빛, 1995; 류주희, 「朝鮮 太宗代 政治勢力 硏究」(중앙대학교 대학원 박사학위논문), 2000; 崔承熙, 「태종조 왕권과 정치운영체제」, 『國史館論叢』 30, 2001; 한충희, 「朝鮮 太宗王權의 政治的 基盤 硏究」, 『大丘史學』 63, 2001; 한국사연구회 편, 『한국사 길잡이』, 지식산업사, 2008; 류창규, 「조선 太宗代 河崙의 경제정책과『民本』」, 『역사학연구』 32, 2008.

치 활동 및 그 의미를 추적한 논고들을 보면 치밀한 논증의 결과에서 나온 것이라기보다 거시적 안목에서 나온 미진한 부분이 없잖아 있다. 그의 정치적 성격은 구체적 사상과 삶의 치밀한 분석을 바탕으로 해야 한다. 조선 초의 정치를 이분화하여 한 인물의 성격을 규정짓는 것은 지양해야 한다.[2] 예를 들어 하륜 사상의 근저를 민본으로 보고 그것을 세밀하게 검토하면[3] 그의 정치적 성격을 달리 평가할 수 있기 때문이다.

하륜은 다양한 사상의 섭렵에 못지않게 활동 영역도 너무 다양하여 한 편의 글로써 그를 다 말할 수 없음은 당연하다. 다만 그의 정치적 행로를 살펴보면 왕권 강화와 부국강병, 그리고 그것의 안정화를 위한 제도개혁으로 일관한 삶이었음을 알 수 있다.[4] 그의 정치는 왕권을 전제로 한 통치체제의 수립을 지향[5]하면서 민본(民本)을 실현하는 것[6]이었다. 하륜은 태종이 경기 지역 사전(私田)의 하삼도(下三道) 이급을 통해 중앙집권적 관료국가를 지향하던 노력에 반대한 인물로 평가되기도 한다.[7] 그러나 하륜이 사전의 하삼도 이급을 반대한 것은 그의 민본실현으로 이해하는 것[8]이 타당할 것으로 본다. 대체로 태종대 하륜은 왕권 강화와 부국강병의 정치적 행보를 보여주면서 민본에 입각한 정치를 했던 인물이라고 보고 있다. 이러한 이해가 크게

---

2) 유승원은 하륜이 급진 사대부 주도의 민본주의적 개혁을 국왕 주도의 국가주의적 개혁으로 그 방향을 바꾸는 등 정도전 등에 비해 보수적 개혁가로 평가하고 있다. 유승원, 「하륜 – 태종대의 개혁을 이끈 보수적 정치가 –」, 『한국사인물열전』 1, 돌베개, 2003 참고.

3) 류창규, 앞의 논문 참조.

4) 류주희와 김윤주는 "하륜의 정책 방향은 왕권 강화와 부국강병을 지향한 것으로 볼 수 있다"(류주희, 「조선초 비개국파 儒臣의 정치적 동향」, 『역사와 현실』 29, 1998, 181쪽; 김윤주, 「태종대 하륜의 정치활동」(서울市立大 대학원 석사학위논문), 1999, 48쪽)고 했다.

5) 李喜寬, 앞의 논문 참조.

6) 류창규, 앞의 논문 참조.

7) 한영우, 앞의 책, 1983, 181-202쪽.

8) 류창규, 앞의 논문 참조.

틀리지 않을 것으로 보이지만, 그의 삶과 정치를 온전히 파악한 것으로 보기에는 부족한 점이 없지 않다.

이 글에서는 하륜이 어떠한 지식인이었던가를 판단하는 데 삶의 구체적 형태인 정치를 우선 고려하겠다. 왜냐하면 하륜은 태종대의 정치에 커다란 영향을 끼쳤기 때문이다. 그래서 하륜의 정치적 존재 양태의 변화를 그 전환기적 삶을 중심으로 구명하려고 한다. 이 글에서는 조선 초의 정치와 하륜에 관한 시각을 정리하고, 다음으로 하륜과 태종의 관계를 태종 자신과 후대의 이야기, 그리고 하륜의 삶에서 가장 극적인 박자안(朴子安)과 민무구 · 민무질 사건을 좀 더 심층적으로 검토하여 하륜의 정치적 존재 양태의 변화를 검토하는 순서로 논지를 전개하겠다. 이를 통해 하륜의 정치적 존재 양태의 한 단면을 이해할 수 있을 것이다. 이 연구에서는 관찬 사서를 중심으로 관련 문집을 연구 대상의 자료로 삼을 것이다.

2) 조선 초의 정치와 하륜의 서정

하륜은 조선 초기 경세에 뛰어난 인물로 자주 언급되었다. 반면에 그의 정적이었던 정도전은 권력을 농단한 인물로서 크게 부정적 평가를 받았다. 주지하다시피 오늘날 정도전은 보수적인 정치가 하륜에 비해 더욱 개혁적이고 대외적으로도 자주적인 인물로 그려지고 있다. 이러한 인물 평가가 어느 한 면에서 보면 수긍할 만한 점도 있다.

그런데 두 사람의 삶의 측면을 고려한다면 오히려 하륜에 대한 조선시대의 평가에 동의할 수밖에 없지 않을까. 더구나 그의 정치와 삶에서 일관한 것은 민(民)의 삶과 관련된 것이었고, 권력을 누리는 데 있지 않았다. 정도전만큼 수단과 방법을 가리지 않은 권력지향적인 인물도 드물 것이다. 반면 하륜은 그렇지 않은 삶을 살았다. 하륜만큼 권력을 자제하고 검소한 인물도 드물다는 말이다. 이러한 인물조차 사림 집권 이후 의리와 명분에 의해 매도되고, 그 가계조차 왜곡되기도 했다.[9]

조선 초는 정국 상황의 변화에 따라 정치세력 간의 정치적 이해관계가 명분보다 상당히 실리적으로 변해갔다.[10] 권근과 설장수(1341~1399) 같은 이는 스스로 원종공신에 들기를 비는 상소를 올려서 결국 원종공신에 들기도 했다.[11] 동시에 조선 건국을 전후해 한동안 사대부가의 형제 간에도 생사가 엇갈릴 정도로 드라마틱한 시기였다.[12]

조선 초에 '불사이군(不事二君)'이라고 규정되는 세력은 15세기 말 이후 전범(典範)의 인물로서 커다란 정치적 영향력을 미치기도 했다. 이와 무관하지 않은 것이 두문동 72현의 이야기가 아닐까 한다. 정조대에도 그들을 배

---

9) 『차원부설원기』에 보이는 하륜 가문의 외서예론(外庶裔論)이다. 李樹健·李樹煥(2007),「조선시대 신분사 관련 자료조작 - 家系·人物관련 僞造 자료와 僞書를 중심으로 -」,『大丘史學』86, 大丘史學會, 7-14쪽.

10) 권근의 건의로써 정몽주가 영의정부사로 증직되었던 것(『太宗實錄』卷2, 太宗 1년 11월 7일(辛卯))은 좋은 예이다.

11) 『太祖實錄』卷12, 太祖 6年 12月 24日(壬寅).

12) 태종은 남재(1351~1419)의 손자 남휘를 부마(넷째 딸 정선공주)로 삼을 정도로 가까웠으나 그의 동생인 남은(1354~1398)은 제1차 왕자의 난 때 정도전과 함께 제거되었다.(『太宗實錄』卷31, 太宗 16年 2月 2日(乙丑);『龜亭遺稿』上,「年譜」;『太祖實錄』卷14, 太祖 7年 8月 26日(己巳)) 남은의 아들 남경우는 강회백의 딸과 혼인했다.(『私淑齋集』卷7,「先祖考正憲大夫東北面都巡問使通亭先生姜公行狀」) 강회백은 태종 집권 이후 출사했다. 그의 아들 강석덕은 심온(1375~1418)의 둘째 딸에게 장가를 들었으므로 심온의 첫째 딸과 혼인한 세종과 동서지간이다.(『私淑齋集』卷7,「先考資憲大夫知敦寧府事贈諡戴愍玩易齋先生姜公行狀」) 그러나 그의 동생 강회계는 공양왕의 사위로서 건국 과정에서 참형을 당했다.(『高麗史』卷46, 恭讓王 4년 7月 12日條) 변계량(1369~1430)은 하륜의 후원을 받아 다음 시대를 주도하는 핵심 인물이 되었다.(『世宗實錄』卷48, 世宗 12年 4月 24日(癸巳)) 반면에 그의 형 변중량은 정몽주의 문인이자 이원계(이성계의 이복형)의 사위로서 1398년 우부승지를 거쳐 우산기상시로 있다가 제1차 왕자의 난 때 정도전 일파로 몰려 참살 당했다.(『太宗實錄』卷24, 太宗 12年 10月 26日(戊寅);『太祖實錄』卷14, 太祖 7年 8月 26日(己巳))

향하려는 노력이 보인다.[13] 반면에 왕조교체를 주도하거나 개국 후에 참여한 세력들은 선초를 지나면서 평가절하를 겪고 결국 훼절한 인물로서 폄훼되었다. 이로써 당대의 역할에 비하면 크게 주목받지 못한 인물을 양산했다. 하륜이 대표적인 경우이다. 하륜은 선초 정치의 극적 전환에서 적지 않은 역할을 했다. 그러면 당대 그는 어떤 역할을 했고, 그에 따라 어떠한 평가를 받았을까.

사간원에서 하륜 등 재상들의 죄를 논하는 가운데 심지어 명나라 사신인 환관 황엄(黃儼)에 대한 접대가 소박했다는 것도 탄원의 빌미로 삼았다. 이에 태종은 "황엄은 천하의 사치한 자이고, 하 정승은 검소한 중에도 검소한 사람이다. 저 사람의 사치로써 하 정승의 검소한 것을 보면 박하다고 말하는 것이 괴이할 것 없다"[14]고 하고, 이어 "황엄이 정승더러 박하다고 한 말을 나도 들었다. 그러나 지극히 사치한 것으로 지극히 검소한 것을 보면 박하다고 할 것은 뻔하다"[15]고 하면서 무마시켰다. 하륜의 검소함을 갖고서 더 이상의 시비가 없었던 데서 보면 태종의 말은 진실성이 있어 보인다.

하륜의 삶에서 인사에 관한 논의도 빠뜨릴 수 없을 것이다. 하륜은 중시를 통한 발탁 인사를 했다. 그가 중시로써 발탁한 변계량은 하륜의 문생이었다.[16] 또한 중종 17년 소세량 · 허굉 · 방유령이 순자격(循資格)에 대해

---

13) 정조 7년 개성부 유수 서유방은 두문동 태학생 72인의 충절이 정몽주 · 길재에 못지않게 우뚝한데 불행하게도 그 72인 중에 성명이 전해지고 있는 사람은 조의생 · 임선미와 성이 맹가인 세 사람이며, 맹가는 성만 전해지고 이름이 전해지지 않은 안타까움을 토로하면서 그들을 배향할 것을 상소했다.(『正祖實錄』권16, 正祖 7년 7월 14일(癸卯)) 여기에 보듯이 두문동 72현이라고 일컫는 대부분의 인물은 실체가 없는 것으로 생각된다. 따라서 현재 알려져 있고 연구로 밝혀져 있는 두문동 72현(金貞子,「소위 '杜門洞72賢'의 정치성향」,『釜大史學』15, 1992 참조)은 실제라기보다 사실상 지향성의 측면에 그친 인물이 상당수였다.

14) 『태종실록』권13, 태종 7년 6월 19일(辛丑).

15) 『태종실록』권13, 태종 7년 6월 19일(辛丑).

16) 한국학중앙연구원의 한국역사정보종합시스템 인물사전(변계량)에는 "이색 · 권근의 문인이다"라고 하여 하륜 관련 사실을 왜곡하고 있다. 변계량은 하륜의 문생이었다.(『태종실록』권31,

임금에게 아뢰는 글에서 하륜의 주장을 담고 있다. "하륜은 관리의 인사에서 당시 실정에 맞게 발탁 인사를 선호하여 순자격을 쓰지 않았다"[17]고 말하고 있다. 이러한 입장에서 중시를 처음 실시하자고 했으며, 이를 통해 변계량을 발탁했다.[18] 하륜은 정종대부터 인사를 전횡한다는 비난을 듣기도 했다. 하륜은 "모든 일을 혼자서 결정하고 우의정 이하는 다만 서명만 할 뿐"[19]이라는 후대의 평가를 받을 정도였다. 이를 좀 더 살펴보자. 왜냐하면 당시 하륜이 크게 비난받았던 부분이 인재 등용을 전횡한 것이기 때문이다.

1400년(정종 2) 3월 경연에서 지사 하륜이 군자와 소신을 잘 분별하여 인재를 채용할 것을 말했다.[20] 결국 인사권자인 국왕이 경연을 중시[21]하여 배우면 군자가 쓰이고 나라가 잘 다스려져 흥할 것으로 보았다. 그런데 하륜은 "자신의 직책에 책임을 다하는 순명책실(循名責實)을 말하면서 사람 쓰기가 쉽지 않으며, 사람을 쓰더라도 직책에 마땅한 사람을 찾기가 쉽지 않으므로 합격한 문관을 다시 중시하여 탁용의 근거로 삼을 것"[22]을 건의했다. 이때 하륜이 제기한 중시는 1406년에 중시법(重試法)으로 만들어졌다.[23] 하륜이 인사를 둘러싸고 이거이(李居易, 1348~1412)의 미움을 살 정도로 천거를 오로지했다.

이거이는 큰아들 이백경(李伯卿, 1363~1414)이 태조의 맏딸 경신공주와 혼

太宗 16년 4월 17일(己卯)) 스스로도 "季良은 선생의 문인"(『春亭集』卷11, 「晉州五臺寺重修文」)이라고 밝히고 있다. 이를 종합하면 권근보다 하륜의 문인으로 봐야 한다.

17) 『중종실록』권44, 중종 17년 2월 9일(丙戌).

18) 『浩亭集』卷4, 附錄「墓碣銘[尹淮]」.

19) 『세종실록』권16, 세종 4년 5월 9일(乙丑).

20) 『정종실록』권3, 정종 2년 3월 8일(癸酉).

21) 『정종실록』권4, 정종 2년 5월 8일(壬申).

22) 『정종실록』권4, 정종 2년 6월 2일(乙未).

23) 『태종실록』권11, 태종 6년 5월 13일(壬寅).

인할 정도로 막강한 세력을 형성하고 있었다. 이거이는 제2차 왕자의 난 이후에도 이방원이 가장 꺼리던 세력이었다. 바로 이거이 부자가 사병을 거느렸기 때문이다. 이러한 이거이가 하륜이 천거 인사를 전횡한다며 자신의 아들 이저(李佇, 초명 이백경)에게 불만을 나타냈다. 좌정승 이거이, 우정승 하륜 등은 모두 판상서사사(判尙瑞司事)로서 정방(政房)에 있었다. 그런데 하륜이 현량(賢良) 천거를 오로지했다. 이로써 이거이가 하륜을 미워하여 자신의 아들 이저에게 "하륜의 독단적 천거를 어떻게 하겠느냐"고 했다. 이저가 임금께 아뢸 것을 말했으나 "다툴 것이 있겠느냐"고 하면서 넘어갔다.[24] 이거이가 하륜에 비해 열세였음을 자인한 것이다.[25] 하륜의 현량 천거는 바로 세자 이방원을 배경으로 하여 나온 것이다. 이제 이거이조차 인사에서 하륜을 어쩔 수 없이 관망할 정도로 하륜의 정치적 역할이 커졌다. 이는 다음의 내용에서 잘 드러난다.

영사평부사 하륜, 정승 김사형·이무 등으로 가례색제조(嘉禮色提調)를 삼았다. 검교참찬 조호는 여흥부원군 민제, 영사평 하륜과 서로 사이가 좋았다. 민제는 하륜이 자주 시법을 변경하는 것을 꺼려 아들 민무구·민무질 등과 말하기를 "온 나라 사람들이 하륜을 정도전에게 비유한다. 사람들이 하륜을 꺼림이 이와 같은즉, 머지않아 환난을 당할 것이다"라고 했다. 조호가 이 말을 듣고 하륜에게 말하니, 하륜이 말했다. "죽고 사는 것은 하늘에 달려 있는 것이오. 옛사람들도 곧은길을 가지고 억울하게 죽은 사람이 있는가 하면, 요행히 죽음을 면한 사람도 있소. 후인들이 스스로 공론이 있을 것이니, 내 무엇을 두려워하겠소"라고 했다.[26]

---

24) 『정종실록』 권6, 정종 2년 12월 1일(辛卯).

25) 李喜寬, 앞의 논문, 34쪽.

26) 『태종실록』 권3, 태종 2년 1월 17일(庚子).

위의 내용은 당시 권력의 핵심세력이 하륜에 대해 상당한 불만을 품고 그를 장차 제거할 것임을 간접적으로 나타낸 것으로 볼 수 있다. 특히 자신과 사이가 좋았던 민제(閔霽, 1339~1408)조차 나라 사람들이 하륜을 정도전에 비유한다면서 장차 환란을 면하지 못할 것이라고 두 자식에게 말했다. 더구나 두 자식은 민무구·민무질 형제로 장차 국왕의 외숙이 될 사람들이었다. 그런데 그 극언의 근거가 시법을 자주 변경한다는 것을 들고 있다. 여기서 시법(時法)은 당연히 제도개혁을 두고 하는 말이다. 또한 정도전에 비유한다는 것은 하륜이 서정(庶政)을 장악하고 있었다는 의미이다. 결국 하륜이 서정을 장악하고서 모든 개혁을 오로지한다는 것을 위의 내용이 보여주고 있다. 이는 당시 의정부와 삼군부를 장악하고 있던 하륜과 이무(李茂, 1355~1409)를 모함하는 사건의 배경이었을 것이다.[27]

하륜은 태종이 즉위하자 좌명공신 1등이 되었다. 곧 우정승을 사직했다. 재이를 핑계 삼아 이거이와 이저의 동반 사퇴를 모색한 것이다. 이는 "태종이 즉위한 뒤에 이거이로서 좌정승을 삼았지만 그렇게 오래 맡길 것이 아니었으나 그것을 모르고 조금도 사면의 뜻을 나타내지 않자 하륜이 태종에게 조용히 알리고 재이를 칭탁하여 사직한 것"[28]에서 알 수 있다. 그리고 이무와 권근은 이거이·이저 부자의 사병을 혁파할 것을 제의하여 이거이로부터 위협을 받기도 했다.[29]

한편 태종은 생전에 하륜의 인사 전횡으로 일어나는 문제까지 자신의 책임으로 돌려서 대간의 논의를 차단하기까지 했다. 서로 간에는 주군과 참

---

27) 『태종실록』 권1, 태종 1년 2월 9일(戊戌) 참고.

28) 『태종실록』 권1, 태종 1년 3월 28일(丁亥).

29) 사병 혁파를 두고 이거이·이저·조영무·조온·이천우 등 개국공신 계열과 하륜·이무·권근, 그리고 후자에 동조한 이숙번 등의 관계 변화에 대해서는 다음 논고를 참고하면 되겠다. 이희관, 앞의 논문, 26-31쪽.

모로서 책임을 나누어 졌던 것이다. 태종은 사간원에서 하륜 등 재상들의 죄를 논했으나 대신을 얻기가 쉽지 않으니 어찌 가볍게 고쳐 바꿀 수 있겠느냐면서 "둔전과 연호미, 그리고 천도와 군기를 수선하고 전지를 고쳐 측량하는 등의 일을 사람들이 모두 정승의 계책이라고 비난하지만 모두 자신이 한 일"[30]이라고 하면서 무마했다. 태종은 하륜 생전에 "진산은 충직한 신하이므로 내가 그 덕의를 높여서 신하라고 일컫지 않고 항상 빈사로 대우했다"[31]고 하면서 예의를 다했다. 하륜은 태종에게 서정(庶政)을 위임하여 신임[32]할 정도로 더없는 정치참모였다. 이러한 태종의 대우는 하륜이 상당한 정치적 역할을 했을 것임을 보여준다. 태종은 "재상의 지위가 진산부원군 같은 이는 예전에도 있었지만 이씨 사직에 특별히 공덕이 있는 것은 진산부원군 같은 이가 없다"[33]고 하면서 그의 역할을 크게 평가했다.

세종은 안숭선을 불러놓고 황희·하륜·이원·박은 등을 평하고 난 후 의견을 개진하도록 했다. 이 자리에서 세종은 하륜을 일러 "자기 욕심을 채우기를 도모하는 신하"라고 평했다. 여기서 '자기 욕심'은 재물이라기보다 인사에 관한 것이었음을 다음 안숭선의 이야기에서 잘 알 수 있다. 안숭선은 "참으로 하교와 같습니다. 당시 사대부들이 말하기를 '하륜이 본래부터 아는 사람의 이름을 써서 주머니 속에 간직했다가 정방에 들어가서 뽑아 쓰되, 빈자리가 혹 적으면 도로 집어넣었다가 뒷날에 또 이와 같이 하며, 혹 집에 있을 적에는 쪽지에 써서 보내어 태종께 올리면 태종께서는 마음에 자못 즐겨 하지 않았으나 그래도 마지못하여 따랐다'고 합니다"[34]라고 하면서

---

30) 『태종실록』 권13, 태종 7년 6월 19일(辛丑).

31) 『태종실록』 권31, 태종 16년 6월 22일(壬午).

32) 『세종실록』 권16, 세종 4년 5월 9일(乙丑).

33) 『태종실록』 권16, 태종 8년 11월 7일(辛亥).

34) 『세종실록』 권53, 세종 13년 9월 8일(己巳).

세종의 평에 동의했다. 이는 하륜이 태종의 신임을 배경으로 하여 인사를 좌지우지했음을 보여준다. 물론 황희와 심온 및 박은 등 비난하는 쪽에서 보면 '자기 욕심'으로 비난할 수 있으나 앞서 태종의 평가는 꼭 그렇지 않았던 것 같다.

세종이 윤대를 하고 경연에 나아가 "전조의 충신 의사가 적었는데 그래도 정몽주·길재가 절개를 지킨 이에 포함되지만, 이색은 절의를 다하지 못했다"고 하면서 이색·정몽주·권근 등의 문재·이재를 논하는 중에 하륜도 언급했다. 세종은 "하륜이 이재에 뛰어났으나 문재로는 권근에게 부족하고, 권근이 하륜에 비해 이재에 부족하여 다스리는 데 무리가 있었다"[35]고 했다. 이로써 하륜은 상대적으로 경학보다 경세에서 뛰어난 인물로 평가받았다. 그의 삶이 조선 초의 정치에서 현실적이었음을 알 수 있다.

하륜은 민무구·민무질·신극례 사건에 휘말려 죽음에 이를 수 있었던 위기를 겪었다. 하륜은 평소 가깝게 지내던 국구 민제의 두 아들이 관련된 사건으로 인해 대간의 탄핵도 받고 모함을 받았다.[36] 그러나 태종은 끝까지 흔들림 없이 하륜을 신임했다. 태종은 "자신이 선위하려고 할 때 끝까지 말린 사실을 모르고서 민씨 형제들이 자신과 하륜 사이를 이간질하려고 했다"고 하면서 "서로 알아주고 챙겨주는 사이를 누가 이간질할 수 있겠는가"라고 반문하면서 하륜을 그리워하며 심지어 울기까지 했다.[37]

---

35) 『세종실록』권51, 세종 13년 3월 8일(壬申).

36) 사헌부에서 1406년 태종의 사위 때 하륜이 민제와 승교를 의논했다고 하는 민무구의 주장을 듣고, 사헌 집의 정수홍(鄭守弘) 등이 상소하여 민씨와 당부한 불충죄를 들어 하륜의 탄핵을 요구하고 이어 왕지(王旨)에 앞서 하륜의 집을 수직(守直)했다. 이를 알고 태종은 사헌부 집의 등을 옥에 가둘 정도로 대노했다. 태종은 하륜에게 사헌부의 탄핵을 절대 염려하지 말라고 황희를 시켜 전했다. 『태종실록』권16, 太宗 8년 11월 1일(乙巳); 『太宗實錄』卷16, 태종 8年 11月 7日(辛亥) 참고.

37) 『세종실록』권8, 세종 2년 5월 8일(乙亥).

하륜이 죽자 태종은 "철인의 죽음은 나라의 불행이다"[38]라고 표현했다. 또한 태종은 "하륜이 재상이 되어 아는 것은 말하지 않음이 없으며, 마음을 다하여 나라를 도왔으니 충성스럽고 정직한 신하로는 이 사람 같은 이가 없다"[39]라면서 그를 진심전력한 인물이라고 회고했다. 하륜에 대한 대우는 심지어 그의 아내에게까지 미쳤다. 태종은 대신의 아내가 죽어서 사제를 하사한 일이 없었으나 하륜의 아내가 죽자 처음으로 특별히 사제하여 글로써 우대하고 조상함으로써 하륜의 훈공을 다시 나타냈다.[40] 또한 세종도 "하륜을 다른 공신과 비교할 수 없다"면서 서손의 관직 제수 철회 불가와 요직 제수의 의지를 말했다.[41]

지금까지 살펴보았듯이 하륜은 태종대 전기[42]에 정치적 참모 이상의 역할을 했던 것으로 볼 수 있다. 하륜은 태종의 후원으로 서정을 관장하여 왕권 강화의 제도개혁을 오로지했다. 태종은 하륜과 무한의 신뢰관계를 형성하고 있었다. 반면에 이거이 · 박은 · 심온 등은 하륜이 인사를 전횡했다고 극히 부정적인 평가를 내렸다. 심지어 민제는 온 나라 사람들이 하륜을 정도전에 비교한다고 하면서 멀지 않아 환란을 당할 것이라고 극언했다. 이처럼 정치인으로서 하륜의 존재 양태는 당시에도 극히 상반된 평가를 받았다.

---

38) 『태종실록』 권32, 태종 16년 11월 6일(癸巳), 진산부원군 河崙의 卒記 참고.

39) 『세종실록』 권1, 세종 즉위년 10월 27일(癸卯).

40) 『세종실록』 권11, 세종 3년 1월 19일(壬午).

41) 『세종실록』 권80, 세종 20년 3월 21일(乙巳).

42) 태종대의 정치를 왕권 강화와 제도개혁의 측면에서 생각하면 크게 세 시기로 나눌 수 있을 것이다. 민무구 형제의 옥사가 막 시작되는 태종 7년까지를 전기, 그리고 옥사가 마무리되면서 정치세력의 측면에서 왕권 강화를 크게 이루어 정치제도, 즉 육조직계제를 확립하는 동왕 14년까지를 중기, 이후부터 선위 때까지를 후기로 나눌 수 있을 것으로 본다.

3) 박자안 사건과 하륜 및 태종

　　하륜은 1396년에 계품사로서 명과 표전(表箋) 문제를 해결했다.[43] 천도
(遷都) 철회 과정에서 이미 정치적 입지를 강화하기 시작한 하륜은 표전 문제
에서 다시 정치력을 발휘할 기회를 얻게 되었다.[44] 그러나 하륜은 표전 문
제의 해결 과정에서 홀로 정도전을 명나라에 보낼 것을 주장하여 정도전의
미움을 샀으며,[45] 결국 1397년 1월 계림부윤으로 좌천되었다.[46] 그 이후에
도 하륜은 정도전의 견제를 받았던 것으로 보인다. 이는 하륜이 1397년 5월
발생한 박자안(朴子安, ?~1408) 사건[47]에 연루되어 옥에 갇히게 되었던 것에서
알 수 있다.

　　항복해온 왜추(倭酋) 수인을 실책으로 놓쳐버린[48] 박자안을 순군옥에
가두고 국문했는데, 공초가 경상도 도절제사 윤방경, 계림부윤 하륜에게 미
쳐 둘은 투옥되었다.[49] 처음 박자안은 진중에서 적 몰래 참수될 위기에서 아
들 박실(朴實)의 청을 들은 이방원의 노력으로 순군옥에 잡혀 와서 국문을 받

---

43) 『太祖實錄』권10, 태조 5년 7월 19일(甲戌); 『太祖實錄』권10, 태조 5년 11월 4일(戊午).

44) 천도 문제를 둘러싼 논의에서 무악으로 결정되지 않았지만, 하륜을 중심으로 한 비개국파 유
　　신들의 정치적 입지가 강화되었으며,(류주희, 「조선초 비개국파 儒臣의 정치적 동향」, 『역사와
　　현실』 29, 1998, 50쪽) 표전 문제는 하륜의 정치적 성장의 계기로 볼 수 있겠지만(정두희, 앞의
　　책, 34-35쪽) 위기이기도 했다.

45) 『太宗實錄』권32, 태종 16년 11월 6일(癸巳).

46) 『浩亭集』卷4, 附錄「墓碣銘[尹淮]」.

47) 박자안은 1397년(태조 6) 2월 경상전라도안무사로 제수되었다. 관찰사 이지는 4월 나가온이
　　80인을 거느리고 밀양부에 이르자 술과 음식을 먹여 나가온 등 10인을 서울로 보내고 나머지
　　를 배로 돌려보내려고 했다. 박자안이 군선으로 몰래 기습하려 함을 눈치 채고 도망갔으며, 결
　　국 잡지 못했다. 『太祖實錄』권11, 태조 6년 2월 16일(己亥); 『太祖實錄』권11, 태조 6년 4월
　　6일(戊子); 『太祖實錄』권11, 태조 6년 5월 18일(己巳).

48) 왜추 수인이 경상도에 항복을 청했는데 하륜은 관찰절제 여러 사람과 어떻게 처리할 것인지
　　의논하는 가운데 주의자가 실책하여 왜추가 가버렸다. 『浩亭集』卷4, 附錄「墓碣銘[尹淮]」.

49) 『太祖實錄』권11, 태조 6년 5월 27일(戊寅).

왔다. 곧 석방되었으나 직첩을 회수당하고, 장 1백에 삼척으로 유배되었다. 그리고 윤방경을 광주에, 하륜을 수원에 안치하게 하는 처벌로 끝났다. 그런데 그들은 불과 5개월도 지나지 않은 1397년 10월 용서를 받았다.[50]

1398년 7월 19일 하륜을 충청도도관찰출척사로 삼고, 이정보를 경기좌도관찰사로, 김분을 예조의랑으로 삼았다.[51] 그리고 8월 2일 임금이 서쪽 양정에 앉아 충청도관찰사 하륜과 경기좌도관찰사 이정보에게 교서와 부월을 친히 주었다.[52] 8월 26일 저녁에 제1차 왕자의 난이 발생하여 정도전·남은·심효생 등이 숙청되었다.[53] 박자안 사건과 하륜 등의 관직 제수·의례 행위, 그리고 제1차 왕자의 난 사이에 표면적으로 어떤 직접적인 관련성이 보이지는 않는다. 그렇지만 박자안 사건은 제1차 왕자의 난, 즉 정도전 제거의 배경 사건이었을 것으로 생각된다.

박자안 사건이 정치적 사건이었다는 것은 결말이 사안에 비해 너무 가벼운 처벌로 끝난 것도 그렇지만 하륜이 박자안의 실책에 책임을 함께 져야 할 이유가 없다는 점에서 더욱 그렇다. 그래서 이 사건에 주목하고자 하는 것이다. 박자안 사건이 마무리되고 불과 10개월 만에 제1차 왕자의 난이 발생했다. 어떠한 관련성이 없었을까. 지금까지 제1차 왕자의 난은 이방원이 정도전 일파의 요동 정벌 추진으로 사병 혁파의 위기에 처하여 일으킨 권력 투쟁으로 보고 있다. 우발적인 사건이 아니라 사전에 도모했던 사건으로 생각된다. 이러한 계기가 박자안 사건이 아닐까 한다. 정도전 일파가 하륜을 경주부윤으로 좌천시키는 것도 모자라 박자안의 공사를 빌미로 옥에 가두

---

50) 『태조실록』권11, 태조 6년 5월 27일(戊寅); 『태조실록』권11, 태조 6년 6월 17일(丁酉); 『태조실록』권12, 태조 6년 10월 12일(庚寅).

51) 『태조실록』권14, 태조 7년 7월 19일(壬辰).

52) 『태조실록』권14, 태조 7년 8월 2일(乙巳).

53) 『태조실록』권14, 태조 7년 8월 26일(己巳).

었다. 이는 하륜이나 이방원에게 큰 위기감을 불러일으켰을 것으로 생각된다. 다음 내용을 통해 좀 더 검토하겠다.

① 세자가 빈객 정탁과 더불어 충효의 도리를 강론했다. 세자가 정탁과 더불어 음양의 이치와 성학의 대요, 그리고 황왕이 선위한 일과 한·당 황제의 행사(行事)한 사적을 의논하다가 손바닥을 비비면서 탄식했다. '충성하여 두 마음을 갖지 않는다'는 말을 강론하다가 말하기를 "신하로서 임금을 위하여 그 마음을 둘로 갖지 않는 자는 포장하여야 한다. 지난번 회안군의 난에 그 휘하 3, 4인이 사생을 돌아보지 않고 힘을 다하여 막아 호위했는데, 내가 심히 아름답게 여겼다. 나의 휘하가 말하기를 '이 사람들은 죄를 주는 것이 가하다'고 했다. 그러나 내가 말하기를 '이들은 죄인이 아니고 충신이다. 내가 만일 변을 만났는데 휘하 사람이 힘을 다하여 구원하지 않는다면 충이라고 할 수 있겠는가'라고 했더니 모두 말이 없었다"라고 하니 정탁이 대답하기를 "저하(邸下)의 이 말씀은 귀감이 될 만합니다. 걸 임금의 개가 요 임금에게 짖은 것은 자기 주인이 아니었기 때문입니다"라고 했다.[54]

② 세자가 "사람의 죽고 사는 것은 명에 있고, 사람이 할 수 있는 것이 아니다. 정축년에 박자안이 왜적을 막지 못했으므로 태상왕께서 크게 노하시어 사람을 보내어 목을 베라고 명령하셨다. 그 아들 박실은 나의 휘하였는데, 그 아비를 구원하고자 하여 울며불며 와서 고했다. 내가 구원하고자 했으나 길이 없었다. 드디어 남은의 집에 가서 상의하니 남은이 말하기를 '사자가 이미 떠났으니 어찌하겠

---

54) 『정종실록』 권4, 정종 2년 6월 2일(乙未).

는가'고 했다. 박실이 남은 앞에서 대성통곡했으므로 내가 더욱 슬프게 여겨 돌아와 전하와 의안공을 모시고 태상왕께 아뢰어 요행히 살아났다. 남의 자식이 되어 박실과 같으면 효자라고 할 수 있다"고 말했다.[55]

③ 병자년 … 그때 정도전이 남은과 꾀를 합하여 유얼을 끼고 여러 적자를 해하려 하여 화가 불측하게 되었으므로 하륜이 일찍이 임금의 잠저에 나아가니 임금이 사람을 물리치고 계책을 물었다. 하륜이 말하기를 "이것은 다른 계책이 없고 다만 마땅히 선수를 써서 이 무리를 쳐 없애는 것뿐입니다"라고 하니 임금이 말이 없었다. 하륜이 다시 "이것은 다만 아들이 아버지의 군사를 희롱하여 죽음을 구하는 것이니 비록 상위(上位)께서 놀라더라도 필경 어찌하겠습니까"라고 했다. 무인년 8월에 변이 일어났는데 그때 하륜은 충청도도관찰사로 있었다. 빨리 말을 달려 서울에 이르러 사람으로 하여금 선언하고 군사를 끌고 와 도와서 따르도록 했다. 상왕이 위를 잇자 하륜에게 정당문학을 제수하고 정사공을 녹훈하여 1등으로 삼고 작을 '진산군'이라 주었다.[56]

위의 ①과 ②는 같은 사료이지만 내용 분석의 편의를 위해 분리한 것이다. 사료 ①에서 세자 이방원이 했던 말을 뒤집어 생각해보자. 주인에게 끝까지 충성한 자는 정적이었다고 해도 포장(褒奬)해야 한다면 자신에게 충성을 다한 자는 말할 필요도 없을 것이고, 그만큼 자신도 휘하의 목숨까지 지켜낼 것임을 말했던 것이다. 박자안의 아들 박실을 통해 자신의 사병들에게

---

55) 『정종실록』 권4, 정종 2년 6월 2일(乙未).

56) 『태종실록』 권32, 태종 16년 11월 6일(癸巳).

충성을 이끌어내고자 한 목적도 개재되어 있었을 것으로 본다. 이 당시 정도전에 의한 사병 혁파의 위기에 내몰린 이방원으로서 자신에게 충성을 다할 한 계기로 박자안 사건을 활용했을 수도 있다. 물론 자신의 휘하에 대한 인간적인 정리에서 나온 것으로 정치적으로 확대하여 해석할 수 없는 부분도 있을 것이다. 그러나 그 사건이 갖는 전후 맥락을 고려하면 결코 인간적인 정리를 넘어 정치적인 해석을 가할 수밖에 없을 것으로 생각된다. 이를 좀 더 살펴보자.

　박실이 이방원의 휘하였으므로 그 아버지 박자안도 이방원의 사병과 관련을 맺고 있었을 것으로 보인다. 어떻게 보면 그 아버지와 인연으로 박실이 이방원의 사병으로 들어왔을 가능성도 있다. 박자안은 1399년(정종 1) 1월 동북면도순문사로서 선군 등의 일을 처리하는 것[57]으로 볼 때 제1차 왕자의 난 이후 다시 등용되었다. 그리고 1400년 11월 이방원은 왕위에 오르자 문하평리 박자안을 명나라에 보내어 왕위를 계승한 사실을 알렸다.[58] 1402년 전농정 박실이 죄를 지어 논죄하는 과정에서 태종이 그를 일러 "공신의 아들로서 그 아비가 변장으로서 중책을 맡고 있으니 죄를 가할 수 없다"[59]고 하는 것에서 보면 박자안은 제1차 왕자의 난이나 제2차 왕자의 난 때 공을 세웠거나 동조했을 가능성과 주청사로서 명나라에 다녀오는 등의 공로를 생각한 일반적인 내용인지 알 수 없다. 그러나 박실의 논죄 과정에서 태종이 공신의 아들이어서 벌을 줄 수 없다는 것에서 보면 전자일 가능성이 크다. 아무튼 박자안은 이방원의 세력에 넣을 수 있는 인물로서 그 아들은 자신의 휘하라고 하면서 그 아버지의 죄를 적극적으로 구원했다.

　사료 ②에서 알 수 있듯이 이방원은 자신이 구원할 방법이 없었다. 이

---

57)『정종실록』권1, 정종 1년 1월 19일(庚寅).

58)『정종실록』권6, 정종 2년 11월 13일(癸酉).

59)『태종실록』권4, 태종 2년 10월 6일(丙辰).

는 의도된 상황 속에서 전개된 사건이었거나 실권이 없는 이방원의 현실적 한계에 말미암았다고 생각된다. 이러한 상황에서 이방원이 박실의 아버지를 구원하기 위해 남은을 찾아갔던 것이다. 그러나 남은은 이미 상황을 되돌릴 수 없다는 이유를 들어 부정적 태도를 보였다. 남은이 박자안의 구원을 사실상 거절한 것에 다름이 없었다. 나중에 구원을 받았던 것을 생각하면 그렇게 생각할 수밖에 없다. 그러자 박실이 남은 앞에서 대성통곡했다. 이를 본 하륜은 더욱 슬퍼서 돌아올 수밖에 없었다. 이로써 이방원이 갖게 되었을 무력감과 점점 조여오는 위기감을 느꼈던 것으로 볼 수 없을까. 결국 이방원은 자신의 형인 영안군·회안군과 함께 직접 태조에게 구원을 아뢰어 박자안이 겨우 참수를 면하게 되었다. 따라서 남은이 되돌릴 수 없는 상황이라고 하면서 어쩔 수 없는 듯한 태도를 보인 것은 사실상 거절이었다. 왜 하필이면 이방원이 남은을 찾아갔을까. 뭔가 일을 해결해줄 수 있는 위치에 있었기 때문에 찾아갔을 것이다.

특히 박자안 사건이 주목되는 것은 그 사건 자체를 놓고 보면 하륜이 관련될 어떤 사안도 없었던 것으로 생각된다. 경상도 도안무사로서 박자안의 군사적 실책이 군중에서 비밀리에 참수해야 할 중죄였을까. 설령 박자안의 실책이 군령으로 다스려서 군중에서 참수해야 할지언정 문관인 계림부윤이 어떤 관련성이 있느냐 하는 점이다. 이와 관련하여 세 가지 정도를 압축해서 생각해볼 수 있다. 박자안이 하륜의 도당이었던가, 아니면 전혀 관련이 없으나 정도전이 하륜을 제거하기 위한 음모였던가. 이 둘 모두가 아니면 이방원의 도당인 박자안을 몰래 참수하려다가 실패하자 국문 과정에서 차마 이방원을 끌어들이지 못하고 그 일파인 하륜 등을 끌어들여 벌을 내린 것이 아닐까. 이 세 가지 추측의 사실은 앞에서 살펴본 박자안과 이방원의 관계를 통해 유추하면 결국 박자안 사건은 정도전 일파가 이방원 세력 제거에 목적이 있었던 것 같다.

위의 인용 사료 ③은 하륜이 제1차 왕자의 난을 처음부터 계획하고 깊숙이 개입했던 사실을 보여주는 내용이다. 좀 더 그 시기를 한정할 수 없을까. 하륜이 1397년 1월 정도전의 미움을 받아 계림부윤으로 좌천되고, 5월 박자안 사건에 연루되어 수원에 안치되었다가 그해 10월에 용서되었다. 다음 해 7월 19일 충청도관찰사에 제수되고, 8월 2일 의식을 거쳐 임지로 떠나게 된다. 그렇다면 하륜이 이방원에게 정도전 일파를 제거할 계획을 적극적으로 제의했던 시기는 1397년 10월에서 1398년 7월 중순경이었을 것이다. 이 시기는 하륜이 조선왕조에 다시 출사한 이후 가장 큰 위기였을 것으로 생각된다.

위의 사료 ①은 세자 이방원이 빈객 정탁과 더불어 충효의 도리를 강론하는 부분인데, 이방원이 원하던 휘하의 모습을 말하고 있다. 세자로 있던 이방원이 빈객 정탁과 함께 충효를 논하다가 자신에게 절실한 충성스러운 휘하가 없음을 탄식했다. 물론 여기서 충성스러움은 제2차 왕자의 난 때 죽을 때까지 이방간을 끝까지 지켰던 자의 예를 들어 말하고 있다. 이방원이 밝히고 있는 휘하의 모습은 앞에서 살펴보았듯이 사실상 하륜이 가장 가깝다고 할 수 있을 것이다. 따라서 사료 ①과 ②는 박자안을 매개로 한 태종의 하륜에 대한 정치적 관계의 설정을 보여주는 것이다. 바로 하륜은 태종에게 진심전력하여 충직하기가 비견할 사람이 없는 빈사였다. 태종은 하륜에게 유가적 지식인으로서 삶을 지켜준 주군이었다.

지금까지 살펴보았듯이 정도전 일파가 박자안 사건을 애초부터 의도하지 않았을지라도 그 전개 과정에서 정치적 사건으로 발전했을 것으로 본다. 이로써 하륜이 박자안 사건에 연루되어 숙청될 위기에 내몰리게 되었다. 박자안 사건은 태종과 하륜이 '서로 알아주는 사이'라는 '상여지제(相與之際)'를 맺게 된 한 계기였다. 하륜은 태종에게 진심전력하여 충직하기가 비견할 사람이 없는 빈사였고, 태종은 하륜에게 유가적 지식인으로서 삶을 후원·

보호해준 주군이었다.

4) 하륜과 민무구 형제 옥사

이 절에서는 민무구·민무질 형제의 옥사[60] 자체에 초점을 두는 것이
아니라 하륜의 삶을 밝히는 데 목적을 두고 있다. 이 사건은 하륜의 삶에서
가장 극적인 사건에 해당할 것이다.

민무구·민무질 형제의 옥사는 1407년 7월 10일 삼공신 영의정부사
이화(李和)가 "민무구 형제가 1406년 내선(內禪) 때 불충하게도 기쁜 표정을
지었다거나 평소 저들이 임금으로부터 화를 당할까 두렵다고 말하는 등 역
심을 품지 않고는 있을 수 없는 행동을 하고, 종지(宗支)를 제거하고자 했다
는 것을 들어 국문할 것"[61]을 상소하면서 시작되었다.

태종은 "이무가 제1차 왕자의 난 때 형세를 관망하면서 두 마음을 가졌
던 것[62]을 말하면서 결국 민무구 형제의 옥사에 연루시켜 가두고,[63] 이무의
옥사에 연루된 윤목·이빈·강사덕·조희민·유기 등을 유배했다.[64] 이무
를 끝내 참수하고,[65] 민무구 형제를 제주에 유배했다. 그리고 1410년(태종 10)

---

60) 민무구 형제의 옥사에 대한 기본 이해들은 일찍이 검토된 바이다. 金成俊, 「太宗의 外戚除去에
    대하여 - 민씨형제의 옥 -」,『歷史學報』17·18, 1962; 양웅렬, 「태종대 민무구 옥사를 전후한
    정치세력의 변천과 성격 - 왕실 친인척 가문과 관련하여 -」(국민대학교 대학원 석사학위논문),
    2004.
61) 『태종실록』 권14, 태종 7년 7월 10일(辛酉).
62) 『태종실록』 권18, 태종 9년 10월 1일(己亥).
63) 『태종실록』 권18, 태종 9년 9월 27일(丙申).
64) 『태종실록』 권18, 태종 9년 10월 2일(庚子).
65) 『태종실록』 권18, 태종 9년 10월 5일(癸卯).

1월 윤목·이빈·강사덕·조희민·유기 등을 참수했으며,[66] 3월 민무구·민무질 형제도 제주(濟州) 유배지에서 자진하도록 하는 것으로 사건의 끝을 맺었다.[67] 그 두 사람이 광폭하여 평소 아비 민제가 염려했다고 했지만, 그것은 정치적 사건이었다. 결국 왕권 강화와 중앙집권을 목표로 한 숙청을 단행한 것이다.

하륜은 민무구·민무질·신극례 사건의 전개 과정에서 사헌부의 탄핵을 받고 모함도 받았다. 1420년(세종 2) 5월 태종은 조연·조말생·이화영·홍부·이명덕·원숙 등이 입시한 주연 자리에서 "여러 민가들이 그런 것을 모르고 이간을 붙이려고 모략했으나 자신이 하륜과 더불어 서로 알아주는 사이를 누가 이간질할 수 있었겠느냐"[68]라고 했다. 태종은 '민씨 불충 사건'에 하륜을 연루시켜 탄핵하려고 했던 것을 모략이라면서 하륜 생각에 눈물을 흘리기까지 했다. 그 사건의 발단이 된 자신의 사위(辭位) 당시 하륜이 극구 만류했음을 모르고서 하륜을 연루시켜 탄핵했다는 것이다. 태종은 하륜과 오랜 '상여지제'를 누구도 이간질할 수 없었음을 회고했다.

태종이 민무구·민무질·신극례의 처치에 대해 하륜에게 자문을 구하자, 하륜은 별 어렵게 생각하지 않고 가볍게 처벌할 것을 자문했다. 이에 태종은 이숙번을 시켜 하륜에게 장우의 고사를 말했다.[69] 태종이 장우의 고사를 들먹였던 것은 하륜이 실정을 알고서도 직언하지 않은 것으로 받아들였

---

66) 『태종실록』 권19, 태종 10년 1월 30일(丁酉).
67) 『태종실록』 권19, 태종 10년 3월 17일(癸未).
68) 『세종실록』 권8, 세종 2년 5월 8일(乙亥).
69) 『태종실록』 권14, 태종 7년 7월 12일(癸亥). 장우는 한나라 성제 때의 정승이다. 외척 왕씨가 정권을 장악하자, 그는 관직에서 물러났다. 그러나 성제는 중요한 일에 그에게 매양 자문을 받았다. 성제가 왕씨를 의심하여 장우에게 물었으나 장우는 그 실정을 알면서도 자기가 늙고 그 자손이 약했으므로 부귀를 보존하고자 감히 직언하지 못했다. 주운이 장우의 죄를 진언하다가 절함(折檻)한 고사가 있다.

다. 더구나 태종은 하륜에게 민무구 등의 불충한 음모를 알렸다. 따라서 태종은 하륜이 민무구·민무질 형제를 엄하게 처벌하자고 자문할 것으로 기대했던 것 같다. 그런데 하륜은 자문에 응하여 가볍게 처벌할 것을 말했다. 태종은 이숙번을 시켜 하륜에게 장우의 고사로써 경고한 것은 아닐까. 그렇지는 않았던 것 같다. 결과적으로 태종은 하륜의 자문대로 민무구 형제를 자원(自願)에 따라 민무구는 연안에, 민무질은 장단에 안치(安置)했기 때문이다.[70] 태종은 하륜의 자문이 만족스럽진 않았지만, 하륜의 자문을 고려했던 것이다.

그러면 하륜이 자문을 받았을 때 편안하지 않고 송구스럽게 여겨야 할 일이 무엇일까. 이것을 갖고 하륜이 민무구 등의 불충한 음모에 연루되었다고 볼 수 있을까. 앞에서 논의했듯이 직접적인 관련성을 찾을 수 없다. 정치적으로 문제를 삼는다면 하륜이 가벼운 처벌을 논했다는 것과 사헌부의 하륜 탄핵 주장에 보이는 사위(辭位) 때 민제와 승교(承敎) 논의 정도이다. 그런데 후자는 태종의 확신에 찬 논의에서 보면 하륜과 민무구 형제의 옥사에 연루시킬 수 없을 것 같다. 따라서 하륜이 신중하지 못하여 태종의 뜻을 제대로 이해하지 못했던 의미로 이해해도 될 것이다. 하지만 태종은 하륜의 자문을 존중했다.

태종대 중기 태종과 하륜 및 그 주변 인물의 관계를 통해 하륜의 정치적 존재 양태를 구명할 수 있을 것이다. 태종이 하륜에게 언급한 장우의 고사는 당시 하륜이 처한 상황의 한 면을 보여주는 것으로 생각된다. 하륜이 1407년(태종 7) 7월에 좌의정을 사직하자, 태종은 곧바로 인사를 단행하여 이화를 영의정부사, 성석린을 좌의정, 이무를 우의정으로 제수했다.[71] 이화

---

70) 『태종실록』 권14, 태종 7년 7월 12일(癸亥).

71) 『태종실록』 권14, 태종 7년 7월 4일(乙卯).

는 민무구 형제의 불충죄를 처음으로 공식화했다. 이는 태종의 의도된 인사인 것 같다. 물론 재이로 인한 것일 수 있다. 그러나 태종이 하륜에게 민무구 형제의 처치를 자문했던 것도 예사롭지 않다. 더구나 하륜이 가볍게 처벌하자는 것을 태종이 그렇게 내키지 않아 했던 점도 고려해봐야 할 것이다. 하륜은 태종을 뜻을 받들어 사직하고, 이화에게 역할을 넘겼던 것은 아닐까 한다.

이화로부터 시작되어 2년 4개월을 끌면서 무수한 상소를 올렸던 공신과 대간들이 물러날 수 없는 지경에 이르렀다. 세자가 보위를 이으면 형세가 확연히 달라질 것이라는 기대를 갖는 자가 나오기조차 했으므로[72] 이숙번이나 유양 등 공격하는 자들은 자신의 목숨을 걸고 민무구·민무질 형제와 신극례 및 당여의 처벌을 관철하고자 했다. 그래서 의정부·삼공신·대간만이 아니라 백관이 모두 나서서 그들을 처단토록 청했다.[73] 이런 국면에 하륜조차 가만히 있을 수 없었을 것이다. 영의정부사 하륜과 좌의정 성석린이 두 사람을 참수할 것을 청한 지 불과 8일 만에 자진하도록 했다.[74]

그런데 민무구 형제의 죄가 죽일 죄였는가는 의심스럽다. 대간의 처벌 주장의 내용대로라면 죽일 죄에 해당한다. 그러나 그 내용 가운데 붕당 결성의 것은 해석 여하에 따라 이숙번이나 하륜도 해당할 수 있었다. 이로 볼 때 민무구 형제의 옥사는 왕권 강화를 위한 여러 개혁을 주도하던 하륜을 민제가 민무구 형제 앞에서 비난하고 극언까지 했던 것에서 그 싹이 트고 있었다고 본다. 태종은 왕위세습 과정에서 외척이 발호할 것을 염려했다. 이

72) 『태종실록』 권18, 태종 9년 10월 2일(庚子) 참고.

73) 대간이 민무구의 죄를 청할 때 병을 칭탁하고 참여하지 않은 대사헌 박은을 탄핵하는 사태에 이른 것이다. 만 사람이 한 사람에게 죄가 있다고 하면 그 사람은 죄를 입을 상황이었다. 목숨을 걸고 모두 충성 경쟁을 하고 있었던 것이다. 『태종실록』 권16, 태종 8년 10월 1일(乙亥) 참고.

74) 『태종실록』 권19, 태종 10年 3月 9日(乙亥); 『태종실록』 권19, 태종 10년 3월 17일(癸未).

것으로부터 비롯된 그 사건은 그들 형제의 오만함까지 더해서 그들을 죽음으로 내몰았다. 결국 그 사건은 태종의 왕권 강화 과정에서 나온 정치적인 것에 다름이 없었다.

지금껏 살펴본 바에 의하면 태종은 하륜으로부터 민무구 형제의 처단 명분을 얻고자 했던 것일 수 있다. 태종이 장우의 고사를 예로 든 것은 하륜이 민무구의 눈치를 보는 것으로 봤을 정도로 정치권력이 약화되어 있었을까. 태종은 여전히 하륜에게 서정을 자문받고 있었다. 앞 시기에 하륜이 서정을 장악했던 데 비해 상대적으로 권력이 약화되었을 뿐이다. 이는 왕권 강화로 인한 정무의 이관에서 비롯된 것이었다. 그런데 하륜에게 위기가 닥쳤다. 태종의 다음과 같은 태도에서 짐작할 수 있을 것이다.

임금은 황희를 보내어 하륜에게 "민무구 등의 죄는 내가 사정으로 인해 능히 과단하지 못하였다. 공신·대간에서 백관까지 모두 죄를 청한 지가 여러 달이어서 내가 부득이하여 지금 다만 직첩만 거두고 목숨을 보전하도록 하였다"라고 전지했다. 하륜이 "이 무리들이 세자를 제거하고자 하였다면 죄가 말할 수 없지만, 여러 아들을 제거하려고 하였으니 세자같이 중하지는 않습니다. 성려가 적의함을 얻으셨습니다"라고 대답하였다. 황희가 복명하니 임금이 대신의 시좌하는 자리를 가리키며 "옛날 이 공이 여기에 앉아서 정사를 의논할 즈음에 내가 한심한 말을 들은 적이 있다. 너는 빨리 다시 가서 묻기를 '이 말을 일찍이 다른 사람과 말한 적은 없는가. 다시는 가볍게 말하지 말라'고 하라"면서 또 황희에게 "이 말이 만일 누설된다면 내가 아니면 네 입에서 나온 것이다"라고 일렀다. 황희가 이에 재차 하륜의 집에 가서 전지하니 하륜이 땅에 엎드려 전교를 받고 손을 모아 대답하기를 "살 길을 지시해주시니 몸 둘 곳이 없습니다"라고 했다. 황희가 복명하니 임금이 "내가 아니면 보전

하기 어렵다. 그 충성하고 곧음을 사랑한다"라고 하였다.[75]

하륜이 전지를 한 황희에게 종지(宗支) 제거의 문제를 꺼내면서 민무구 형제의 죄는 그렇게 큰 죄가 아니니 부처한 것이 옳다고 했다. 이는 이미 이화가 민무구·민무질 형제를 단죄할 것을 처음으로 상소하면서 증거로 했던 불충죄 여섯 가지 가운데 하나이다.[76] 그런데 하륜이 직접 그것을 언급했다. 따라서 앞에서 서술한 하륜과 태종의 모의는 사실이 아닐 것으로 판명된다. 오히려 하륜은 그들 형제와 평소 생각을 공유하고 있었지 않나 싶을 정도이다.

그런데 이화가 상소하여 논죄가 한창일 때 태종의 두 형제 처치 결과를 듣고 하륜이 아무런 거리낌 없이 종지 제거가 세자 제거보다 죄가 크지 않으니 적당한 처치라고 했던 것이다. 이러한 점에서 보면 하륜과 민무구 형제는 서로 생각을 공유하지 않았던 것으로 보인다. 그것은 하륜 자신의 판단에서 나온 것이지만, 태종에게 큰 충격이었다. 자신의 상여지제인 하륜의 입에서 불충죄로 논하는 근거가 나왔으니 상당히 충격을 받았을 것이다. 그래서 황희에게 "이 말을 일찍이 다른 사람과 말한 적은 없는가. 다시는 가볍게 말하지 말라"고 전지하게 했다. 적어도 하륜만큼은 가벼이 처치할 수 없는 자신의 오랜 빈사였기 때문에 하륜의 말이 누구에게도 발설되지 않도록 황희에게 주의를 주었다. 이로써 하륜은 태종으로부터 목숨 보전의 은혜를 입었다.

훗날 선위를 한 후 태종이 하륜을 '빈사'로, 황희를 '한 집안'으로 표현한 것도 다 이유가 있다. 진정한 빈사였기에 불충죄조차 진언(盡言)하고, 한

---

75) 『태종실록』권14, 태종 7년 11월 11일(辛酉).

76) 『태종실록』권14, 태종 7년 7월 10일(辛酉).

집안이었기에 임금에게 불충지죄를 입에 담아 전했다. 그러면 하륜의 삶에서 황희는 어떻게 자리 잡고 있었던가. 태종과 하륜, 그리고 황희의 관계이다.

태종은 1416년 6월 22일 진산부원군 하륜이 실봉한 글을 올리자 조말생을 불러들여 좌우를 물리치고 글을 읽게 했다.[77] 이 글에서 하륜은 "정치를 하는 도리는 사람을 쓰는 것이 무엇보다 중요한데, 군자를 쓰고 소인을 물리쳐야 잘 다스려질 것"이라면서 "황희와 심온 두 사람은 매우 간악한 소인이므로 정부 · 육조와 이조에 있는 것도 마땅하지 못하고 더욱이 그들이 전선(銓選)을 맡는 것은 불가하다"고 했다. 태종은 조말생이 글 읽기를 마치자 "진산이 충직한 신하여서 내가 그 덕의를 높여 항상 빈사로서 대접해왔는데 이번 실봉은 매우 불편하다"고 했다.

그렇지만 태종은 실봉을 먼저 보고서 조용히 일을 처리하고자 했다. 태종은 옛사람의 말처럼 지금껏 빈사로 대접한 신하를 잃지 않고, 그 신하도 몸을 잃지 않게 치밀하게 일을 처리하려고 했다. 그래서 태종은 대신의 실봉이 외부에 드러나는 것을 불가하다고 했다. 지금껏 자신의 말에 아무런 반응 없이 가만히 있는 조말생에게 "너는 글을 읽어 사리를 아는 유생인데 어찌 내가 너에게 비밀히 보여준 뜻을 알지 못하는가. 너는 진산의 집으로 가서 그 까닭을 물어서 아뢰라"고 했다. 그때야 조말생은 자신에게만 실봉의 글을 보여준 뜻을 알아챘다.[78]

조말생은 비밀리에 사저의 하륜에게 가서 그 실상을 물었다. 하륜은 한

---

77) 『태종실록』 권31, 태종 16년 6월 22일(壬午).

78) 하륜이 조말생을 집의로 천거하자, 대사헌 황희는 고신에 서경을 하지 않았다. 이에 하륜은 두 번이나 황희의 집에 가서 청했으나 황희가 듣지 않았다. 이를 두고 하륜은 항상 스스로 말하기를 '태종께서 황희를 지신사로 삼기를 의논하기에 내가 단점을 말하고 황희가 이 말을 들었다. 이 까닭에 내 말을 이같이 듣지 않을 뿐이다'라고 했다. 『세종실록』 권53, 세종 13년 9월 8일 (己巳).

마디로 두 인물이 너무나 쇄쇄하여 나라를 다스릴 군자가 아니라고 했다. 또한 하륜은 두 사람이 함께 남의 집 노비를 오결하고, 다른 집 자식의 물려받은 노비조차 다투어 빼앗는 간악한 소인배라고 보았다. 이어 하륜은 간악하고 불초한 일이 오히려 많다고 하면서 다 증거가 있으므로 망령된 말이 아니라고 했다. 그러자 태종은 다음에 하륜을 직접 불러서 듣겠다고 하면서 더 말을 잇지 않았다. 이렇듯 태종과 하륜은 황희와 심온을 달리 보고 있었다.

심온은 충녕대군이 즉위하자 영의정부사에 제수되었으나 그해 죄를 받아 자진했다. 당시 심온의 문전에 빈객이 가득 찼다[79]고 했다. 그의 죄는 그것과 관련이 있을 것으로 본다. 태종도 평소 심온에게 그 같은 일을 경계하라고 직접적으로 경고도 했다.[80] 이러한 심온은 하륜과 서로 사이가 좋지 않았다. 심온은 하륜을 "빈객과 많이 교통하고, 뇌물을 많이 받아들이며, 대낮에 첩의 집에 드나드는 추잡한 행동을 한다"[81]고 태종에게 밀계(密啓)했다. 하륜은 실봉의 글로써 심온과 황희를 "매우 간사한 소인"[82]이라고 했다. 하륜은 심온을 '소인'으로 불렀으나 태종은 심온의 목숨을 빼앗아버렸다.[83]

1407년(태종 7) 7월 좌정승 하륜은 면직되고, 같은 달 "김첨·유기·박은이 민무구 형제에게 당부하였다"[84]고 탄핵을 받았다. 과연 하륜의 면직 원인이 무엇이며, 김첨 등의 파직 원인과 어떤 관련이 있었을까. 이것이 갖는 정치적 의미는 무엇인가. 이들 중 유기와 박은은 학연과 혼사를 통해 하륜

---

79) 『私淑齋集』 권7, 「先考資憲大夫知敦寧府事贈謐戴愍玩易齋先生姜公行狀」.

80) 『세종실록』 권2, 세종 즉위년 12월 25일(庚子).

81) 『세종실록』 권2, 세종 즉위년 12월 25일(庚子).

82) 『태종실록』 권31, 태종 16년 6월 22일(壬午).

83) 『세종실록』 권2, 세종 즉위년 12월 25일(庚子).

84) 『태종실록』 권14, 태종 7년 7월 29일(庚辰).

과 관련을 맺고 있었다.[85] 1407년 7월 하륜이 재이(災異)를 이유로 사직을 청하자,[86] 태종은 그를 조영무와 함께 파하고 이화를 영의정부사, 성석린을 좌정승, 이무를 우정승, 성석인을 예문관대제학, 박신삼을 지의정부사, 권진을 사헌부대사헌으로 삼았다.[87] 이때 하륜의 사위 이승간[88]이 동부대언으로 제수되었다. 하륜의 사직은 재이에 대한 재상으로서 정치적 책임을 진 것이다. 그래서 그 사임 기간은 오래가지 않았다. 그렇다면 하륜의 사직은 이숙번과 황희 및 심온 등에 의해 권력에서 밀려난 것이 아니다. 이는 다음 해 2월에 하륜을 다시 영의정부사와 세자사(世子師)로 삼았던 것[89]에서도 알 수 있다. 1409년 8월 그는 진산부원군으로 물러났지만, 불과 5개월 만인 10월 다시 영의정에 제수되었다.[90]

그런데 하륜의 아들 하구와 동서지간인 유기는 이무의 옥사에 연루되

---

85) 하륜·권근·유기 등은 학맥과 혼맥으로 서로 얽혀 있었다. 하륜과 권근은 이색의 문하로서 혼사를 통해 인척 관계를 맺었다. 이색은 이종덕·이종학·이종선 세 아들을 두었다. 하륜의 아들 하구는 이색의 장남 이종덕의 둘째 딸과 혼인했는데, 이종덕의 첫째 사위가 유기이다. 이색의 삼남 이종선은 권근[부인은 이강(李岡)의 딸로서 이원의 누이]의 딸과 혼인했다. 따라서 하구와 유기는 동서지간으로 이색의 손서이고, 이종선의 질서이다.(『牧隱藁』 卷首, 「諡文靖公李公神道碑幷序[河崙]」; 『春亭集』 卷12, 「晉陽府院君河公神道碑銘」; 『筆苑雜記』 卷2, 「李文景公條」) 박상충은 이곡의 딸과 혼인하여 박은을 낳았다. 박은은 이색의 집에서 자라고 권근의 문하에서 공부하여 과거에 합격한 인물이어서 앞의 인물과도 관련이 깊었다고 본다.(『潛谷遺稿』 卷12, 「敦寧都正朴公墓碣銘」)

86) 『태종실록』 권14, 태종 7年 7월 4日(乙卯).

87) 『태종실록』 권14, 태종 7年 7월 4日(乙卯).

88) 전의이씨 이승간은 하륜의 둘째 사위로서 경상좌도 도절제사에 올랐으며,(『浩亭集』 卷4, 附錄 「墓碣銘[尹淮]」) 남명 조식의 자형인 이공량의 고조이다. 이승간이 처향으로 이주함으로써 전의이씨가 진주를 비롯한 경상우도에 세거하게 되었다.(『新菴集』, 「繕工監參奉贈資憲大夫吏曹判書兼知義禁府事全義李公諱公亮墓碣」)

89) 『태종실록』 권15, 태종 8年 2월 11日(庚寅).

90) 『태종실록』 권15, 태종 8年 2월 11日(庚寅); 『태종실록』 권18, 태종 9年 8월 10日(己酉); 『태종실록』 권31, 태종 16년 6월 4일(甲子).

어 유배에 처해졌다가 1410년 1월 윤목 등과 함께 처형되었다.[91] 또한 하륜의 처조카 이지성은 세자에게 "민무구 등이 죄가 없다"고 하여 문제를 확대한 측면이 있었다. 이지성은 1409년 6월 다시 유배되었으며, 1416년 1월 끝내 죽임을 당했다.[92] 혼맥에서 보면 두 사람의 처형은 하륜에게 정치적 영향이 미쳤을 것으로 보인다. 하지만 하륜의 정치적 위상에는 커다란 변화가 없었다. 하륜 자신이 왕권 강화를 주도하는 입장이었기 때문이다. 태종 자신도 너무 잘 알고 있었다.

이상과 같이 민무구 형제의 옥사에 연루되어 죽음을 당한 사람들을 살펴보면 특정 정치세력이 정치를 주도했다고 볼 수 없다. 태종은 왕권 강화에 걸림돌일 경우 어느 세력 가리지 않고 숙청했다. 따라서 한때 하륜과 이숙번이 붕당을 이루어 서로 미워했다는 것은 일시적인 것에 가까웠을 것으로 본다. 물론 이숙번은 붕당을 이루어 민무구 형제의 옥사를 주도했다. 그런데 하륜은 붕당을 짓는 단서조차 없애려고 했다.

태종은 1410년 하륜에게 자문하여 좌주니 문생이니 하는 폐단을 없애기 위해 무과의 종장 시관을 파하기로 했다. 그전에 임금이 하륜에게 김타를 보내어 무과 시원(試員)을 그대로 둘지, 파할지를 물었다. 하륜은 "무사가 무리를 짓는 것은 매우 불가하다"고 하면서 "만일 시원이 있으면 반드시 좌주나 문생을 칭하여 화가 장차 헤아릴 수 없을 것"이라고 했다. 하륜은 무과 출신의 당여를 크게 경계했다. 태종도 1404년에 회맹(會盟)한 자리에서 "붕당을 나누어 결당하는 자가 있으면 왕법으로 다스려 재앙이 자식에게까지 미칠 것"이라면서 삼공신으로부터 서약을 받았던 적도 있었다.[93]

---

91) 『태종실록』 권18, 태종 9年 9月 26日(乙未); 『태종실록』 권19, 태종 10年 1月 30日(丁酉) 참고.

92) 『태종실록』 권17, 태종 9年 6月 2日(癸卯); 『태종실록』 권31, 태종 16年 1月 13日(丙午) 참고.

93) 『태종실록』 권8, 태종 4년 11월 16일(甲寅). "三功臣이 大淸觀 북쪽에서 會盟한 서약문의 주요한 내용 가운데 진실로 私情을 품고 간사한 마음을 끼거나, 맹세를 어기고 和好를 저버리거

하륜은 시원 대신에 "마땅히 병조·의흥부·훈련관으로 하여금 공동으로 시험을 보아 인재를 뽑고, 임금이 친히 고열(考閱)할 것"을 말하면서 "이 일을 비밀리에 추진하여 외부 사람이 알지 못하게 해야 한다"고 했다. 임금이 그의 건의에 따라 시원을 파하고 직접 고열할 것임을 명령했다.[94] 왜 하륜은 시원에 대한 의견을 임금의 명령으로 치장하고 바깥 사람에게 비밀로 할 것을 말했을까. 하륜은 당시 대간의 탄핵을 받는 등의 상황에서 견제세력이 나섬으로써 정책 실시가 무산될 것을 염려했던 것으로 생각된다. 정책의 비밀을 지키자는 것이었다.[95] 요컨대 하륜은 태종의 서정(庶政) 자문에 응하는 정치적 존재 양태를 보여주고 있다.

반면에 이숙번은 심지어 임금이 붕당 결성을 경고했던 것에 대해 원망하고 불만을 나타내기도 했다.[96] 이숙번은 당대 유력 가문과 혼사를 맺었을 뿐만 아니라 태종과도 연결되어 있었다.[97] 그는 유좌와 동서지간이었다. 유좌의 아버지 유양이 민무구의 옥을 주도했다.[98] 태종 9년 3월 유양은 이조

나, 몰래 의심하여 두 가지 마음을 품거나, 겉으로는 친한 척하고 속으로는 꺼리거나, 讒言을 꾸며 釁端을 만들거나, 朋黨을 나누어 結黨하거나, 나라를 傾覆하기를 꾀하거나, 같이 맹세한 이를 誣陷하는 자, 社稷에 관계된 죄를 범하는 자는 마땅히 王法으로 논하여 그는 물론 그 자손까지 災殃이 미칠 것임을 맹세한 것이 보인다."

94) 『태종실록』 권19, 태종 10년 2월 19일(丙辰).

95) 의정부의 권한 축소를 위한 하륜의 복안이 있었던 것은 아닐까 생각이 든다. 이 문제는 좀 더 검토할 여지가 있다.

96) 민무구 형제와 이숙번이 본래부터 서로 꺼리는 사이였는데, 민무구 형제를 벌한 후 태종이 윤저(尹柢)를 불러 사람을 물리치고 왜 이숙번에게 당부(黨附)하는가를 물었다. 이것을 윤저가 권완에게 누설하니 권완이 이숙번에게 말했다. 이숙번이 임금에게 말했다고 하는데, 이것은 나중에 나오지만 상당한 불만을 나타냈다. 『태종실록』 권18, 태종 9월 3일(임신); 『태종실록』 권31, 태종 16년 6월 4일(갑자) 참고.

97) 1411년 이숙번의 바로 손아래 동서 김오문(金五門)의 누이동생이 태종의 후궁 명빈 김씨로 책봉되었다. 이숙번의 딸은 강회백의 아들 강순덕과 혼인했다. 박용국, 「조선 초기 李叔蕃의 삶과 함양지역」, 『東方漢文學』 92, 2022, 286-290쪽.

98) 양웅렬, 앞의 논문, 2004, 17쪽.

판서에 사헌부대사헌을 겸임했던 인물로서 민무구의 처벌 상소를 주도했다. 따라서 민무구 형제의 옥사를 주도했던 세력은 이숙번 일파였다고 볼 수 있다. 그런데 1416년 6월 이숙번도 축출되었다. 태종이 전지하여 이숙번에게 죄목을 헤아리게 하고 연안부에 안치했다.[99]

한편 당시 하륜과 이숙번이 붕당을 이루어 서로 다투었던 것으로 나온다. 그렇다면 민무구 형제의 옥사에 하륜이 연루되었을 수도 있다. 이숙번 일파가 노린 것은 실제 하륜이었을 수도 있겠다. 그러나 앞에서 살펴보았듯이 하륜이 민무구 형제와 붕당을 이루었던 것으로 볼 수 없다. 더구나 하륜은 붕당 결성을 태종과 같이 경계했다. 적어도 태종은 하륜을 그렇게 보지 않았다. 하륜은 잠시 물러나기도 했지만, 1410년 다시 영의정부사에 올라 지공거로서 과거를 책임졌다. 이후부터 죽는 날까지 의정부 삼정승에 포함되지 않았던 때는 10개월 정도이다.[100] 이처럼 하륜은 민무구의 옥사를 계기로 제거된 것이 아니다. 더구나 그 당여라고 볼 수 없다. 다만 훗날 태종이 하륜을 일러 "충직하여 아는 것은 다 말하고 진심전력하였던 인물"로 평했듯이 하륜은 민무구 형제의 처벌에 대해 사심 없이 의견을 개진하여 오해를 초래할 뻔했다.

지금까지 살펴본 것처럼 하륜은 민무구 형제의 옥사에 직접적인 관계

---

99) 『태종실록』 권31, 태종 16년 6월 4일(갑자).

100) 1409년(태종 9) 10월 하륜은 영의정에 다시 제수했다.(『태종실록』 권18, 태종 9년 10월 11일 (己酉)) 1412년 8월 하륜을 좌의정으로 삼았다.(『태종실록』 권24, 태종 12년 8월 21일(계유)) 1414년 4월 하륜은 의정부의 기능을 크게 축소하여 육조가 정무를 나누어 맡아 직접 계문하게 하는 육조직계제 실시를 먼저 주장하여 관철시켰다. 다시 영의정에 제수되고, 영의정 성석린은 창녕부원군으로 물러났다.(『태종실록』 권27, 태종 14년 4월 17일(경신)) 1415년 5월 태종은 공신을 보존하기 위해 직을 맡기지 않아야 하겠다면서 하륜과 이숙번 및 한상경 등에게 봉군만 주었는데, 10월에 그를 다시 좌의정으로 제수했으며, 성석린을 영의정부사, 남재를 우의정으로 삼았다.(『태종실록』 권30, 태종 15년 10월 28일(임진)) 1416년 5월 좌의정 하륜은 나이 70에 치사하는 법을 건의하고, 자신도 물러날 수 있기를 청하여 태종의 허락을 받아 물러났다.

는 없었다. 그러나 하륜이 그 사건에 관련되어 숙청될 수도 있는 의심될 만한 행동이나 사건이 없지 않았다. 예를 들면 민무구 형제 처치에 대한 하륜의 태도와 처조카 이지성의 공사(供辭) 내용, 아들 하구와 동서지간인 유기가 참수되었던 사실 등에서 보면 그럴 가능성이 있었다. 하륜과 태종의 '서로 알아주는 사이'에서 가장 큰 위기는 민무구 형제를 자원 안치한 후 황희가 하륜에게 전지했을 때 "세자 제거가 아니라 종지(宗支) 제거이니 적합한 벌" 이라는 하륜의 응답이었다. 태종은 자신의 빈사로부터 제1차 왕자의 난을 떠올리는 말을 듣게 되어 큰 충격을 받았을 것이다. 이에 태종은 황희에게 그 내용이 바깥에 새어나가지 않도록 특별히 주의를 주었다. 또한 태종은 하륜에게 그 말이 혼잣말인지, 누구와 한 적이 있는지를 확인했다. 이에 하륜은 살길을 제시해준 것이라 여겼고, 태종도 그의 충성스럽고 곧음을 인정한다면서 의심을 거두었다. 이후 하륜은 큰 위기를 겪지 않았으나 그 존재 양태에 변화가 보인다. 하륜은 태종의 자문에 응하여 당여를 못하도록 시원(試員)을 혁파할 것을 말했다. 이처럼 하륜은 태종의 평소 당여 경계에 크게 호응했다. 이는 이숙번과 심온이 당여에 크게 개의치 않다가 자원 안치되거나 사사되었던 것과 대비되는 정치적 삶이었다. 이처럼 태종대 중기 이후 하륜은 태종의 서정 자문에 응하는 정치적 존재 양태를 보여준다.

5) 맺음말

하륜은 세종으로부터 이재(政事)에 뛰어나다는 평을 받았다. 또한 하륜은 윤회로부터 경학대신으로 받들어졌다. 이처럼 하륜은 경세와 경학에 밝았던 인물이었음을 알 수 있다. 태종은 집권 전기에 하륜에게 서정(庶政)을 관장하게 하면서 그를 '빈사'로서 대우하고, 그의 사후 그를 추억하면서 눈물까지 흘렸다. 반면에 이거이와 박은 및 심온 등은 하륜이 인사를 전횡했다고 극히 부정적인 평가를 내렸다. 심지어 민제는 두 아들에게 온 나라 사람들이 하륜을 정도전에 비교한다면서 머지않아 환란을 당할 것이라는 극언을 했다. 그 말을 들은 하륜은 "곧은길을 가다가 억울하게 죽더라도 하늘의 뜻"이라고 하면서 "후인의 공론이 있을 것이니 무엇이 두려울 것인가"라고 했다. 하륜은 서정을 관장하는 자로서 당당함을 드러내기도 했다. 이처럼 태종대 전기 하륜의 정치적 존재 양태는 극히 상반된 평가를 받았다.

정도전 일파가 박자안 사건을 애초부터 의도하지 않았을지라도 그 전개 과정에서 정치적 사건으로 발전했을 것으로 본다. 이로써 하륜이 박자안 사건에 연루되어 숙청될 위기에 내몰리게 되었다. 위관 판문하부사 권중화와 대간·형조가 함께 순군옥에 갇힌 박자안을 국문했다. 권중화는 좀 더 검토의 여지가 있으나 하륜과 그렇게 호의적인 관계가 아니었을 것으로 추정된다. 그리고 대간과 형조는 실권자 정도전의 일파라고 봐도 크게 틀리지 않을 것이다. 결국 박자안의 입을 빌려서 하륜을 숙청하고자 했다. 이는 태종과 하륜이 생사의 동맹을 맺게 되는 가장 극적인 미시적 사건이었다. 박자안 사건은 태종과 하륜이 '상여지제(相與之際)'를 맺게 된 한 계기였다. 하륜은 태종에게 진심전력하여 충직하기가 비견할 사람이 없는 빈사였고, 태종은 하륜에게 유가적 지식인으로서 삶을 후원·보호해준 주군이었다.

하륜은 민무구 형제의 옥사에 직접적인 관계는 없었다. 그러나 하륜이 그 사건에 관련되어 숙청될 수도 있는 의심될 만한 행동이나 사건이 없지 않았다. 예를 들면 민무구 형제 처치에 대한 하륜의 생각과 처조카 이지성의 공초 내용, 아들 하구의 동서인 유기가 민무구 형제에게 앞의 일을 기대하다가 연루되어 참수되었던 사실 등에서 보면 그럴 가능성이 있었다. 특히 하륜은 태종이 민무구 형제를 자원 안치한 것을 두고 "세자 제거가 아니라 종지(宗支) 제거이니 적합한 벌"이라고 하여 태종에게 큰 충격을 주었다. 그런데 태종은 그것조차 하륜의 해명을 통해 충직한 행동으로 받아들였다. 그리고 태종은 황희에게 하륜과 오간 내용을 비밀로 할 것을 명령했다. 이후 하륜은 큰 위기를 겪지 않았으나 정치적 존재 양태에 변화가 있었다. 하륜은 태종의 자문에 응하여 무과 시원(試員)이 당여를 못하도록 그것을 혁파할 것을 말하고, 나아가 임금이 직접 고열(考閱)할 것과 이것을 비밀리에 추진할 것을 건의했다. 이는 이숙번과 심온이 당여를 개의치 않다가 자원 안치되거나 사사되었던 것과 비교되는 정치적 삶이었다. 이처럼 태종대 중기 이후 하륜은 자신의 권력을 극도로 자제하면서 태종의 서정(庶政) 자문에 응하는 정치적 존재 양태에 머물렀다.

3. 진주 사곡 출신 하경복의 생애와 벼슬살이

1) 머리말

지역 인물 연구는 그 삶의 공간으로서 마을 연구의 기초 작업에 해당한다. 인물 연구가 그 마을의 역사를 대변할 수 없겠지만, 장소성을 확보하는데 기초 작업이 될 것으로 본다.[1] 이러한 점에서 진주 사곡리 사곡마을[2]에서 태어난 하경복(河敬復, 1377~1438)은 여말선초 진주지역 연구에 매우 소중한 가치를 지닌 인물이다. 그는 진주향교에서 공부하고 뛰어난 장재(將才)로써 무과에 급제하여 북방 진무에 크게 공을 세우고 1품의 재상에 올랐으며, 시호가 양정(襄靖)이다.

하경복은 사곡마을에서 아버지 상호군 하승해(河承海)와 어머니 보성선씨 전객시령(典客寺令) 선진기(宣眞起)의 딸 사이에 태어났다. 그의 조부는 판군기감사(判軍器監事) 하을부(河乙桴), 증조부는 전객시령 하거원(河巨原, 1301~?)이다.[3] 그의 고조부는 선관서승(膳官署丞) 하식(河湜)이며, 5대조 하부심(河富深)은 급제했으나 은거하여 벼슬하지 않았다고 전한다.[4] 하경복은 진주향교

---

1) 박용국, 「진주 청원리 拓齋 李鍾浩의 가계와 그의 삶」, 『경남권문화』 24, 2014, 101쪽.

2) 『晉陽誌』 卷1, 各里條. 籬下里의 屬坊 가운데 狸谷, 즉 삵실[狸谷/土谷]이 土谷의 전신이다. 아마도 삵실이 土谷으로 雅化되었던 것으로 보인다. 이하 '사곡'으로 통칭하겠다.

3) 『浩亭集(初刊本)』 卷3, 附錄 「碑陰[知製教朴熙中 撰]」.

4) 『東文選』 卷121, 碑銘 「有明朝鮮國贈忠勤翊戴愼德守義協贊功臣 大匡輔國崇祿大夫 領議政府事 晉陽府院君河公神道碑銘 幷序」; 『春亭集』 卷12, 碑誌 「有明朝鮮國贈忠勤戴愼德守義協贊功臣 大匡輔國崇祿大夫 領議政府院君河公神道碑銘 幷序」; 『東文選』 卷129, 墓誌銘 「有明朝鮮國奮忠仗義同德定社佐命功臣 大匡輔國崇祿大夫 晉山府院君 修文殿大提學 領經筵春秋館書雲觀事 世子師諡文忠河公墓誌銘 幷序[尹淮]」; 『浩亭集』 卷4, 附錄 「墓碣

147

에서 공부하고 1402년 무과에 급제하여 벼슬살이에 나아가 사복시부정(司僕寺副正) 등을 거쳐 상호군에 이르고, 1410년 중시 무과에 급제하여 첨총제에 제수되었다. 그는 1410년 6월에 경원병마사, 1412년 2월에 경성등처병마절제사(鏡城等處兵馬節制使), 1414년에 동지총제로 승진하여 재상 반열에 올랐으며, 1422년 윤12월 함길도병마도절제사(咸吉道兵馬都節制使)로 나아간 이후 10년 내리 북방을 진무했다. 세종은 그에게 우군도총제 · 의정부참찬 · 좌군도총제 등을 제수하여 겸하도록 했다.[5] 그의 벼슬살이는 북방의 여진족 진무로 특징 지을 수 있다.

하경복은 세종대 전반기 북방을 안정시키고 6진을 수복 · 개척할 수 있는 토대를 놓았던 인물이다. 그럼에도 불구하고 그에 대한 연구는 거의 이루어지지 않았다. 그럼으로써 그의 관직 임명과 북방 진무의 사실에 대한 오해도 없지 않았다. 예컨대 하경복은 1422년 윤12월 함길도병마도절제사에 임명되어 10년 내리 북방을 진무하는 동안 1423년 12월 우군도총제, 1427년 3월 의정부참찬, 1430년 7월 좌군도총제 등 여러 관직을 제수받아 겸직했다. 이 같은 하경복의 겸직 사실을 관직 승진으로 이해함으로써 그의 벼슬살이를 오해할 여지를 남겼다. 이는 그의 벼슬살이에 대한 고증이 필요하다는 사실을 말해준다.[6]

본고는 여말선초 진주지역 출신의 정치적 활동을 하경복의 생애와 벼

銘[尹淮]」. 하윤린의 신도비명과 하륜의 묘지명은 『동문선』의 비명만 인용하여 각각 「晉陽府院君河公神道碑銘 幷序[卞季良]」와 「文忠河公墓誌銘 幷序[尹淮]」로 약칭하겠다.

5) 조선 초기 군사제도에 대한 기본 이해는 다음 논저를 참고할 수 있다. 車文燮, 『朝鮮時代 軍制研究』, 檀國大出版部, 1973; 閔賢九, 『朝鮮初期의 軍事制度와 政治』, 韓國研究院, 1983.

6) 하경복이 1423년(세종 5) 함길도도절제사를 거쳐 1427년 의정부참찬에 올랐다거나 1432년 판중추원사가 되어 서울에 올라올 때까지 15년간이나 북방의 국경지대를 수비하였다(한국민족문화대백과사전(https://encykorea.aks.ac.kr/)고 했으나 그의 벼슬살이에 대한 치밀한 고증을 전제한 것으로 보이지 않는다.

슬살이를 통해 이해하려는 것과 관련이 있다. 본론에서는 하경복의 관직과 벼슬살이를 문헌 고증의 방법으로 실증하고, 이를 통해 그의 생애를 규명하도록 하겠다. 하경복의 생애와 벼슬살이에 대한 연구가 전혀 없으므로 기초적인 연구로서 그의 벼슬살이를 고증하는 것도 연구사적으로 의미가 있을 것으로 본다.

이 연구에서는 『양정공실기』와 『호정집』을 비롯한 문집류, 『고려사』와 『태종실록』 및 『세종실록』 등 관찬 사서, 『세종실록지리지』를 비롯한 인문 지리지, 『신증동국여지승람』, 『진양지』 등의 자료를 활용하도록 하겠다. 그리고 관련 가문과 인물의 여러 비문, 진양하씨 가문의 족보와 아울러 관련 가문의 보첩류를 연구 자료로 활용할 것이다.

2) 타고남과 배움 및 벼슬살이

자료의 한계로 인한 것이지만, 하경복의 벼슬살이는 군사적 활동을 포함한 군무에 관한 것이 대부분이다. 특히 함길도병마도절제사[7]로서 그의 활동은 그의 삶을 평가하는 데 거의 절대적 비중을 차지한다. 그러면 그 이전 하경복의 삶은 어떠했을까.

하경복이 사곡마을에서 태어나 공부하고 자란 과정은 극히 단편적인

---

7) '함길도병마도절제사'는 『세종실록』에서 '咸吉道都節制使'라고도 칭했다. 『세종실록』을 보면 '함길도도절제사'라고 칭한 기사가 397개이지만, '함길도병마도절제사'라고 칭한 기사는 불과 27개이다. 이렇듯 '병마도절제사'는 흔히 '도절제사'라고 칭했는데, 1406년 6월 吏曹가 아뢴 기사를 보면 전에 외방에서 병마를 總轄하는 자가 양부의 宰臣(2품) 이상이면 '兵馬都制制使'라고 칭하고, 3품이면 '兵馬僉節制使'라고 칭했다.(『世宗實錄』卷24, 世宗 6年 6月 23日(丙寅)) 1466년 1월 '병마도절제사'를 '兵馬節度使'로 개칭했다.(『세조실록』권38, 세조 12년 1월 15일 (무오)) 이하 본고에서 함길도도절제사는 함길도병마도절제사를 의미한다.

내용밖에 전하지 않는다. 그의 어머니는 자라가 품속으로 들어오는 태몽을 꾸고 임신하여 그를 낳았다. 그래서 어릴 때 그의 이름이 '왕팔(王八)'이었다는 탄생 설화가 전한다.[8] 그는 종조부 하을지(河乙沚, 1318~?)와 재종숙(再從叔) 하륜(河崙, 1347~1416)처럼 진주향교에서 공부했다. 이 사실은 경재 하연이 1449년 지은 '진주향교사교당기'에 나온다.[9] 한편 사곡마을에서 서편으로 20리 거리가 되지 않는 오대사(五臺寺)는 재종숙 하륜이 어릴 때 독서하던 곳이었다.[10] 하경복은 가문의 사회적 배경을 바탕으로 삼아 15세 무렵 진주향교에 나아가 공부하거나 가까운 독서처를 찾아 공부했을 것으로 짐작된다.

한편 하경복은 어려서부터 기운이 남보다 뛰어났으며, 풍채와 용모가 장대하고 아름다웠다고 전한다.[11] 비록 하경복은 진주향교에서 공부했을지라도 그의 타고난 능력은 활쏘기와 말타기 등 뛰어난 무재(武才)에 있었다.[12] 이러한 그의 능력은 훗날 영웅적인 일화로 남겨졌던 것으로 여겨진다. 비록 그 자신이 말한 것으로 전하는 영웅담일지라도 그의 삶과 군사적 활동의 근간을 이해하는 데 한 실마리가 될 것으로 본다. 즉, 그의 타고난 용력과 활쏘기 능력을 이해하는 데 다음의 일화가 도움이 될 것이다. 그의 영웅적인 이야기를 하려는 게 아니라 그의 무재를 이해하기 위함이다.

---

8) 『筆苑雜記』卷1, 河襄靖公敬復條. 이 외에 하경복의 탄생 설화는 『大東韻府群玉』에도 나오는데, 이를 후손 柏村 河鳳壽(1867~1939)가 양정공의 행장에서 다시 언급했다(『柏村集』卷10, 行狀「先祖崇政大夫議政府贊成事襄靖公府君行狀」).

9) 『敬齋集』卷2, 記「晉州鄕校四教堂記」; 『신증』권30, 진주목 학교조.

10) 『春亭集』卷11, 祝文「晉州五臺寺重修文」.

11) 『筆苑雜記』卷1, 河襄靖公敬復條; 『世宗實錄』卷82, 世宗 20年 8月 17日(己巳); 『세종실록』권82, 세종 20년 9월 8일(기축). 한편 세종은 김종서에 대한 문책을 논의케 하면서 "지금 함길도도절제사 김종서는 본디 儒臣으로서 몸집이 작고, 관리로서의 재주는 넉넉하나 武藝는 모자라니 장수로서 마땅하지 못하다. 다만 그가 일을 만나면 부지런하고 조심하며 일 처리하는 것이 정밀하고 상세하며, 4鎭을 새로 설치할 때도 처치한 것이 알맞아서 갑자기 그 효과를 보았으니, 이것은 褒賞할 만하다"라고 했다. 『세종실록』권90, 세종 22년 7월 5일(을사).

12) 『세종실록』권82, 세종 20년 8월 17일(기사).

재상의 반열에 오른 하경복은 일찍이 "내가 젊었을 때 용력(勇力)으로 세 번 화를 면하였다"라고 했다.[13] 이 세 사건은 태종이 내란을 평정할 때 궁중에 숙직하는 잘 아는 사람과 얘기하러 우연히 들어갔다가 궁문에 갇혀 여러 병졸에게 죽임을 당할 위기를 자신의 용력으로써 모면했던 일, 사냥하다가 범과 마주쳐 맨손으로 범의 목덜미를 잡고 힘으로써 물웅덩이에 몰아넣어 결국 범을 죽이고 살아났던 사실, 변방에서 야인을 방어하고 있을 때 구름같이 모여드는 적병과 화살이 비 오듯이 쏟아지는 상황에서 날쌔게 달려서 전세에 유리한 나무를 먼저 차지하여 싸움에 이겼던 사실을 말한다. 그 자신이 말한 세 영웅담은 죽음의 문턱에서 자신의 용력으로써 살아남았다는 일화이다. 그는 여진과 싸움에서 그 자신의 뛰어난 용력과 날쌘 몸놀림이 승리의 원동력이었던 것처럼 스스로 회고했다.

하경복이 일찍이 동북면을 지킬 적에 야인이 3백 근이나 되는 강력한 활을 하경복에게 당겨보도록 청한 일이 있었다. 하경복이 그들을 위해 술상을 놓고 즐겁게 마시면서 또 "이 활은 매우 잘 만들었다"라고 말하고는 급히 궁수(弓手)를 불러서 그 모양과 같이 만들게 한 다음 몰래 사람을 시켜서 그 활을 불에 구워 힘이 조금 풀어지게 했다. 그런 후에 그가 여유만만하게 활을 가득히 당기자, 야인들은 탄복하여 머리를 조아리며 뜰 아래로 내려가 절했다.[14] 이는 하경복이 사어(射御)에 능하다는 사실이 여진족에게까지 알려져 시험을 당한 일화이다. 하경복은 사람의 힘으로 도저히 당길 수 없는 3백 근의 활을 계략을 써서 힘들지 않게 당김으로써 야인을 굴복시킨 일화를 전할 정도로 용력과 활쏘기에 뛰어났다. 그래서 함길도도절제사 하경복이 변경을 진무하니, 야인들이 위엄을 두려워하여 감히 접근하지 못했다.[15]

---

13) 『慵齋叢話』卷3, 河宰臣敬復條.

14) 『筆苑雜記』卷1, 河襄靖公敬復條.

15) 『세종실록』권32, 세종 8년 6월 8일(경오).

우군총제로서 재상인 하경복이 나이 45세에 기병을 이끌고 석전(石戰)에 이틀 연속 참가한 적이 있었다. 1421년 5월 4일, 첫날 좌군 방패군(防牌軍) 3백 인과 우군 척석군(擲石軍) 1백 50인으로 편을 나누어 싸웠는데, 매번 방패군이 이기지 못하고 달아나 도망쳤다. 총제 하경복·곽승우(郭承祐)·권희달(權希達)·박실(朴實)과 상호군 이징석(李澄石) 등이 기병을 이끌고 척석군을 쳤으나 패주했다. 이때 하경복은 돌에 맞아 구레나룻을 상하고, 박실은 여러 군사에게 공격을 당하여 힘이 다하자, 자신이 재상이라는 것을 모르냐고 하여 위기를 모면하고, 이징석은 타던 말을 척석군에게 빼앗겼다. 이처럼 하경복은 척석군을 상대로 말타기 솜씨를 뽐냈으나 무기 없이 척석군의 돌팔매질을 이겨내기란 쉬운 일이 아니었다. 5월 5일, 둘째 날 척석군을 좌우군으로 나누고 여기에 잘 싸우는 자를 모집하여 충당했다. 좌군이 강하여 우군이 번번이 이기지 못하자, 권희달·하경복이 기병을 거느리고 좌군을 공격했다. 그러나 좌군이 굳게 막고 좌군의 돌팔매질로 돌이 비 오듯이 하여 공격이 여의치 않았다. 권희달이 돌에 맞아 말에서 떨어져 달아났지만 하경복이 이끌던 기병이 분전하여 좌군의 백기를 빼앗아 이겼다.[16]

석전은 놀이이지만 부상자가 속출하는 격렬한 군사 훈련 성격이었다. 5월 4일에 있은 첫날 석전에서 건장한 방패군이 모두 달아나 도망칠 정도였다. 초로에 접어든 45세에 기병으로 참여한 하경복은 재상 반열의 총제 네 명 가운데 두 번 다 참전하여 유일하게 승전을 거두었다. 잘 훈련된 척석군의 돌팔매질이 비 쏟아지듯이 하므로 뛰어난 말타기 솜씨가 아니고는 이겨내기란 절대 쉽지 않았을 것이다. 더구나 네 명의 총제는 척석군이 자신의 솜씨를 뽐낼 수 있는 돌팔매질의 우선적인 대상이 되었을 것이다. 첫날 참전한 네 총제 가운데 하경복과 권희달이 다음 날 다시 석전에 임했으나 하

---

16) 『세종실록』 권12, 세종 3년 5월 4일(을축); 『세종실록』 권12, 세종 3년 5월 5일(병인).

경복만이 척석군의 돌팔매질을 이겨냈다. 이처럼 하경복은 말타기 솜씨가 뛰어났음을 알 수 있다.

요컨대 하경복에 관한 일화와 석전의 사실에서 보면 하경복은 타고난 용력과 날쌘 몸놀림에다가 활쏘기와 말타기에 뛰어난 능력을 지녔음을 알 수 있다.

하경복은 진주향교에서 유학적인 지식만이 아니라 손오병법(孫吳兵法)을 배운 것으로 여겨진다. 그래서 그에 대한 평가에서 재능이 위청(衛靑)·곽거병(霍去病)을 능가했다고 했을 것이다.[17] 하경복은 타고남과 배움을 겸비하여 장상으로 성장했다. 세종은 뛰어난 장수로서 그의 지략과 기량을 취하여 군부의 수뇌에 앉혔다. 그가 손오병법을 배워 몸에 익히고, 함길도도절제사로서 그것을 실전에 운용한 10년의 경험이 당시 가장 뛰어난 진서(陣書) 편간을 가능하게 했다. 즉, 하경복의 장략과 북방 진무의 경험이 반영되어 나온 것이 소위 '계축진설(癸丑陣說)'이다.

1433년 7월 판중추원사 하경복은 형조판서 정흠지(鄭欽之), 대제학 정초(鄭招), 병조우참판 황보인(皇甫仁) 등과 함께 왕명을 받들어 '진서'를 편찬하여 올렸다.[18] 병조에서 "지금의 진설을 '계축진설'이라 일컫고, 진도(陣圖)와 아울러서 주자소에 시켜 인쇄해가지고 중외에 반포하여 각 도 군사들로 하여금 연습하게 하소서"라고 건의하자, 임금은 그대로 따랐다.[19] 다음 해 1월 새로 편수한 '계축진설'의 진설법을 배워 익히도록 권장하고 강독만이 아니라 진도에 따라 실지로 연습하여 정숙하도록 했다.[20] 이처럼 하경복이 총제가 되어 편찬된 '계축진설'은 '행진(行陣)·결진(結陣)·교장(敎場)·군

17) 『세종실록』 권82, 세종 20년 9월 8일(기축).
18) 『세종실록』 권61, 세종 15년 7월 4일(을묘).
19) 『세종실록』 권61, 세종 15년 7월 18일(기사).
20) 『세종실록』 권63, 세종 16년 1월 8일(병술).

령(軍令) · 응적(應敵)'의 군사 교육과 훈련에 가장 중요한 교재가 되었다. 이는 하경복의 북방 진무와 더불어 빠뜨릴 수 없는 주요한 업적 중의 하나일 것이다.

하경복이 무과 급제 직전 청년 시절의 삶은 자세히 알 수 없다. 다만 그가 무과 급제 이전 갑사(甲士)로서 궁중을 숙위하고 있었던 것은 사실로 보인다. 그가 자세히 알고 지내던 이가 궁중에서 숙위를 하고 있었다는 앞의 일화 내용과 그 자신도 내상직(內上直)[21] 갑사로 숙위에 보임되어 궁문에 숙직했다[22]는 또 다른 일화의 내용에서 볼 때 충분히 짐작할 수 있다. 하경복이 갑사에 소속된 시기는 1398년 8월 제1차 왕자의 난 이후 사병 혁파와 갑사의 복립[23]이 행해지던 때일 것으로 추정된다. 제1차 왕자의 난을 주도했던 그의 재종숙 하륜이 정치적 배경으로 작용했을 수도 있겠지만, 갑사의 입속 조건으로 볼 때[24] 그의 타고난 용모와 뛰어난 무재가 없었으면 입속이 불가능했을 것이다.

1402년(태종 2) 하경복은 무과에 급제하여 벼슬살이에 나아가 종3품 사복시부정(司僕寺副正) 등을 거쳐 상호군[25]에 이르고, 1410년 중시 무거에 급제하여 첨총제에 초수되었다.[26] 하경복이 무과에 급제한 이후 1410년(태종 10) 중시 무거 이전까지 그의 벼슬살이 행적으로 거의 유일하고 주목되는 점

---

21) 내상직을 고쳐 內禁衛를 만들었다. 『태종실록』 권14, 태종 7년 10월 21일(신축).

22) 『筆苑雜記』 卷1, 河襄靖公敬復條.

23) 『정종실록』 권6, 정종 2년 12월 1일(신묘).

24) 車文燮, 『朝鮮時代 軍制研究』, 檀國大出版部, 1973 참고.

25) 1403년 6월 불필요한 관원을 줄이고 관제 · 직제 · 행정구역 등을 개편할 때 상호군을 고쳐 절제사, 대호군은 첨절제사라 했다.(『太宗實錄』 卷5, 太宗 3年 6月 29日(乙亥)) 불과 보름여 만에 10司의 절제사는 상호군으로, 첨절제사는 대호군으로 하여 모두 예전 이름대로 복구했다.(『태종실록』 권6, 태종 3년 7월 16일(신묘))

26) 『세종실록』 권82, 세종 20년 8월 17일(기사).

은 하정사(賀正使) 일행으로서 북경을 다녀왔다는 것이다.

하경복은 1407년 9월 세자 이제(李禔)를 하정사로 한 사신 일행에 포함되었다. 압마(押馬)는 상호군 이공효(李公孝) 등 2인이 맡았으며, 사복관은 부정 하경복이 맡았다.[27] 하경복은 일행의 수레 등을 맡아서 관리하는 직임을 수행했다. 하정사 일행은 다음 해 4월에 돌아왔다. 당시 하정사 일행은 왕세제 이방원 때에 비해 인원이 2배이고, 더구나 15세 난 세자가 하정사임에도 아무런 탈 없이 돌아왔다.[28] 이때 태종이 세자를 매우 흡족하게 여겼으므로 그 일행의 사복관으로서 하경복도 적지 않은 공을 세운 셈이다. 이후 정3품 상호군에 제수된 것이 그것과 전혀 무관하지 않을 것이다.

1410년에 접어들면서 동북면 여진족의 기세가 심상치 않았다. 1410년 2월 올적합(兀狄哈)의 금문내(金文乃)·갈다개(葛多介) 등이 오도리(吾都里)·올량합(兀良哈)의 갑병 3백여 기와 결탁하여 경원부(慶源府)에 돌입하자, 경원병마사 한흥보(韓興寶)는 맞서 싸우다가 군사 15인과 함께 패사했다.[29] 3월 길주도찰리사 조연(趙涓) 등은 경원병마사의 패전을 보복하기 위해 군사를 이끌고 두문(豆門)에 이르러 모련위지휘(毛憐衛指揮)의 파아손(把兒遜)·아고거(阿古車)·착화(着和)·천호(千戶) 하을주(下乙主) 등 네 사람을 유인하여 죽이고,

27)『태종실록』권14, 태종 7년 9월 25일(을해).

28)『태종실록』권15, 태종 8년 4월 2일(경진).

29)『태종실록』권19, 태종 10년 2월 3일(경자). 그런데 동북면 길주찰리사 조연의 첩정에 의거한 의정부의 장계에는 2월 초4일 적군이 경원부에 돌입하여 병마사 한홍보와 군사 15명을 죽이고, 우마와 전곡을 약탈해 돌아갔다고 했다.(『태종실록』권19, 태종 10년 3월 25일(신묘)) 태종대의 여진 관계와 여진 정벌에 대해서는 다음의 논고를 참고하면 되겠다. 김구진,「조선 전기 여진족의 2대 종족 – 오랑캐(兀良哈)와 우디캐(兀狄哈) –」,『백산학보』68, 2004; 박정민,「태종대 제1차 여진정벌과 동북면 여진관계」,『백산학보』80, 2008; 유재춘,「중·근세 韓·中間 국경완충지대의 형성과 경계인식 – 14세기~15세기를 중심으로 –」,『한일관계사연구』39, 2011; 유재춘,「麗末鮮初 朝·明간 女眞 귀속 경쟁과 그 意義」,『韓日關係史研究』39, 2012; 이규철,「조선 태종대 대명의식과 여진 정벌(征伐)」,『만주연구』17, 2014; 한성주,「조선초기 對明관계와 공험진」,『백산학보』103, 2015.

군사를 놓아 그 부족 수백 인을 섬멸하고 가옥을 불사르고 돌아왔다.[30] 4월 올적합이 11일에 30기, 12일과 13일에 각각 50기로서 경원부의 아오지(阿吾地) 남산과 아오지동(阿吾知洞)에 잠간 출현했다가 산으로 사라지는 것을 반복했다. 이에 경원병마사 곽승우가 적을 제대로 헤아리지 않고 수백 기를 거느리고 아오지동으로 적을 쫓다가 복병에 걸려서 대패했다.[31]

경원병마사 한흥보의 패사와 경원병마사 곽승우의 패전으로 적의 기세가 더욱 성해지자, 조정에서는 1410년 5월 1일 여산군(麗山君) 김승주(金承霆)를 동북면도체찰사(東北面都體察使)로 삼아 급히 보냈다.[32] 5월 21일 조정에서는 상호군 하경복으로 길주도조전지병마사(吉州道助戰知兵馬使)를 삼아 궁시를 주어 보냈다.[33] 도체찰사 김승주가 지원을 요청했기 때문이다. 이어서 도체찰사 김승주가 다시 장수 두세 사람과 정병 1천 명을 요청하고, 의정부에서도 적세가 더욱 성하므로 지금 하경복만 보내면 어떻게 혼자 다 하겠느냐고 하여 예조참의 박구(朴矩)와 상호군 최윤덕(崔潤德)을 동북면조전지병마사로 삼아 궁시를 주어 보냈다.[34]

위와 같이 경원병마사 곽승우의 패전과 군사력 손실을 보전하기 위한 임시 조치로서 하경복이 길주도조전지병마사로서 길주도에 파견되었다. 비

---

30) 이때 사로잡은 것이 남자 한 명, 여자 26명이고, 장사가 잡은 인구가 남녀 합하여 약간 명이었다. 『태종실록』 권19, 태종 10년 3월 9일(을해).

31) 죽은 자가 73인, 부상한 자가 52인이며, 전마 120필과 병갑 24부를 모두 적에게 빼앗기고, 곽승우 또한 화살에 맞았다. 이에 30여 기를 거느리고 포위망을 뚫고 나와서 아오지 목책에 들어와 겨우 보전했다. 『태종실록』 권19, 태종 10년 4월 13일(기유).

32) 『태종실록』 권19, 태종 10년 5월 1일(정묘).

33) 『태종실록』 권19, 태종 10년 5월 21일(정해); 『襄靖公實記』 事實. 1398년 2월 동북면 도선무순찰사 정도전이 주·부·군·현의 명칭을 나누어 정하여 아뢴 내용에 의하면 안변 이북과 청주 이남은 영흥도라 칭하고, 단주 이북과 공주 이남은 길주도라 칭했다. 『太祖實錄』 卷13, 太祖 7年 2月 3日(庚辰).

34) 『태종실록』 권19, 태종 10년 5월 22일(무자).

록 임시직이지만 하경복은 처음으로 북방의 진무에 나서게 되었다.

1410년(태종 10) 6월 1일 하경복은 경원병마사에 제수되었다.[35] 그러나 조정에서는 경원부를 공수하는 것이 어렵다고 하여 10월에 덕능과 안능을 함주 북쪽 50리의 달단동(韃靼洞)으로 옮기고,[36] 경원부는 경성군(鏡城郡)에 합쳤다.[37] 그리고 조정에서는 그곳 병마사 하경복만 혼자 남게 되어 함께 지킬 사람이 없다면서 1411년 3월에 하경복에게 돌아오도록 함으로써[38] 그 땅을 비워두었다.[39] 이로써 공식적으로 경원진이 파해졌다. 이에 앞서 1411년 1월 전 절제사 하경복은 김중보(金重寶)와 함께 호용시위사총제(虎勇侍衛司摠制)에 낙점[40]되었으므로 얼마간 경원진병마사를 겸직한 셈이다.

1412년 2월 하경복은 경성등처병마절제사(鏡城等處兵馬節制使)에 제수되었다.[41] 이때 경성은 야인을 방어하는 데 최전선이었다. 공주(孔州)에서 경성으로 물러나 공주지역은 비워두었기 때문이다. 하경복이 병마절제사에서 물러난 시점을 알 수 있는 직접적인 자료는 없다. 1414년 하경복은 동지총제(同知摠制)로 승진했는데,[42] 아마도 이 무렵에 체임되었던 것 같다. 왜냐하면 총제[43]로서 번진을 겸한 것은 1415년 3월 성달생(成達生)을 우군총제로

---

35) 『태종실록』 권19, 태종 10년 6월 1일(병신).

36) 『태종실록』 권20, 태종 10년 10월 28일(신유). 백성을 경성군으로 옮겼다(『신증』 권50, 함경도 경원도호부 건치연혁조)고 했는데, 아마 이 무렵일 것이다.

37) 『世宗實錄地理志』 咸吉道 慶源都護府 建置沿革條.

38) 『태종실록』 권21, 태종 11년 3월 30일(경인).

39) 『신증』 권50, 함경도 경원도호부 건치연혁조.

40) 『태종실록』 권21, 태종 11년 1월 12일(계유). 졸기에는 다시 첨총제에 제수되었던 것으로 기술하고 있다. 『세종실록』 권82, 세종 20년 8월 17일(기사).

41) 『태종실록』 권23, 태종 12년 2월 14일(기사).

42) 『세종실록』 권82, 세종 20년 8월 17일(기사).

43) 성달생과 신열의 예와 같이 종종 총체와 동지총제를 총제로 통칭하기도 했다. 하경복의 예에서 알 수 있듯이 동지총제와 총제는 번갈아 제수되기도 했다.

서 경성의 병마절제사 겸 판군사에 제수하고, 신열(辛悅)을 우군동지총제로
서 삭주도의 병마절제사 겸 판도호부사에 제수한 때부터 시작되었기 때문
이다.[44] 따라서 하경복이 1414년에 제수받은 동지총제는 겸직이 아니다. 하
경복은 1414년 2월에 병마절제사의 임기를 채우고 체임되고, 공로를 인정
받아 1414년 2월 무렵 종2품의 동지총제로 승진하여 마침내 재상의 지위에
올랐다.

　　요컨대 하경복은 경성등처병마절제사로서 1412년 2월부터 1414년
2월까지 햇수로 3년 동안 북방 최전선에서 야인을 방비했다.

　　하경복은 1417년 5월부터 1418년 4월까지 총제,[45] 1418년(태종 18) 5월
부터 8월까지 좌우군의 동지총제로서 활동했다.[46] 세종이 즉위하면서 1418
년(세종 즉위년) 8월 12일 동지총제 하경복을 삼군도진무(三軍都鎭撫)로 삼았으
며,[47] 곧 우군총제로서 삼군도진무를 겸하도록 했다.[48] 이는 상왕이 양위 이
후 군권을 장악하려는 목적과 관련이 있다. 이후 하경복은 삼군진무소의 최고
지휘자 도진무로서 상왕이 세상을 떠날 때까지 보좌했으며, 1422년 윤12월
함길도도절제사로 제수될 때까지 도진무로서 군무에 종사했다.[49] 그사이

---

44)　『태종실록』 권29, 태종 15년 3월 25일(계해).

45)　『태종실록』 권33, 태종 17년 5월 14일(기해);『태종실록』 권35, 태종 17년 5월 18일(계묘);
　　　『태종실록』 권35, 태종 17년 7월 15일(무진);『태종실록』 권35, 태종 18년 4월 16일(병신).

46)　『태종실록』 권35, 태종 18년 5월 9일(무오);『태종실록』 권35, 태종 18년 6월 24일(계묘).

47)　1409년 8월 삼군진무소를 설치하고 도진무·상진무·별진무 각 1인과 진무 27인을 제수함으
　　　로써 군정과 군령을 장악하고 있던 병조에서 군령권을 분리했는데,(『태종실록』 권18, 태종 9년
　　　8월 11일(경술)) 곧 삼군진무소를 의흥부로 개칭했다.(『태종실록』 권18, 태종 9년 8월 28일(정
　　　묘)) 1412년 7월 의흥부가 폐지되었다.(『태종실록』 권24, 태종 12년 7월 25일(무신)) 1414년을
　　　전후하여 삼군진무소가 복설되어 다시 삼군진무소가 군령을 장악하게 되었다.(閔賢九,『朝鮮
　　　初期의 軍事制度와 政治』, 韓國研究院, 1983, 279-280쪽)

48)　『세종실록』 권1, 세종 즉위년 8월 12일(기축);『세종실록』 권1, 세종 즉위년 8월 27일(갑진).

49)　『세종실록』 권2, 세종 즉위년 11월 19일(을축);『세종실록』 권6, 세종 1년 12월 17일(정해);
　　　『세종실록』 권8, 세종 2년 4월 7일(을사);『세종실록』 권11, 세종 3년 2월 26일(기미);『세종실

주목되는 활동은 1418년 11월에 하경복이 연사종(延嗣宗) 등과 함께 상왕에게 "길주는 한 도의 중앙에 있어서 방어가 심히 긴요하며, 창고가 다신산성(多信山城)에 있는데, 새로 쌓은 읍성은 뒤에 있으니, 마땅히 산성 앞의 부세리(夫世里)에 읍성을 쌓아 거처하게 해야 할 것입니다"라고 건의하여 시행하도록 했다는 점이다.[50]

한편 1417년 다시 부가참(富家站, 부거)에 경원도호부를 두었다.[51] 그리고 태종은 조종의 옛터라고 하여 1417년 8월에 경원부를 공주에 다시 설치하기 위해 대호군 지함(池含)을 함길도도안무사 이지실(李之實)에게 보내어 임금의 명을 전했다.[52] 9월 조비형(曺備衡)을 경원등처병마사 겸 판경원도호부사로 삼아 보냈다.[53] 옛 경원의 성터를 수즙(修葺)하여 인민의 이주를 추진하려고 했으나 여의치 않았다.[54] 이러한 가운데 1417년에 경성의 두롱이현(豆籠耳峴) 이북의 땅을 떼어서 다시 도호부로 삼고, 부가참(부거)에다 목책을 세우고 치소로 삼았다.[55]

1422년 9월 올적합과 거을가합(巨乙加哈) 등이 군사 1백을 거느리고 경원부의 경계인 고랑기(高郞歧) · 아산(阿山)을 침입했으나 함길도병마도절제사 전시귀(田時貴)가 제때에 친히 응하지 않아 기회를 놓쳤으며,[56] 10월 본부

록』 권12, 세종 3년 5월 4일(을축);『세종실록』 권12, 세종 3년 5월 7일(무진).

50) 『세종실록』 권2, 세종 즉위년 11월 19일(을축).

51) 『신증』 권50, 함경도 경원도호부 건치역혁조.

52) 『태종실록』 권34, 태종 17년 8월 22일(을사).

53) 『태종실록』 권34, 태종 17년 9월 17일(기사).

54) 인민의 이주가 겨울이라 미루어지다가 유사불의 건의에 따라 고경원에 성을 수축하는 일도 중지되었다.『태종실록』 권34, 태종 17년 10월 11일(계사);『태종실록』 권35, 태종 18년 1월 13일(갑자).

55) 『세종실록지리지』 함길도 경원도호부 건치연혁조.

56) 『세종실록』 권17, 세종 4년 9월 24일(무인).

의 경계인 부회환(釜回還)에 침입한 적과 맞서 싸웠으나 공이 없었다.[57] 이로써 사람과 말이 많이 죽고 사로잡혀 갔다. 그럼에도 병마도절제사 전시귀는 그것을 숨기고 사실대로 보고하지 않았다. 전시귀는 패전의 책임을 추궁받고서 참형에 처해질 위기를 겨우 모면했다.[58] 이처럼 두 번에 걸친 올량합 등의 침략은 하경복의 벼슬살이에서 한 전환점이 되었다.

3) 세종의 신임과 북방 진무 활동

세종이 "우리나라의 우환은 북방에 있다"[59]라고 했듯이 조선 초기 북방의 진무는 대외적으로 중대한 관심사였다. 이러한 세종의 바깥 걱정거리를 덜어준 인물이 하경복이었다. 1422년(세종 4) 윤12월 조정에서는 급히 하경복을 함길도병마도절제사에 제수하여 올량합을 진무하도록 했다.[60] 병마도절제사에 제수된 하경복은 진주 사곡마을의 노모를 문안할 겨를도 없이 임지로 떠날 만큼 북방의 사정이 급박했다. 이때 하경복이 진에 부임하여 실시한 진무책은 아래 내용에서 잘 알 수 있다.

> (신이) 올량합에게 사람을 시켜 효유하기를 "너희들 있는 곳은 동쪽
> 으로는 큰 바다가 있고, 북쪽으로는 여러 종류의 올적합이 있는데, 만약

---

57) 『세종실록』 권18, 세종 4년 10월 2일(병술).

58) 『세종실록』 권19, 세종 5년 1월 24일(병오). 패전과 조정을 속인 죄로 전시귀는 참형에 처해 지게 되었는데, 경원 사람들이 申聞鼓로써 쉽사리 얻기 힘든 장수를 한 번의 패전으로 죽일 수 없다고 하여 한 등 감형시켜 固城으로 귀양 보내졌다. 『세종실록』 권21, 세종 5년 9월 13일 (신묘).

59) 『세종실록』 권55, 세종 14년 2월 10일(기해).

60) 『세종실록』 권18, 세종 4년 윤12월 26일(기묘).

우리의 인구와 가축을 돌려주지 아니하면, 내가 장차 나라에 알려서 농경시를 당하여 가서 쳐서 너희들의 농사를 해칠 것이며, 또 추수 때에 가서 쳐서 너희들 곡식을 해치면, 너희들은 장차 어디로 돌아갈 것이냐'라고 했다. 이에 저들이 모두 두려워하고 굴복하여 우리의 인구와 가축을 돌려보내고, 비록 죽은 마소라도 모두 찾아서 돌려보냈습니다. 지금 파저강(波猪江)의 올량합도 역시 이와 같습니다.[61]

위의 사실은 하경복이 1433년 2월 파저강야인(婆豬江野人)을 토벌할 계책과 접대 방식 등을 진술한 내용 가운데 일부이다. 이에 따르면 하경복은 병마도절제사로 길주에 부임한 후 올량합에게 효유하여 1422년 올량합에 의해 피로된 사람과 가축과 재물을 쉽게 돌려받았다. 물론 하경복의 북방 진무책은 단순히 효유하는 정도로 그친 것이 아니었다. 1423년 가을 하경복은 경원 싸움에서 자신이 혼자 먼저 나와 친히 시석(矢石)을 무릅쓰고 싸움으로써 여러 장교가 앞을 다투면서 힘써 싸워 적을 격파했다. 이러한 공로를 높이 산 세종은 1423년 12월에 함길도병마도절제사 하경복에게 우군도총제부의 도총제로 삼아 겸하도록 했다.[62]

세종은 "경이 북문을 수직하면서부터 국경을 방어하는 군정은 날마다 잘되어나가고, 간사한 도적들이 틈을 타고 나왔으나 여러 번 승전을 보고하였으니 변방의 백성이 매우 편하게 쉴 수 있게 되었다"고 했다. 또 세종은 글을 보내어 "경의 충의에 내가 중요하게 의지하는 바이다"라면서 진에 있은 지 거의 두 돌이 되어가므로 규례에 따라 당연히 체직되어 돌아와야 할 것이지만 바꿀 수 없다고 했다. 세종은 "인재가 어렵다는 것을 탄식한 것은 옛

---

61) 『세종실록』 권59, 세종 15년 2월 15일(기해).

62) 『세종실록』 권22, 세종 5년 12월 11일(무오); 『세종실록』 권26, 세종 6년 11월 29일(경자).

날부터 그러하였거니와, 장수의 임무를 어찌 경솔히 줄 수 있겠는가. 더구나 지금 군사는 경의 위엄과 은혜에 익숙하고 적도 경의 용감한 병략을 두려워하는 데다가 아무리 장수 될 만한 사람을 살펴도 경과 바꿀 만한 사람이 없다"면서 "옛날에 송나라 태조 때 변방에 주둔한 장수로 이한초(李漢超)·마인우(馬仁瑀) 같은 사람은 모두 그 직에 오래 있어 혹 수십 년이 되었어도 교대하지 아니하였다. 옛사람의 조처도 참으로 깊은 뜻이 있는 것이다. 경은 마땅히 나를 위하여 머물러서 장성(長城)이 되어 내가 북쪽을 염려하는 근심을 없애주도록 하라"고 당부하고 격려했다.[63]

세종은 1426년에도 하경복에게 글을 내려 "진에 가서는 인덕으로써 군사를 어루만져주고 위엄으로 적을 방어하여 간사한 도적들이 전쟁을 그만두고 변방의 백성이 편안하게 되니, 나는 은연중에 경을 장성과 같이 의지하게 되었도다. 그러나 어머니가 그대의 돌아옴을 기다리는 지극한 애정과 그대가 고향의 어머님을 사모하는 생각으로 벌써 5년이나 지났으니, 내가 어찌 잠깐 동안이나마 마음속에 잊을 때가 있겠는가. 이에 장수를 보내어 경의 임무를 대신하게 하고자 하여 여러 조정 신하에게 물어보았으나 실로 그 적임자가 드물다. 옛날 사람이 '전진(戰陣)에서 용맹이 없는 것은 효도가 아니다'라고 말했으니, 경이 변경에서 마음을 다하는 것이 또한 어찌 큰 효도가 아니리오. 또한 내가 경의 뜻을 살펴서 특별히 존휼(存恤)을 더하니 경도 마땅히 스스로 마음을 너그럽게 하여 나를 위해 충성을 바쳐주기 바라노라"고 했다.[64]

한편 세종은 1427년 3월에 이르러 그에게 내직의 겸직을 더 높여 정2품의 의정부참찬(議政府參贊)을 제수했으며, 1427년 12월에 하경복에게 북변이

---

63) 『세종실록』 권26, 세종 6년 11월 29일(경자).
64) 『세종실록』 권32, 세종 8년 6월 8일(경오).

만약 안정하다면 와서 모친을 보는 것이 옳겠다고 했다.[65] 그리하여 다음 해 1월에 함길도병마도절제사이자 의정부참찬인 하경복은 한성에 와서 세종을 만났다. 세종은 하경복이 진주로 돌아가 어머니를 문안하게 하고, 경상감사에게 그 어머니를 위로하는 잔치를 열어주도록 했다. 2월 하경복은 다시 임지 함경도로 돌아갔다.[66] 이러한 사실은 1428년 말에 이르러 북방이 크게 안정되었음을 말해준다.

세종은 1430년에 하경복에게 종1품 판좌군도총제부사(判左軍都摠制府事)를 제수하고 함길도도절제사의 직을 계속 수행하도록 했다.[67] 이에 하경복은 전(箋, 글)을 올려 판좌군도총제부사에 임명된 것을 치사했다.[68] 하경복에게 제수된 1품계는 훗날 공신이 남발되는 시대와 다른 의미가 있다. 세종조에는 관작이 매우 귀하여 1품계만 얻더라도 사람들이 영광으로 여겼으며, 관작으로써 사람들을 권장했을지라도 경솔하게 벼슬을 주지 않았기 때문이다.[69] 이 같은 점에서 본다면 하경복에게 병마도절제사를 수행하도록 하면서 내직인 의정부의 참찬과 좌군도총제부의 판사를 제수한 것은 매우 이례적인 것이다. 또한 세종은 하경복을 격려하기 위해 여러 번에 걸쳐 진주의 노모에게 존휼하고, 그의 아우 하경리(河敬履)를 진주 인근 아홉 고을의 수

65) 『세종실록』권35, 세종 9년 3월 20일(무신); 『세종실록』권38, 세종 9년 12월 20일(계유).

66) 『세종실록』권39, 세종 10년 1월 4일(정해); 『세종실록』권39, 세종 10년 1월 7일(경인); 『세종실록』권39, 세종 10년 2월 3일(을묘).

67) 『세종실록』권49, 세종 12년 7월 3일(신축); 『세종실록』권82, 세종 20년 8월 17일(기사).

68) 『세종실록』권49, 세종 12년 8월 2일(경오).

69) 1480년 11월 경연이 끝나자 掌令 丘致崑이 논공의 부적절함을 아뢰는 내용이 나온다. 이어서 구치곤은 "세조 末年에 이르러 관작이 외람되게 되니, 사람들이 비로소 이를 천하게 여겼습니다"라고 했다. 또 정창손은 세종이 일찍이 "우리나라에는 金銀과 玉帛이 없기 때문에 사람들을 권장할 수 있는 것은 관작뿐이다"라고 했지만 3품의 堂上官으로는 參議 6員과 僉摠制 7~8인만이 있었을 뿐으로 사람들에게 경솔히 벼슬을 주지 않았다고 했다. 『成宗實錄』卷113, 成宗 11年 1月 7日(戊子).

령으로 삼아 그가 하경복 대신 노모에게 효친하도록 조치를 다했다. 이러한 사실은 세종이 북방의 문제를 두고 하경복에게 크게 의지했음을 말해준다. 이는 다음의 전지(傳旨)에서도 알 수 있다.

1435년 8월 세종은 "함길도도절제사에게 야인 침략 시 무력을 남용하지 말고 백성을 보호하라"고 전지했다. 세종이 장수의 도리는 호전(好戰)보다 지중(持重)을 귀하게 여기는 것이라면서 평소 사졸들을 잘 먹이고 말타기와 활쏘기를 연습시키며, 변경 수비의 계책으로는 봉화를 단속하고 척후를 행하여 적이 올 때는 미리 먼저 백성을 거두어 보호하여 성을 굳게 지키고, 들판의 작물과 가옥을 모두 철거시켜 적이 침입해도 얻는 소득이 없도록 하는 것을 우선으로 해야 한다고 했다. 또 적군의 강하고 약한 것을 헤아리고 우리 군사의 많고 적은 것을 헤아려서 우리에게 만 번의 이길 형세가 있고, 저들에게 반드시 패전할 형상이 있다면 뛰어난 계책으로 적을 쳐서 한 수레도 돌아가지 못하게 해야 할 것이지만 국경을 넘어 무력을 남발하지 말라고 했다.[70] 세종은 하경복이 그러한 능력을 지녔다고 본 것이다.

전 행상호군 김신민(金新民)은 변방의 장수를 귀중히 할 것을 상언하면서 "대저 변장의 임무는 국체(國體)의 형세에 관계되고, 무리를 통솔하여 호령하는 것이니, 진실로 그 마땅한 사람이 어렵습니다. 반드시 위엄과 덕을 겸비하고 너그러움과 엄격함이 알맞아 사람들에게 신망이 있는 자라야 곧 감당할 수 있는 것입니다"라면서 최윤덕과 하경복은 모두 그러한 명장이라고 했다.[71] 하경복은 은혜와 위엄을 아울러 행하여 사졸들이 기꺼이 쓰이려고 했고, 여진족도 그를 두려워했다. 진실로 의가 아니면 비록 한 올의 터럭일지라도 결코 취하지 않았으므로 여진족이 더욱 그 청백함에 탄복했다고

---

70) 『세종실록』 권69, 세종 17년 8월 10일(기유).
71) 『세조실록』 권35, 세조 11년 3월 26일(계유).

한다.[72]

하경복이 북방의 진무에서 보여준 청백함은 가족들에게도 예외가 없었다. 그가 함길도에 있을 당시에 정경부인 진양정씨는 그의 녹봉을 밑천으로 하여 저택을 세웠다. 하경복이 내직으로 돌아와 보고서 못마땅하게 여겨 "나는 평생토록 초가집에 만족하고 있는 사람인데, 어찌하여 집을 이렇게 장대하게 세운단 말인가"라면서 곧 그 철거를 명했다. 이에 그의 아들과 사위 및 이웃들이 모두 헐지 말라고 간청한 뒤에야 비로소 중지한 일이 있었다.[73]

1431년 12월 성달생이 일찍이 함길도도절제사 하경복의 임무를 대신했는데, 사신을 접반하는 일로 인해 부임하지 못하고 있었다.[74] 드디어 다음 해 1월에 함길도도절제사 성달생이 사조(辭朝)하자, 임금이 인견하고 활과 화살을 하사했다.[75] 하경복은 1432년 3월에 가서야 실질적으로 북방 진무에서 벗어나게 되었다. 이로써 하경복은 15년의 북방 진무에서 내직으로 들어와 재상으로서 북방의 진무에 조력하게 되었다.

사론(史論)이 날카롭고 공정하기가 이를 데 없는 실록의 졸기에서조차 양정공 하경복의 북방 진무 15년의 공적과 인물됨에 대해 논하면서 한 점의 허물도 지적하지 않았다. 훗날 귤산(橘山) 이유원(李裕元, 1814~1888)은 변방의 방비에 대해 "정자가 '융적을 제어하는 방법은 수비를 근본으로 삼고 공격을 우선으로 삼지 않는다'라고 했다"라면서 양정공 하경복의 변경 진무를 맨 먼저 언급했다. 이유원은 "세종조에 함길도도절제사 하경복이 변경을 진무하자 야인들이 두려워하여 감히 가까이 오지 못하였다. 임금이 듣고 중히

72) 『세종실록』 권82, 세종 20년 8월 17일(기사).

73) 『세종실록』 권82, 세종 20년 8월 17일(기사).

74) 『세종실록』 권54, 세종 13년 12월 20일(신해).

75) 『세종실록』 권55, 세종 14년 1월 16일(병자).

여겨 그 임무를 오래 맡도록 하고 그의 어머니를 후하게 위로하며 사람을 보내 치서하여 포상하였다"라고 했다.[76]

귤산 이유원은 변방의 방비에 관해 정자의 말을 끌어들여 자신의 생각을 나타냈다. 이유원의 변방 방비책은 세종의 북방 진무책과 별반 다르지 않았다. 공주가 목조 이안사(李安社)의 삶터이므로 왕실의 입장에서 보면 태조 이후 경원진과 주변의 진 설치는 조종의 옛터에 대한 수복 차원이었다. 그러므로 세종에게 그것은 북방의 우환거리를 진무하는 것이지, 그들의 영역까지 빼앗자는 것이 아니었다. 하경복이 함길도도절제사로서 북방을 진무한 10년은 세종에게 아무런 우환거리를 남기지 않은 기간이었다. 하경복이 함길도도절제사로서 10년 내리 북방을 진무한 것은 세종만이 아니라 후대에도 언급되는 매우 이례적인 일이었다.[77] 결국 하경복의 북방 진무와 진무책은 세종의 절대적인 신임에서 나온 것이었다.

1432년(세종 14) 2월 세종은 근래 10여 년 야인이 우리 변경을 침략하지 못한 것은 하경복 등이 싸움에 이겼기 때문이라고 말하면서 연대를 높이 쌓아 방어물로 삼아 지키고 신포(信砲)·소화포(小火砲) 등을 미리 준비하여 만약의 침략에 대비하도록 했다.[78] 3월 숙위와 경비를 맡았던 삼군도총제부가

76) 『林下筆記』卷10, 典謨編 備邊條. 이유원의 하경복에 대한 평가 내용 가운데 앞 절은 세종 8년 6월 8일조의 내용을 그대로 인용한 것이고, 뒤 절은 그것을 간추린 것이다(『세종실록』 권32, 세종 8년 6월 8일(경오) 참고).

77) 사헌부에서 "永安道는 重鎭이므로 세종께서 河敬復 같은 望重의 대신을 택하여 절도사로 제수하고 10년이 되도록 소환하지 않았다"라고 上箚하였다.(『연산군일기』 권26, 연산 3년 8월 29일(무술)) 한편 김종서는 햇수로 6년 동안 함길도도절제사의 직을 수행한 것에 지나지 않는다. 1433년 12월 좌승지 김종서를 咸吉道都觀察使로 삼았는데,(『세종실록』 권62, 세종 15년 12월 9일(무오); 『세종실록』 권62, 세종 15년 12월 18일(정묘)) 1435년 3월에 咸吉道都節制使로 옮겨 제수되었으며,(『세종실록』 권67, 세종 17년 3월 27일(기해)) 1440년 12월 형조판서에 제수되었다.(『세종실록』 권91, 세종 22년 12월 3일(임신)) 김종서는 병마도절제사로서 5년 9개월 정도 북방 개척과 진무에 주력했다.

78) 『世宗實錄』 卷55, 世宗 14年 2月 10日(己亥).

혁파되고 중추원이 다시 부설되었다.[79] 이때 하경복은 판중추원사에 제수되었다.[80] 세종은 수비를 강화하는 한편으로 목조 이안사의 활동지인 공주 등을 수복하려는 적극적인 의지를 드러내기 시작했다. 하경복은 세종의 의지를 실현하는 데 판원사로서, 찬성사로서 적지 않은 역할을 했다.

1432년 6월 병조에서 석막상평(石幕上平, 부령)에 석성을 축조하여 명칭을 '영북진(寧北鎭)'이라 했다. 경성군을 옮겨와 '경성도호부(鏡城都護府)'라 하고 북방 경략의 거점으로 삼았다.[81] 1433년 2월 임금이 장차 파저강야인(婆猪江野人)을 토벌하려는 계획의 일환으로 비밀히 의정부·육조·삼군 도진무 등에게 파저강야인에 대한 토벌할 계책과 접대 방식 등을 물었다. 앞에서 언급했듯이 그때 삼군 도진무로서 참석한 하경복은 함길도도절제사로 처음 부임하여 회유하고 다음 해 토벌한 경험을 진술했다.[82]

위와 같이 전략상 전환이 이루어지던 1433년 11월 세종은 석막상평의 영북진을 알목하(斡木河)[83]에 옮기고, 부가참의 경원부를 소다로(蘇多老, 고경원 동쪽)에 옮겨서 옛 영토를 회복하여 조종의 뜻을 잇고자 한다고 했다. 이에 따라 1433년 12월에 판원사 하경복은 함길도도체찰사로서 참판 심도원(沈道源) 등과 함께 임금이 내린 경원·영북진을 이설할 사목을 지니고 함길도로 갔으며, 1434년 2월에 함길도관찰사 김종서는 도체찰사 하경복, 부사 심

79) 판중추원사 3인을 두어 종1품으로 하고, 院使·知院事 각 3인을 두어 정2품, 동지원사 6인, 부사 8인을 두어 모두 종2품, 僉知院使 6인을 두어 정3품 이상으로 하며, 祿官·首領官·經歷 1인씩을 두어 정4품, 都事 1인을 두어 정5품으로 했다. 『세종실록』 권55, 세종 14년 3월 16일 (을해).

80) 『세종실록』 권55, 세종 14년 3월 18일(정축).

81) 『세종실록』 권56, 세종 14년 6월 14일(신축).

82) 『세종실록』 권59, 세종 15년 2월 15일(기해).

83) 본래 고려의 땅이었다. 속칭 '吾音會'라 하는데, 胡言으로는 斡木河이다(『세종실록지리지』 함길도 회령도호부 건치연혁조). 한편 알목하는 '阿木河'라고도 지칭했다. 상호군 朴楣가 阿木河에 진을 설치하자는 주장에 나온다. 『세종실록』 권2, 세종 즉위년 11월 19일(을축).

도원, 병마절제사 성달생, 경원절제사 송호미(宋虎美), 영북진절제사 이징옥(李澄玉) 등과 같이 경원·영북진 두 곳의 성터를 깊이 조사한 결과를 보고했다.[84] 이에 따라 애초 부가참에서 소다로로 옮기려던 경원부는 1434년 회질가(會叱家, 지금의 경원)에 이설했으며,[85] 애초 오음회로 옮기려던 석막상평의 영북진은 1434년 봄 백안수소(伯顏愁所, 종성 행영)에 이설했다.[86]

또한 찬성사[87] 하경복은 종성군(종성 행영) 설치와 공성현(경흥) 설치를 주장했다. 하경복이 조목별 헌의(獻議)한 내용은 따로 전하지 않으나 1435년 7월 함길도의 도관찰사 정흠지와 도절제사 김종서가 찬성사 하경복의 헌의에 따라 조목별로 아뢴 내용을 통해 그 주요한 사실을 알 수 있다.[88] 특히 하경복은 영북진 부근 각 동리의 4백 호를 분할하여 붙여 군을 만들어서 첨절제사로 지군사(知郡事)를 겸하게 하고, 공주 부근의 각 동리의 3백 호를 분할하여 붙여 현으로 만들어 첨절제사로 지현사(知縣事)를 겸하게 하도록 하자고 했다. 이 주장에 대해 두 사람이 찬동함으로써 실현되었다. 이에 따라 1435년 영북진에 종성군을 설치하여 진절제사로서 지군사를 겸하게 했으며, 같은 해 경원도호부에서 공주 부근의 인호와 땅을 분리하여 공성현으로 일컫고 첨절제사로서 지현사를 겸하게 했다.[89]

끝으로 하경복의 파직 건과 관련해서 언급하겠다. 1435년 기근으로 인

---

84) 『세종실록』권62, 세종 15년 11월 19일(무술); 『세종실록』권62, 세종 15년 12월 12일(신유); 『세종실록』권63, 세종 16년 2월 14일(임술).

85) 『세종실록지리지』함길도 경흥도호부 건치연혁조. 경원도호부 치소의 1428년 이전설(『신증』권50, 咸鏡道 慶源都護府 建置沿革條)은 앞의 사실에 비추어보아 오류이다.

86) 『세종실록지리지』함길도 종성도호부 건치연혁조.

87) 1435년 2월 찬성사에 제수되었다. 『세종실록』권67, 세종 17년 2월 1일(계묘).

88) 『세종실록』권68, 세종 17년 6월 5일(을사).

89) 『세종실록』권69, 세종 17년 7월 19일(무자); 『세종실록지리지』함길도 경흥도호부 건치연혁조.

해 함길도 회령·종성 등지의 인민이 역질에 걸려 죽은 자가 매우 많았다. 도순무사 심도원이 임금의 명을 받아 조사하여 보고한 결과는 죽은 사람이 9백여 인이었다. 그런데 그곳으로 간 찬성사 하경복은 세종에게 "역질로 죽은 사람이 반이 넘습니다"라고 알렸다. 세종은 "그 지경에 인민이 본래 8만여 명인데, 만약 반이 넘게 죽었다면 4만여 명에 내려가지 않을 것이다. 경복의 말이 비록 다 참말은 아니라 하더라도, 또한 다 거짓말은 아닐 것이다"라고 그 심각함에 동의했다. 세종은 앞서 병마도절제사 김종서와 도관찰사 정흠지가 역질로 죽은 자가 그다지 많지 않다는 것에 대해 실상을 제대로 보고하지 않은 것으로 여겼다.[90]

세종은 다시 추문하여 역질로 죽은 사람의 수효를 헤아려서 그 심각한 실상을 파악하고자 했다. 1436년 5월 함길도 경차관으로 파견된 조수량(趙遂良)은 "새로 설치한 4진의 인민으로서 죽은 자가 3천 2백여 명입니다"라고 보고했다. 이에 임금은 중추원 판사 하경복이 전날에 아린 것이 거짓이라고 하여 파직시켰다. 사헌부에서는 하경복에 대해 실상에 없는 말을 꾸며대서 인심을 혹란(惑亂)하게 하고, 임금의 총명함을 몽롱하게 했다는 죄목으로 파직만이 아니라 법으로 처치할 것이며, 또 판경원부사 송희미, 판회령부사 이징옥, 도관찰사 정흠지, 도절제사 김종서 등에 대해 역질로 인한 사망자를 실상대로 보고하지 않은 기망한 죄가 중대하므로 율에 의해 죄를 줄 것을 청했다.[91]

세종은 김종서에 대한 문책을 논의하게 하면서 "예부터 변경의 장수가 된 자로서 끝까지 허물이 없는 자는 드물었다. 한나라 조충국(趙充國)과 당나라 이정(李靖)이 모두 유명한 장수였으나 마침내 허물을 면치 못했고, 또 고

---

90) 『세종실록』 권71, 세종 18년 1월 15일(신사). 그런데 그해 5월 사헌부의 啓에서는 하경복이 疫疾로 죽은 자가 만 명이나 된다고 했다고 나온다. 『세종실록』 권71, 세종 18년 5월 13일(무인).

91) 『세종실록』 권71, 세종 18년 5월 9일(갑술); 『세종실록』 권71, 세종 18년 5월 13일(무인).

려 때의 윤관도 변경에서 공을 세웠으나 마침내 물의를 일으켰으며, 우리 조정에 와서도 최윤덕·성달생·하경복 등이 모두 변방 일을 맡았으나 종국에 가서는 허물이 있었는데 내가 모두 석방하고 불문에 부친바, 이것은 다름 아니라 변장을 중하게 대우하여 전적으로 위임한 때문이었다"라고 했다.[92]

세종의 언급처럼 조선 초기 북방 진무에 주력했던 인물 가운데 한 명도 빠짐없이 허물을 뒤집어썼다. 다만 하경복의 파직과 관련한 사실을 종합하면 그는 북방 진무와 직접적인 관계가 없는 함경도 인민이 굶어 죽은 일과 관련된 것이었다. 1435년 9월 찬성사 하경복이 함길도의 도순검사(都巡檢使)로서 그곳에 간 목적은 야인을 방비하고, 또 군기를 점검하기 위한 것이었다.[93] 그러한 과정에서 그해 함길도 지역의 기근으로 인한 역질의 대유행과 심각한 상황을 추상적으로 알린 것일 뿐 그 실상을 추문하여 수효를 파악하고 보고하는 데 있지 않았다.

그런데 세종은 하경복의 보고로 인해 함길도 역질의 심각한 상황을 크게 깨닫게 되었으며, 병마도절제사 김종서와 도관찰사 정흠지가 그 실상대로 보고하지 않은 사실도 알게 되었다. 그래서 세종은 경차관을 그곳으로 보내어 정확하게 조사하고자 했다. 그러한 상황 전개 과정에 대한 이해를 생략한 채 사헌부에서는 하경복에게 죄주기를 청했던 것이다. 세종 스스로도 하경복을 파직한 것은 실로 그에게 죄가 있어서 그런 것이 아니라고 했다. 1436년 5월 세종은 하경복에게 고향으로 돌아가 어머니를 봉양하도록

---

92) 『세종실록』 권90, 세종 22년 7월 5일(을사).

93) 『세종실록』 권69, 세종 17년 9월 4일(임신). 의정부 찬성사로서 함길도의 도순검사에 임명되어 길을 떠난 지(『세종실록』 권69, 세종 17년 9월 6일(갑술)) 이틀 후 8일 다시 중추원 판사에 임명되었다.(『세종실록』 권69, 세종 17년 9월 8일(병자)) 그런데 세종은 다음 해 1월에 '지금 찬성사 하경복'이라 칭하기도 했다.(『세종실록』 권71, 세종 18년 1월 15일(신사)) 이는 실상을 말한 것이 아니다.

했다. 세종은 얼마 지나지 않은 12월 그를 경상우도의 병마도절제사(兵馬都節制使)에 제수하여 연로한 어머니를 가까이서 봉양할 수 있게 했다. 그는 직임을 수행하다가 1438년 8월에 합포 진중에서 세상을 떠났다.[94]

4) 맺음말

하경복은 1377년 진주 사곡마을에서 태어나 15살 무렵에 진주향교에서 공부하고, 1402년(태종 2) 26세 때 무과에 급제하여 벼슬살이에 나아갔다. 그는 종3품 사복시부정(司僕寺副正)으로서 1407년 9월부터 다음 해 4월에 걸쳐 하정사의 사복관(司僕官)으로서 북경을 다녀왔다. 1410년 중시(重試) 무과에 급제하여 첨총제에 초수(超授)되었다. 경원병마사 곽승우(郭承祐)가 패전하자, 길주도조전지병마사(吉州道助戰知兵馬使)로서 처음으로 북방의 진무에 나서게 되었다. 곧이어 곽승우를 대신해서 경원병마사에 제수되었으나 조정에서 고경원(古慶源)을 포기하면서 소환되었다. 1412년 2월 하경복은 경성등처병마절제사(鏡城等處兵馬節制使)에 제수되었으며, 1414년 2월에 그 임기를 채우고 체임되었다. 그는 공로를 인정받아 종2품의 동지총제로 승진하여 마침내 재상의 반열에 올랐다. 하경복은 1417년 5월부터 1418년 4월까지 총제, 1418년(태종 18) 5월부터 8월까지 좌우군의 동지총제로서 활동했다.

1410년 이래 목조(穆祖) 이안사(李安社)의 터전이었던 옛 경원을 비워둔 채 경성도호부를 북방 진무의 거점으로 삼았다. 태종은 1417년에 경원도호부의 치소를 부가참(富家站)에 두었으며, 세종은 조종의 옛 터전을 수복하려

---

94) 『세종실록』 권72, 세종 18년 5월 16일(신사); 『세종실록』 권72, 세종 18년 5월 24일(기축); 『세종실록』 권75, 세종 18년 12월 27일(무자). 한편 졸기에서 '慶尙道都節制使'라고 했지만 '경상우도병마절제사'가 정확하다. 『세종실록』 권82, 세종 20년 8월 17일(기사).

는 목적에서 공주의 옛 성터를 수즙하는 등 적극적인 북방 진무책에 나섰다. 이러한 때에 올량합 등이 1422년 9월과 10월 두 번에 걸쳐 침략하여 사람과 가축 및 물자를 약탈해갔다. 이에 세종은 하경복에게 함길도병마도절제사를 제수하여 북방을 진무하도록 했다. 세종은 차츰 하경복을 신임하여 10년 내리 함길도병마도절제사(咸吉道兵馬都節制使)를 교체하지 않고 그에게 북방 진무를 일임했다. 세종은 1424년에는 하경복에게 "마땅히 나를 위하여 머물러서 장성(長城)이 되어 내가 북쪽을 염려하는 근심을 없애주도록 하라"고 했다. 이런 세종이 1426년에 이르러 하경복을 장성처럼 의지하게 되었다고 했다. 이는 하경복이 함길도병마도절제사로서 북방을 크게 안정시킨 사실을 의미한다.

　하경복은 함길도병마도절제사로서 대여진 관계에서 효유와 전쟁을 아울러 쓰면서 북방을 급격히 안정시켰다. 비록 하경복이 거둔 세세한 승전 기록은 일일이 확인할 수 없지만, 그의 군사적 업적은 세종이 조종의 옛터에 대한 수복의 의지를 다질 수 있었던 토대였다. 그는 내직으로 돌아와 의정부찬성사(議政府贊成事)나 판중추원사(判中樞院事)로서 '진서(陣書)'의 편찬과 6진의 수복과 개척에도 크게 기여했다. 종성군과 공성현 설치 등의 측면에서 보면 그는 6진이 군진에서 행정 치소로 전환하는 데도 기여했다. 세종의 하경복에 대한 신임은 그가 보여준 삶의 태도에 기인한다. 북방 진무를 통해 알 수 있는 그의 삶은 북방을 책임지는 자리에 있으면서 관후하고, 은혜와 위엄이 아울러 드러나며, 인자하여 오랫동안 곤궁한 곳에 거처할 수 있었을 뿐만 아니라 청백함으로 일관했다. 이러한 삶의 태도는 휘하의 절제사와 변경 지방의 사람만이 아니라 여진족에게도 마찬가지였다. 또한 가족들에게도 예외가 없었다. 이는 그의 벼슬살이 동안 정치적 사건이나 직임과 관련하여 문책을 받은 적이 거의 없었던 근본 원인이다. 또한 그것은 『세종실록』의 졸기에서 그를 매우 긍정적으로 평가한 주요한 이유이기도 하다.

진주지역의
사족 가문과
사회 변화

1. 여말선초 진양하씨 시랑공파 가문과 세거지 변화

1) 머리말

진주지역은 여말선초의 사회변동을 겪으면서 사족의 구성과 주내(州內)를 비롯한 리방(里坊)에도 적지 않은 변화가 일어났다. 이와 관련하여 주목되는 자료가 「봉명루기」에 보이는 당남리(幢南里)이다. 그런데 당남리는 여말선초 진주 주내의 한 리방이었으나 이후 어느 자료에도 더 이상 나오지 않는다. 그렇다고 해서 주내 당남리가 진주의 향촌사회를 파악하는 데 의미가 없는 게 아니다. 당남리 거주 진양하씨 시랑공파의 세거지 변화 양상은 여말선초 진주 촌락사회의 변동을 논하는 데 한 실마리가 될 수 있기 때문이다.

여말선초 진주지역 사족들의 세거지 변화는 고려 후기 이래 정치·사회·경제적 변화를 겪으면서 경험했던 인적 네트워크와 의식 구조 및 농업 생산력의 발전 등과 밀접한 관련이 있다. 이 글에서는 여말선초 진주지역 향촌사회의 변동을 당남리 거주 진양하씨 시랑공파 하거원을 중심으로 한 가문의 성장을 통해 검토하겠다. 이로써 당남리에 세거하던 진양하씨 시랑공파 가문이 진주목 서면 이하리(籬下里) 사곡(士谷), 주내 몽화리(蒙化里), 사죽리(沙竹里) 동곡(桐谷) 등지로 이주하는 배경을 이해할 수 있을 것이다. 하거원 가계의 사곡 이주는 진주목 서면 지역에 서류부가혼(婿留婦家婚)에 따른 새로운 사족 가문의 유입을 초래했다.

그런데 여말선초 진주지역의 사회 변화에 관련된 인물 연구는 호정 하륜을 제외하면 단편적인 언급에 지나지 않는다. 그러므로 고려 말기 진주지역 재지세력의 정치·사회적 성장의 실태를 오해할 여지를 남겼다. 예컨대

『세종실록』의 하경복 졸년 기사에 선대에 관한 언급이 없음을 근거로 하여 하경복의 가문이 여말선초에 중앙에 진출한 것으로 보았던 연구이다.[1] 이는 하경복의 직계 가계나 진양하씨 시랑공파 가문의 중앙 진출 사실에 대한 연구의 미흡에서 비롯했다.

이 글은 하경복의 직계 가계를 포함한 시랑공파 가문의 정치 · 사회적 성장과 세거지 변화를 통해 여말선초 진주지역의 사회변동을 이해하려는 것과 관련이 있다. 2절에서는 시랑공파 가문과 하탁회를 검토하고, 3절에서는 하거원 가계의 성장을 하을지를 중심으로 검토하겠다. 4절에서는 진양하씨 시랑공파 가문의 세거지로 추정되는 당남리를 중심으로 검토하겠다. 5절에서는 시랑공파 가문 내의 분화에 따른 하거원 가계의 사곡 이주와 그 의미에 대해 규명하려 한다.

2) 가문의 성장과 하탁회

진양하씨는 시랑공파 파시조 하공진을 통해 알 수 있듯이 고려 초 이래 재경관인과 재지세력으로 분화되었다.[2] 하공진의 아들 하칙충(河則忠)[3]과 하공진의 현손으로 언급되고 있는 하준(河濬)[4]은 하공진의 후손 가운데 재경관인화한 가문에 속하는 인물로 생각된다.

---

1) 李東熙,「朝鮮初期 官人層 研究 – 高麗와 朝鮮 支配勢力間의 관계 규명의 일환으로 –」,『國史館論叢』72, 1996, 37쪽.
2) 李樹健,『韓國中世社會史研究』, 一潮閣, 1984, 310쪽.
3) 『고려사』권94, 열전 河拱辰傳.
4) 『고려사』권13, 세가 예종 4년 3월조;『고려사』권13, 세가 예종 5년 9월조.

하시원(河恃源)과 하거원(河巨原) 형제의 직계인 고종 때의 하탁회(河卓回)가 하준과 부자 관계인지는 알 수 없다. 또한 그들 시랑공파 가문이 재경관인 가문에서 갈라져나왔을 테지만 그 시기가 하탁회 때인지, 아니면 그 이전인지를 판별할 수 없다. 하탁회는 시랑공파의 정치·사회적 성장에서 주목해야 할 인물이다. 이는 하륜이 언급한 다음의 내용에서 짐작할 수 있다.

> 사문박사공(四門博士公)이 고왕(高王)의 조정에 벼슬하였는데, 당시에 바야흐로 난리가 많으므로 어버이의 늙음을 빙자하여 벼슬을 내놓고 시골로 돌아가 그 아들과 손자를 가르쳤으며, 아들과 손자가 연이어 과거에 올랐다. 그 계손(季孫)의 증손은 우리 증조인 진원군공(晉原君公)이요, 그 중손(仲孫)의 증손은 헌납군의 증조인 천남처사공(川南處士公)이다. 대대로 한 고을에 살며 아침저녁으로 왕래하고 출입할 때 서로 기다리고, 환란이 있으면 서로 구원하며, 농사짓고 글 읽는 즐거움을 같이하고, 명절 때 어울려 놀며 친애의 돈독함이 촌수가 멀다 해도 조금도 줄어들지 않았다.[5]

위의 내용은 하륜이 종형(宗兄) 하득부(河得孚, 1338~?)의 시권(詩卷) 서문으로 지어준 것의 일부로 시랑공파 가문의 성장과 계보 및 분화를 짐작할 수 있는 중요한 자료이다. 위의 자료에 의하면 하탁회는 고종 때 사문박사로서 벼슬살이하다가 몽골의 침략이 빈번하자 어버이의 늙음을 빙자하여 벼슬살이를 그만두고 낙향한 인물이다.

하탁회는 고종조에 과거에 급제한 사실만 밝혀져 있을 뿐 그 시기를 알 수 없다. 『등과록전편』에 의하면 1258년(고종 45) 6월 무오방(戊午榜) 다음에는

---

5) 『동문선』 권93, 서「贈宗兄獻納君詩序[河崙]」.

고종 때 과거에 급제했지만 정확한 시기가 알려져 있지 않은 하탁회를 비롯한 장일(張鎰, 1201~1276)과 김구(金坵, 1211~1278) 등 12명을 추기해놓았다. 실제로 그 추기된 인물들이 고종 때 급제한 사실은 관찬 사서와 묘지명 및 최해(崔瀣, 1288~1340)의 시선집을 통해 확인할 수 있으며, 하탁회도 앞의 자료를 통해 추정할 수 있다. 하지만 그들의 급제 시기는 12명 중 절반 정도만 확인된다.

묘지명에 급제 시기가 밝혀져 있는 김구는 1232년(고종 19) 과거에 급제했다.[6] 최해의 시선집인 『동인지문오칠』에는 관련 인물들의 간략한 전기인 소전(小傳)이 편성되어 있다. 『등과록전편』의 추기된 명단 순서대로 살펴보면 백문절(白文節, 1217~1282)은 1238년(고종 25) 무술방(戊戌榜)에 장원한 지순(池珣),[7] 박항(朴恒, 1227~1281)은 1248년(고종 35) 무신방(戊申榜)에 장원한 김균(金鈞), 주열(朱悅, ?~1287)은 1241년(고종 28) 신축방(辛丑榜)에 장원한 최종균(崔宗均), 유천우(兪千遇, ?~1276)는 1232년(고종 19) 임진방(壬辰榜)에 장원한 문진(文振), 장일은 1228년(고종 15) 무자방(戊子榜)에 장원한 이돈(李敦)과 동방급제(同榜及第)했다.[8]

나머지 6명 중 송언기(宋彦琦, 1204~1246), 최온(崔昷, ?~1268), 최옹(崔雍, ?~1292), 최수황(崔守璜, ?~1301), 이주(李湊, ?~1278) 등 5명은 『고려사』 열전에 입

---

6)　許興植 編著, 『韓國金石全文』(中世下), 亞細亞文化社, 1984, 1050-1053쪽.

7)　지순은 1238년 과거에 장원 급제했다(『고려사절요』 권16, 고종 25년 윤4월조; 『고려사』 권23, 고종 25년 윤4월조; 『고려사』 권73, 선거지1 선장 고종 25년 4월조). 따라서 백문절이 "충헌왕(忠憲王, 고종) 임술년(1262, 원종 3) 과거에 장원한 지순과 함께 합격했다"(『東人之文五七』 卷8, 白文節小傳 「白司成文節五首」)는 그의 소전 기록은 오류이다.

8)　『東人之文五七』 卷8, 朴恒小傳 「朴贊成恒一首」; 『고려사』 권73, 선거지1 선장 고종 35년 3월조; 『東人之文五七』 卷8, 朱悅小傳 「朱知府悅一首」; 『고려사』 권73, 선거지1 선장 고종 28년 4월조; 『東人之文五七』 卷8, 兪千遇小傳 「兪贊成千遇一首」; 『고려사』 권73, 선거지1 선장 고종 19년 5월조; 『東人之文五七』 卷8, 張鎰小傳 「張參理鎰二首」; 『고려사』 권73, 선거지1 선장 고종 15년 3월조.

전(立傳)될 정도로 정치적 비중이 적지 않은 인물들이다.[9] 이 가운데 이주는 원정공 하즙의 처조부인 이존비(李尊庇, 1233~1287)의 처부이다.[10] 하지만 그들의 과거 급제 시기는 고종 때라고 했을 뿐 구체적인 연도가 나오지 않는다. 따라서 하탁회는 12명 가운데 관찬 사서나 당대의 문집 및 묘지명 등에 행적이 기록되지 않은 유일한 인물이다. 이는 하탁회가 벼슬살이하는 중에 일찍이 그만두고 낙향했던 것과 무관하지 않을 것이다.

그러면 거기에 추가로 등재된 인물의 급제와 활동 연대는 하탁회의 급제 시기를 추정할 방증 자료가 될 수 있을까. 그런데 그 추기 순서를 통해 하탁회의 과거 급제 시기를 추정할 수 없다. 앞의 언급 사실에서 알 수 있듯이 추기 순서에는 생몰년과 과거 급제 시기 등을 비롯한 어떤 원칙이 있었던 것으로 보이지 않기 때문이다.

앞에 언급한 자료에 의하면 하탁회가 벼슬살이를 그만두고 낙향한 것은 몽골의 침입과 관련이 있었다. 1231년(고종 19) 8월 살리타이가 함신진(咸新鎭)을 포위하고 철주(鐵州)를 도륙함으로써 시작된 몽골 침입은 1254년(고종 41)까지 모두 6회에 걸쳐 있었는데,[11] 1232년과 1235년 몽골 침입 이후 1239년 봄까지 전국 각지를 휩쓸고 개경에 주둔했으며, 4월에 철수한 후 1246년까지 큰 전쟁은 없었다. 그렇다면 하탁회가 많은 난리로 인해 벼슬살이를 그만두고 낙향한 시기는 1230년대 전반의 몽골 침입 때일 것으로 추정된다. 아마도 그는 몽골 침입을 앞둔 1232년 6월에 강화도로 천도하는 등 일련의 과정에서 낙향했을 것이다. 따라서 그가 과거에 급제한 시기는

---

9) 『고려사』 권102, 열전 송언기전; 『고려사』 권99, 열전 최온전; 『고려사』 권99, 열전 최옹전; 『고려사』 권106, 열전 최수황전; 『고려사』 권106, 열전 이주전.

10) 許興植, 『韓國金石全文』(中世下), 亞細亞文化社, 1984, 1057-1060쪽; 김용선, 『역주 고려묘지명집성』(하), 한림대학교 아시아문화연구소, 2001, 643-646쪽.

11) 『고려사』 권23, 세가 고종 18년 8월 29일(임오); 『고려사절요』 권16, 고종조; 장동익, 『高麗時代 對外關係史 綜合年表』, 동북아역사재단, 2009, 174-184쪽.

그보다 10여 년 앞선 시기일 것이다.

한편 앞의 자료에 의하면 하득부와 하륜은 하탁회의 8대손으로서 14촌간이다. 그들의 생년이 각각 1338년과 1347년이라는 점에서 본다면 하탁회는 빠르면 1160년대 후반, 늦어도 1170년대 전반에 태어났을 것이다. 그렇다면 그의 과거 급제 시기는 고종 때 실시된 모두 27회의 과거[12] 가운데 상당히 이른 시기일 것으로 추정된다. 따라서 하탁회는 1210년대 과거에 급제하여 벼슬살이에 나아가 국자감의 정8품 사문박사[13]에 올랐던 것으로 추정된다.

하탁회는 네 명의 손자를 두었으며, 막내 손자 하남수를 제외하면 이름조차 전해지지 않는다. 앞의 자료에 의하면 둘째 손자가 하득부의 6대조이며, 막내 손자 하남수가 하륜의 6대조이자 하경복의 7대조이다. 따라서 하득부의 증조부 천남처사(川南處士)와 하륜의 증조부 진원군 하식(河湜)은 삼종간이며, 하륜과 하득부는 14촌간이다. 하륜은 하득부가 같은 항렬의 9세 연장이므로 그를 종형(宗兄)이라고 칭했다. 비록 그들은 사종(四從)의 범위를 벗어난 사이였지만 두 집안은 진주 주내에 세거하면서 어려울 때 서로 도와주거나 세시를 함께 보내는 등 친애하는 도타움이 촌수가 멀어도 조금도 줄어들지 않았으며, 아침저녁으로 서로 왕래할 정도로 이웃에 거주하고 있었다. 그러므로 하득부와 하륜 사이에는 시랑공파 가문으로서 동조(同祖) 의식을 공유하고 있었으며, 그들은 모두 주내의 당남리에 세거했던 것으로 보인다.

하륜의 6대조이자 하경복의 7대조인 하남수(河南秀)와 실명(失名)인 그의 둘째 형의 자손들은 13세기 후반에 분화하여 가계를 달리했던 것으로 보인다. 그렇지만 하득부와 하륜은 서로 이웃하여 세거하면서 동조(同祖)의 자손

---

12) 고종 재위 47년 동안 과거는 1214년(고종 1)부터 1258년(고종 45)까지 모두 27회에 걸쳐 실시되었다(『고려사』 권73, 선거지1 選場 高宗條 참고).

13) 『고려사』 권76, 백관지1 成均館條.

임을 서로 간에 공유하고 있었다. 하득부는 1377년 과거에 급제하여 여말 선초에 성균관 박사와 군수 등을 지내고 1407년에 사간원헌납으로 임명되어 활동했던 인물이다. 하륜은 1365년 과거에 급제하여 고려 말에 전리판서 · 밀직제학 · 첨서밀직사사 등을 지냈다.

위와 같이 시랑공파 가문은 하식의 증조인 하남수와 그의 백형(伯兄) · 중형(仲兄) · 숙형(叔兄) 4형제로부터 가계가 분화되었으며, 하시원과 하거원 형제로부터 다시 가문이 분화한 것으로 보인다. 아래 가계도는 진원군 하식을 중심으로 한 시랑공파 가계도이다.[14]

〈가계도 1〉 진양하씨 시랑공파 하식 가계

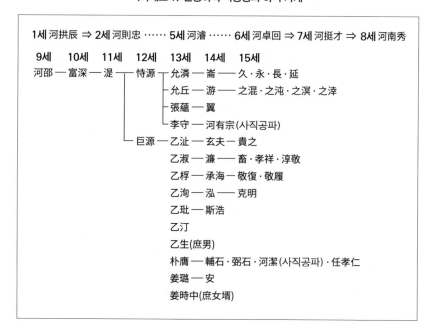

---

14) 가계도는 다음 자료 등을 참고하여 정리한 것이다. 『浩亭集(初刊本)』卷3, 附錄 「碑陰[知製教朴熙中撰]」; 『동문선』 권121, 비명 「진양부원군하공신도비명 병서[변계량]」; 『동문선』 권129, 묘지명 「문충하공묘지명 병서[윤회]」. 다만 앞에 언급한 하공진의 현손인 하준과 하탁회가 반

앞의 자료에 의하면 하탁회는 아들과 손자를 가르쳐서 아들 하정재와 손자 하남수가 연이어 과거에 올랐다. 하탁회의 손자는 모두 4형제였는데, 하경복의 7대조 하남수는 4형제의 막내였다. 하남수의 4형제에 대해서는 하득부가 하탁회의 둘째 손자 계열이고, 하륜이 막내 계열이라는 정도 이상의 논의를 진행할 수 있는 근거 자료가 전하지 않는다.

하경복의 5대조 하부심(河富深)은 급제했으나 은거하여 벼슬살이하지 않았으며, 고조부 하식은 징사랑 선관서승(膳官署丞)을 지냈다.[15] 하식은 증손 하륜이 귀하게 되어 보국숭록대부 판사평부사(判司平府事) 진원군(晉原君)으로 추증되었다.[16] 하식의 장자 하시원의 몰년인 1360년과 차자 하거원의 생년인 1301년을 아울러 고려하면 하식의 활동 연대는 1350년대 이전일 것이다. 또한 1308년 대관서를 선관서로, 1356년에 다시 대관서로 바꾸었다. 하식은 그사이에 선관서의 종8품 승을 지냈다. 다만 징사랑은 1362년 이후에 해당하는 문산계이다.[17]

시랑공파 하식의 두 아들 하시원과 하거원 형제가 활동한 연대는 1300년대 초·중반일 것으로 추측된다. 하시원이 1360년에 세상을 떠났으며, 하거원이 1301년에 태어나 76세에 득남할 때 벼슬을 그만두고 진주에 있었기 때문이다.[18]

하식의 장남 하시원은 식목도감녹사(式目都監錄事)를 지냈다. 그는 승봉랑 풍저창부사(豊儲倉副使) 정균(鄭均)의 딸 사이에 두 아들 하윤린과 하윤구,

---

드시 부자 관계라는 의미는 아니고, 계보상으로 추정한 데 지나지 않는다.

15) 『동문선』 권129, 묘지명 「文忠河公墓誌銘 幷序[尹淮]」.

16) 『동문선』 권121, 碑銘 「晉陽府院君河公神道碑銘 幷序[卞季良]」; 『春亭集』 卷12, 「晉陽府院君河公神道碑銘 幷序」.

17) 『고려사』 권76, 백관지2 膳官署條; 『고려사』 권76, 백관지2 文散階.

18) 『동문선』 권89, 서 「賀生子詩序」; 『三峯集』 卷3, 序 「賀河公生子詩序【按河公 乙沚之大人 丙辰】」.

두 사위 직장 장온(張蘊)과 밀직부사 이수(李守)를 두었다. 이수의 사위 봉산군 하유종은 진양하씨 사직공파 하자종의 형으로 두 사람은 모두 재상의 지위에 오른 인물이다.[19]

하시원과 하거원 형제는 아들 대에 이르러 정치·사회적으로 크게 성장하면서 형제가 가계를 달리했던 것 같다. 특히 하거원은 장자 춘정(春亭) 하을지(河乙沚, 1318~?)[20]가 장원 급제하여 재상 지위에 오름으로써 그 가세가 번창하고 경제적 성장도 따랐던 것으로 보인다.

3) 하거원 가계의 성장과 하을지

하거원(1301~?)은 전객시령(典客寺令)으로 치사했으며, 증손 하경복이 귀하게 되어 병조판서에 증직되었다.[21] 전객시의 전신인 예빈시의 관제 개정에 의하면 하거원이 전객시령을 지냈던 시기는 1356년 이전 어느 시기이거나 1362년부터 1369년 사이, 아니면 1372년 이후 어느 시기에 해당할 것이다.[22] 삼봉(三峯) 정도전(鄭道傳, 1342~1398)은 재상 하을지의 아버지 하거원을 일러 "하공의 존대인(尊大人)이 영화와 명예를 사모하지 아니하고 몸을 거두어 물러나 돌아가서 자손을 교훈하여 그 교화가 향당(鄕黨)에까지 미쳤다"[23]

---

19) 『동문선』 권121, 碑銘 「晉陽府院君河公神道碑銘 幷序[卞季良]」; 『晉陽河氏世譜』(萬曆本); 『晉陽河氏大同譜』(侍郎公派).

20) 하을지는 일찍이 '춘정(春亭)'이라 자호(自號)했다(『三峯集』 卷3, 序 「河相國春亭詩序【按河相國名乙沚 辛禑乙卯 爲全羅道元帥】」).

21) 『浩亭集(初刊本)』 卷3, 附錄 「碑陰[知製教朴熙中撰]」; 『定齋集』 卷27, 墓碣銘 「崇政大夫議政府贊成事諡襄靖河公墓碣銘 幷序」.

22) 『고려사』 권76, 백관지1 禮賓寺條.

23) 『동문선』 권89, 서 「賀生子詩序[鄭道傳]」.

고 했다. 이는 정도전이 하을지의 아버지 하거원이 나이 76세에 아들 낳은 것을 축하하는 시의 서문에 나오는 내용이다. 따라서 그는 1376년 이전에 상경종사(上京從仕)하다가 낙향했다. 그렇다면 하거원은 1362년부터 1369년 사이에 종3품 전객시령을 지낸 것으로 보인다.

한편 전라도원수(全羅道元帥) 하을지의 종사관 박원빈(朴原賓)은 정도전에게 "공(하을지)의 존대인께서는 강건하여 아무 병 없이 나이 76세에 또 아들을 낳았다. 같은 읍의 친숙한 벗인 재상 하공(河公), 즉 원정공 하즙이 먼저 시가(詩歌)를 지어 그를 기념했고, 진주의 선비들이 모두 그를 노래하였는데, 그대는 알고 있는가"라고 알렸다. 이에 정도전이 득남을 축하하는 시를 지으면서 서문을 덧붙였다.[24] 이처럼 하거원은 진주 사족들 모두로부터 득남을 축하하는 시를 증정받을 정도로 진주지역 최고의 사회적 위상을 누렸던 것 같다. 당대 진주지역만이 아니라 중앙에서도 하거원 집안은 원정공 하즙의 집안과 함께 명성을 얻고 있었던 것으로 보인다. 이는 재상 지위에 오른 하거원의 장자 하을지로부터 비롯했을 것이다.

하거원은 진양정씨 정경(鄭卿)의 딸 사이에 아들 여섯과 딸 둘을 두었으며, 뒤에 아들과 딸 각 한 명씩을 더 두었다. 하거원의 처부 정경은 사온서 령동정(司醞署令同正)으로서 정8품 산직을 지냈다.[25] 하거원의 장자 하을지는 14세기 중반대 하거원 집안의 정치·사회적 위상을 잘 보여주는 인물이다. 하을지가 진주향교에서 공부하다가 어느 때 개경의 급암(及菴) 민사평(閔思平, 1295~1359)의 문하생이 되었다.[26] 민사평은 문하생 하을지에게 큰 기대를

---

24) 『동문선』 권89, 서 「賀生子詩序[鄭道傳]」.

25) 『浩亭集(初刊本)』 卷3, 附錄 「碑陰[知製教朴熙中撰]」;『고려사』 권76, 백관지2 司醞署條.

26) 민사평은 충숙왕 때 문과에 급제하여 벼슬살이에 나아갔는데, 예문관응교·성균대사성·감찰대부를 역임하고 여흥군으로 봉해졌다. 뒤에 찬성사·상의회의도감사로 승진했다. 시호가 문온(文溫)이며, 저술로는 『급암집』이 전한다(『고려사』 권108, 列傳 閔思平傳).

갖고서 시를 지어주었다. 마침내 하을지가 장원 급제하자 축하의 시를 지어 주었다. 민사평은 그만큼 하을지에게 큰 기대를 걸었던 것 같다. 하을지는 1342년(충혜왕 복위3) 민사평이 주관한 국자감시에 합격했으며,[27] 1344년(충목왕 즉위년) 11월 지공거 박충좌(朴忠佐, 1287~1349)와 동지공거 이천(李蕆)이 주관한 과거에 장원 급제하여 벼슬살이에 나아갔다.[28]

하을지가 급제하여 벼슬살이에 나아간 지 얼마 지나지 않은 때 좌주 박충좌는 세상을 떠났으므로 그의 후원 세력은 충정왕대에서 공민왕대 초까지 상당한 정치적 위상을 갖고 있던 스승 민사평이었을 것이다. 그가 장원 급제한 인물이어서 조정의 인물뿐만 아니라 문사들로부터 추앙을 받았던 것 같다. 이와 관련하여 주목되는 인물이 앞에 언급했던 정도전이며, 목은 이색도 하을지를 따랐던 것으로 보인다. 정도전은 1375년 11월 전라도원수로 부임하는 하을지에게 시를 지어 바쳤다.[29] 이색은 강주원수(江州元帥) 하장원(河狀元)이 편지와 선물을 준 것에 감사하는 시를 대신 지어 보냈으며, 전라도원수를 거쳐 하을지가 계림원수가 되자 시를 지어 받들어 부쳤다. 그리고 이색은 '경로시' 서문에서 세상 사람이 모두 존경할 만큼 오래 살고 덕이 있으면서 높은 벼슬을 온전히 갖춘 사람은 옛적부터 지금까지 매우 적었으며, 또한 향리에 물러나 늙는 것은 더욱 만나기 어렵다고 했다. 이색은 다행히도 직접 그런 이들을 보았다면서 하을지를 비롯한 네 재상의 성덕(盛德)의 일부나마 각각의 칠언팔구 시를 지어서 존경하고 사모하는 정을 부치는 것이라 했다. 그는 '진양하상국(晉陽河相國)'에서 "내외 관직을 두루 거칠 적 모두 어질다 추앙했네"라고 했다.[30] 그런데 하을지에 관한 기본 자료인 『고려

---

27) 『及菴詩集』卷1, 古詩「贈河斯澄」; 『及菴詩集』卷3, 詩「河斯澄爲狀元及第 詩以賀之」.

28) 『고려사』권37, 세가 충목왕 즉위년.

29) 『三峯集』卷3, 序「河相國春亭詩序【按河相國名乙沚 辛禑乙卯 爲全羅道元帥】」.

30) 『牧隱詩藁』卷15, 詩「代書奉謝江州元帥河狀元書惠 走筆」; 『牧隱詩藁』卷18, 詩「奉寄雞林

사』열전에는 그에 대한 부정적인 내용만 나올 뿐이다. 하을지와 그 가문의 정치·사회적 위상과 관련된 공신 책봉의 사실은 전혀 언급되지 않았다. 물론 그가 왜구를 상대로 거둔 공적도 전혀 나오지 않는다. 굳이 이유를 찾자면 그 부정적 평가는 앞에 언급한 이색이나 정도전과 맺은 인적 네트워크로부터 비롯된 것이 아닐까 한다.

1363년(공민왕 12) 윤3월 전공정랑(典工正郎) 하을지는 홍건적을 물리쳐 개경을 수복하는 데 공을 세워 1등 공신이 되었다. 1등 공신에게 내린 포상으로는 공신의 초상화를 공신각 벽 위에 걸었으며, 그의 부모와 처에게 세 등급을 뛰어 봉작했다. 또 그 아들 1인에게 7품의 관직을 제수했다. 1등 공신에게는 위의(威儀)을 갖추도록 구사(驅史) 5인, 진배파령(眞拜把領) 7인으로 했다. 또한 하을지는 토지 1백 결과 노비 10구를 하사받았다.[31] 이때 하을지는 수성보절공신(輸誠保節功臣)의 칭호를 하사받았으며, 청천군(菁川君)에 봉해져 재상의 반열에 올랐다.[32]

하을지의 바로 손아래 동생인 하을숙은 벼슬이 정5품 무관직인 중랑장이었다. 하을숙은 아들 하렴(河濂)과 사위 넷을 두었는데, 진양정씨 정신중(鄭臣重, 1327~1380)은 막내 사위이다. 하렴의 6대손이 하위보·하진보·하국보이다. 정신중의 조부는 문량공 정을보(鄭乙輔, 1285~1355), 아버지는 정천덕(鄭天德, 1308~1366), 고모부는 정후공 박가흥(朴可興, 1347~1427), 아들은 문정공 정이오(鄭以吾, 1347~1434)이다. 하을숙의 가계는 다음과 같다.[33]

尹河壯元」;『牧隱詩藁』卷7, 詩「敬老詩【有序】」.

31) 『고려사』권40, 공민왕 12년 12월 윤삼월 15일(을유).

32) 『東都歷世諸子記(慶州先生案)』;『浩亭集(初刊本)』卷3, 附錄「碑陰[知製教朴熙中撰]」;『敬齋集』卷2, 記「晉州鄕校四教堂記」.

33) 『浩亭集(初刊本)』卷3, 附錄「碑陰[知製教朴熙中撰]」;『陽村集』卷40, 墓誌「有明朝鮮國贈辰韓國夫人鄭氏墓誌銘 幷序」;『세종실록』권65, 세종 16년 8월 11일(을묘) 정이오 졸기;『丹洲處士實紀』卷2, 附錄「世系源流」;『晉州鄭氏重刊族譜』(1856);『晉州鄭氏族譜』(1933).

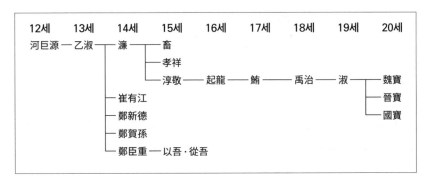

〈가계도 2〉 진양하씨 시랑공파 하을숙 가계

12세	13세	14세	15세	16세	17세	18세	19세	20세
河巨源	乙淑	濂	畜					
			孝祥					
			淳敬	起龍	鮪	禹治	淑	魏寶
								晉寶
								國寶
		崔有江						
		鄭新德						
		鄭賀孫						
		鄭臣重	以吾·從吾					

하을부가 판군기감사(判軍器監事), 하을순이 중랑장, 하을비가 해령천호(海領千戶), 하을정이 전구서승(典廐署丞), 하을생이 산원(散員)을 지냈다.[34] 문음으로 벼슬살이 나선 하을부가 정3품 군기감판사를 지냈던 시기는 그 관제 개정에서 볼 때 1356년부터 1377년 4월 사이일 것으로 본다.[35] 하을부의 생몰년이 밝혀져 있지 않지만, 백형 하을지가 1318년에 태어났기 때문에 셋째 하을부는 1320년대 초반에 태어나 하을지가 장상으로서 활동하던 1370년대에 판군기감사로 임명되어 활동했을 것이다.

하윤린의 비명에 의하면 하을지의 종제 하윤린(河允潾, 1321~1380)은 1344년 벼슬살이에 나아가 식목도감녹사가 되었으며, 선관서승·선관서령·문하녹사 등을 거쳐 1363년(공민왕 12) 지숙주군사(知肅州郡事)가 되어 관계가 조봉랑에 이르렀다. 1380년 봄 순흥부사에 제수되어 직임을 수행하다가 병이 들어 임지에서 세상을 떠났다. 비명에 의하면 하윤린은 일찍이 첨설직으로 벼슬살이에 나아가 종2품 문산계 봉익대부에 이르렀다.[36] 봉익대부는 1362년 관계 개정으로 종2품이었으며, 1369년(공민왕 18)에 봉익대부를 '자덕대

---

34) 『柏村集』卷10, 行狀「先祖崇政大夫議政府贊成事襄靖公府君行狀」.

35) 『고려사』권76, 백관지1 軍器寺條.

36) 『동문선』권121, 비명「晉陽府院君河公神道碑銘 幷序[卞季良]」.

부'라고 고쳤다.[37] 그의 아들 하륜(1347~1416)은 1365년 문과에 급제하여 벼슬길에 나아가 고려 말기에 전리판서 · 밀직제학 등을 지냈다. 별고에서 논하였겠지만 하륜은 조선 태종대의 최고 실권자로서 정치제도 개혁을 주도했던 인물이다.

시랑공파 가문의 여러 가계 가운데 하을부의 둘째 아들 하승해의 가계는 14세기 말에서 16세기 초에 걸쳐 정치적 위상이 가장 높았다. 하승해는 보성선씨 전객시령 선진기(宣眞起)의 딸 사이에 두 아들 하경복과 하경리(河敬履), 최득경(崔得涇)을 비롯한 네 사위를 두었다. 하경복은 별고에서 논하였다. 하경리는『신증』의 김해도호부 · 곤양군 · 사천현 · 하동현 등 여러 군현의 명환조에 실릴 정도로 수령으로서 치적과 청백함으로 명망이 높았던 인물이다.[38] 하경리는 아들 지평 하충(河漴)과 세 사위 진주류씨 류봉(柳峯), 재령이씨 이개지(李介智), 밀양손씨 오곡(梧谷) 손수령(孫壽齡)을 두었다.[39]

조선 초기 진주 사곡리 진양하씨 하경복의 가계는 3대에 걸쳐 재상의 지위에 오르고 시호를 내려받았다. 하경복은 1품 재상의 지위에 올랐으며, 시호가 양정(襄靖)이다. 양정공은 진양정씨 정의(鄭毅)의 딸 사이에 아들 하한(河漢, ?~1460)과 사위 허영(許瑛)을 두었다. 아들 하한과 손자 하숙보(河叔溥, ?~1501)도 재상의 지위에 올랐으며, 시호가 각각 강장(剛莊)과 경절(敬節)이다.[40]

허침(許琛, 1444~1505)은 참판으로 있을 때 이개지(李介智, 1415~1487)의 묘갈명을 지었는데, 당시 진주하씨 시랑공파 가문을 진양의 망족(望族)이라 했다.[41] 이러한 평가에는 14세기 중엽 재상의 지위에 오른 하을지만이 아니라

---

37) 『고려사』 권76, 백관지2 文散階.

38) 『신증』 권31, 곤양군 · 사천현 · 하동현 명환조;『신증』 권32, 김해도호부 명환조.

39) 『襄靖公實記』附外派圖「參議公外派圖」.

40) 『세조실록』 권22, 세조 6년 12월 26일(무술);『연산군일기』 권41, 연산군 7년 11월 3일(정축).

41) 『咸州誌』卷1, 塚墓「李介智[許琛]」.

선초 문충공 하륜과 양정공 하경복 가문의 3대에 걸쳐 재상을 배출한 것과
관련이 크다고 하겠다.

4) 시랑공파의 세거지 당남리

　진양하씨 시랑공파의 세거지와 관련한 가장 이른 시기의 기록은 하륜
이 지은 「봉명루기」이다. 이에 의하면 하윤린(河允潾, 1321~1380)과 하륜의 집
은 진주 주내(州內) 당남리(幢南里)에 있었다.[42] 당남리는 하시원(?~1360)과 하
거원(1301~?) 형제의 아버지 하식 이전부터 세거하고 있었던 리방(里坊)으로
추측된다.

　하시원은 하륜의 조부이고, 하거원은 하경복(河敬復, 1377~1438)의 증조부
이다. 하륜은 하경복의 아버지 하승해(河承海)와 6촌 형제 사이이다. 이들 가
문은 하시원과 하거원 형제의 아들 대에 이르러 세거하던 당남리에서 주내
의 몽화리로 이주하거나 북면의 사죽리 동곡, 또는 서면의 이하리 사곡 등
진주의 직촌(直村)으로 이주했던 것으로 보인다.[43]

　영진주목사(領晉州牧事) 최이(崔迤, 1356~1426)는 1410년 봄에 객사로부터
1백 보 거리 앞의 이름 없던 문루를 중수하여 '봉명(鳳鳴)'이라 이름을 지어
붙였다.[44] 하륜은 목사 최이의 요청으로 그 기문을 지었다. 그 내용 가운데

---

42)　이후 본론에서 '시랑공파 세거지'는 시랑공파 하시원과 하거원 형제 가계의 세거지를 줄인 것
　　임을 미리 밝혀둔다.

43)　시랑공파 가문과 달리 진양하씨 사직공파 원정공(元正公) 하즙(河楫, 1303~1380)의 자손
　　은 진주의 직촌인 여사촌(餘沙村)에서 주내 개경원(開慶院) 인근에 거주지를 마련하기도 했
　　다.(박용국, 「태계 하진의 家系와 行歷에 대한 연구」, 『경남권문화』 22, 2013 참조) 앞에서 언급했
　　듯이 하즙은 하경복의 증조부 하거원과 같은 읍의 친한 벗이었다.

44)　최이는 1409년 12월 말에 영진주목사(領晉州牧事)로 부임하여 다음 해 봄에 봉명루를 중수
　　했다. 박용국, 「경남의 인물과 역사현장: 진주 州內 역사경관과 인물편」(2010. 01. 31. 답사

"나는 젊었을 때 어버이를 모시고 당남리의 집에 살았는데, 봉명루와는 2백여 보의 거리였다"고 했다.[45] 하시원과 하거원 형제 가계를 포함하는 시랑공파의 세거지도 하윤린이 살던 당남리의 공간적 범위 내에 위치하고 있었을 것이다. 그렇다면 시랑공파의 세거지로 추정되는 당남리는 구체적으로 진주 주내에서 어디쯤이었을까.

당남리라는 지명은 이후 어느 문헌에도 나오지 않으므로 정확한 위치와 촌락의 실태를 규명하는 것이 쉽지 않다. 다만 '당남(幢南)'은 그것을 추정하는 데 하나의 단서가 될 것이다. '당의 남쪽 마을'은 사람들이 '당'이라는 특정한 공간의 장소성을 일상에서 유의미하게 받아들이므로 '당의 남쪽'으로 한정된 공간으로서 마을 이름이 생겨났다. '당의 남쪽 마을'이 사람들에 의해 의도적으로 구획된 촌락이라면 지역촌[행정촌]일 것이며, 사람들의 일상에서 자연스럽게 생겨난 촌락이라면 자연촌에 해당할 것이다. 따라서 당남리는 '당'이라는 특정한 공간의 장소성을 반영하는 마을 지명이다. 그러면 '당'은 구체적으로 무엇을 의미할까.

당(幢)은 '기', '장막', '군대 편제 단위'의 의미로 쓰인다. '당'이 기의 의미로 쓰였다면 공간에서 유의미하게 쓰일 수 있는 것은 당간(幢竿)이다. 하지만 당간은 당[기]을 달아두는 장대로서 버팀대인 지주(支柱) 없이 공간을 차지할 수 없다. 따라서 기의 의미로 사용될 경우 '당'은 공간과 무관한 사물일 뿐이다. 혹은 당은 장엄용 불구로서 '당'의 의미로 쓰이기도 한다. 그러나 불구로서 '당'은 주로 실내의 장엄구이므로 촌락이라는 공간의 이름을 규정할 특정 장소성과 무관한 존재이다. 따라서 기나 장엄용으로서 당은 특정 공간과 무관한 사물이나 불구(佛具)일 뿐이므로 공간을 규정할 수 있는 당은 군사

자료).

45) 『浩亭集』 卷2, 記 「鳳鳴樓記」; 『동문선』 권81, 記 「鳳鳴樓記[河崙]」.

조직의 단위를 의미하는 '당'밖에 없을 것으로 생각된다.

685년에 9주의 하나인 청주(菁州)가 두어지고 그 주치(州治)는 협의의 청주, 즉 지금의 진주 구시가지에 두어졌다.[46] 청주는 행정과 군정의 중심지가 되었다. 이때 청주의 주치에는 오주서(五州誓)의 하나인 청주서(菁州誓), 두 개의 만보당(萬步幢), 한 개의 사자금당(師子衿幢) 등의 군부대가 배치되어 있었다.[47] 이 가운데 사자금당은 청주를 비롯한 9주의 주치에 편성된 법당(法幢)이다.[48] 이들 당이 주사(州司)의 주변에 배치되고, 이에 따라 '당의 남쪽 마을'이라는 주치의 리방이 생겨난 것으로 추정된다. 그러면 이러한 공간이 '고려 이후 조선 초까지 지속되었을까'라는 의문이 남는다.

통일신라시대 주치로서 청주에는 시가지 구획이 이루어졌을 것으로 짐작된다.[49] 그렇다면 청주에는 시가지 공간의 구획이 크게 주사가 자리 잡은 행정구역과 여러 당의 군영이 자리 잡은 구역 및 주치의 리방으로 이루어져 있었던 것으로 추정할 수 있다. 이러한 청주 시가지의 공간 구획의 큰 틀은 커다란 변화 없이 나말여초를 거쳐 고려시대까지 지속되었을 것이다.

진주는 983년(성종 2) 2월에 처음 12목이 두어지고, 995년(성종 14)에 12주 절도사로, 1018년(현종 9)에 8목으로 지방통치체제가 개편될 때 여전히 행정과 주·현·군이 배치된 군정의 중심지 가운데 한 곳으로 기능했으며,[50] 조선시대에 들어와서도 여전히 대읍으로서 지방통치조직에 편제되었다. 진

---

46) 『삼국사기』 권8, 신라본기 신문왕 5년조.

47) 『삼국사기』 권40, 직관지(하) 무관조.

48) 이인철, 「新羅 法幢軍團과 그 性格」, 『韓國史研究』 61, 1988 참고.

49) 朴泰祐, 「統一新羅時代의 地方都市에 對한 研究」, 『百濟研究』 18, 1987; 황인호, 「新羅 9州 5小京의 都市構造 研究」, 『중앙고고연구』 15, 2014 참고. 후자에서 청주는 방형 형태의 시가지 구획이 이루어졌던 것으로 보고 있다. 아마도 청주의 주치는 남강의 구하도로 인해 부정형에 가까운 도시 공간의 형태를 띠고 있었다고 본다.

50) 『고려사』 권3, 세가 성종 2년 2월조; 『고려사』 권57, 지리지2 진주목조 참고.

주 같은 행정과 군정의 중심지로 기능하던 대읍의 경우 왕조가 바뀌더라도 읍사와 군영 같은 공간은 비교적 큰 변화 없이 유지되었을 것으로 본다.[51]

통일신라 이후 청주 주치의 주요한 공간의 위치와 장소성의 변화를 간략하게 살펴보면 우선 청주 주사는 조선시대 상아(上衙)·향청과 공간적 구획에서 큰 차이가 없었으며, 주치의 주요한 공간을 차지하고 있던 연지사(蓮池寺)는 일부 공간에 작은 사찰이 임진왜란 전까지 유지되고 있었으나 대부분의 폐사지는 향사당(鄕射堂)과 진영(鎭營)의 공간으로 바뀌었다.[52] 그 공적 공간들은 통일신라 이후 여말선초까지 진주 주내의 공간적 배치와 점유에서 공적 공간의 확대나 성격 변화는 있었겠지만, 그 공적 공간이 완전히 해체되면서 사적 공간으로 바뀌었을 가능성은 그렇게 크지 않았다.

통일신라 주치에 배치된 여러 '당' 가운데 만보당·사자금당이 차지했던 공간에는 나말여초를 거치면서 여전히 공적인 공간으로 유지되다가 고려 초기에 진주객사(晉州客舍)가 들어선 것으로 보인다. 이후에도 객사 남쪽은 방리명으로서 여전히 당남리로 칭해진 것으로 보인다. 이는 진주지역 토성들이 고려 초 이래 재경관인과 재지세력으로 분화하면서도 이족은 재지세력으로서 강한 족세를 유지했던 것[53]과 무관하지 않을 것이다. 바꾸어 말해서 진양하씨 시랑공파의 세거지로 추정되는 당남리 지역은 리방으로서 크나큰 변화를 겪지 않았을 것으로 보인다.

---

51) 조선 중기 진주 주내 향사당과 이아(貳衙)의 공간적 이동은 폐사지(廢寺址)를 활용하거나 또 다른 공적 공간으로 이설(移設)하는 경우이고, 향교의 이설도 시가지에서 주내 동쪽 끝 옥봉리로 이동한 경우여서 주치[읍치]에서 사적 공간을 침탈하여 새로운 공적 공간을 크게 확대했을 것으로 보이지 않는다.(『晉陽誌』卷1, 館宇條 참고) 진주성 내에 우병영의 여러 관아 시설을 마련할 때도 촉석봉과 죽림 등지를 깎고 파내고 뽑아내어 평지를 만들어 이용했다.(『松臺集』卷 上, 文「請兵營移設觀德堂軍器庫文」)

52) 박용국,「新羅 菁州 蓮池寺址 推定」,『新羅史學報』14, 2008; 박용국,「新羅 蓮池寺 鑄鐘佛事의 背景과 그 性格」,『新羅史學報』20, 2010 참고.

53) 李樹健,『韓國中世社會史硏究』, 一潮閣, 1984, 309~311쪽.

그런데 조선 초기에 진주객사는 위상의 큰 변화를 겪었다. 고려시대 진주객사는 두 번이나 화재를 만나 다시 짓지 못한 지 오래되었는데, 1403년 진주목사 안노생(安魯生)이 옛터를 찾아 앞의 객사보다 조금 넓혀 신축했다.[54] 이제 진주객사에는 전패(殿牌)가 안치됨으로써 궁실(宮室)로서 위상을 갖게 되었으며,[55] 또 이곳에서는 요하(遙賀)와 망궐하례(望闕賀禮)가 행해졌다.[56] 따라서 진주객사는 읍치에서 최고의 공간적 위상을 갖게 되었다. 객사는 임금을 상징하는 전패로 인해 '궁실'의 의미가 더해짐으로써 주변 공간의 인식에도 영향을 끼쳤다. 이에 따라 조선 초기 이후 당남리의 지명도 '궁의 남쪽 마을'의 의미로서 '궁남리(宮南里)'로 바뀌었다. 그러므로 이후 당남리는 어떠한 문헌에도 전혀 언급되지 않았다. 당남리는 궁남리의 전신으로 추정되므로 그 공간은 객사 남쪽과 중안리 동쪽 및 동산리 서쪽이며, 남쪽으로 남강을 접한 지역이었다.

한편 고려 말기에 시랑공파 세거지로서 주목되는 곳이 진주성 안이다. 가전 자료에 의하면 처음 하씨가 진주부[57] 비봉산 아래에 세거하면서 대성이 되었는데, 지금 병영 관덕당(觀德堂)이 그 옛터라고 했다.[58] 이에 의하면 시랑공파의 세거지는 진주의 주내 리방 가운데 진주성의 서쪽에 위치하던 몽화리(蒙化里)에 해당한다. 그렇다면 먼저 송정(松亭) 하수일(河受一, 1553~1612)의 연보에 대한 고증이 필요하다. 회봉(晦峯) 하겸진(河謙鎭, 1870~1946)에 의하면 송정 연보는 하겸진의 백증조(伯曾祖) 용와(容窩) 하진현(河晉賢, 1776~1846)이

---

54) 『신증』 권30, 진주목 궁실조; 『浩亭集』 권2, 記 「晉州客館重修小識」.

55) 『신증』 권30, 진주목 궁실조.

56) 『世宗實錄五禮』 嘉禮儀式 「正至誕日使臣及外官遙賀儀」.

57) 1895년 5월 지방제도를 8도 체제에서 23부 체제로 개정했는데, 이때 진주부는 23부 중의 하나였다. 따라서 진주부는 1895년 이후부터 일제강점기에 등장하는 지명이자 市名이다. 『고종실록』 권33, 고종 32년 5월 26일(병신); 『松亭續集』 卷3, 附錄 「年譜」.

58) 『松亭續集』 卷3, 附錄 「年譜[河謙鎭]」.

찬정하여 집에 보관했으며, 연보의 편수(篇首)가 25세이던 1577년, 종편(終篇)이 55세이던 1607년으로 수미(首尾)가 갖추어지지 않은 것이었다. 그래서 1897년 회봉 하겸진은 송정 연보의 수미 부분과 추려 모으는 데 빠지거나 잘못된 글을 찬정·교정했으며,[59] 남주(南州) 하종근(河宗根, 1891~1974)이 그것을 1939년에 발간했다.[60]

하겸진이 1897년에 찬정한 송정 연보 시랑공파의 처음 세거지 관련 내용은 가전(家傳) 과정에서 비봉산 아래 세거지와 진주성 내 거주지가 혼용(混用)된 것이 아닌가 한다. 다만 그 가전의 사실은 완전한 허구라고 생각되지 않는다. 비록 가전 과정에서 혼용되고 착잡(錯雜)되었지만, '진주부비봉산하(晉州府飛鳳山下)'와 '병영관덕당(兵營觀德堂)'은 시랑공파 가문의 가계 분화와 분산 거주 사실을 반영하고 있는 것으로 보인다. 그렇지만 비봉산과 우병영 관덕당이 자리 잡은 진주성은 엄연히 구분되고 리방이 다른 공간이었다. 물론 그 두 공간이 자연촌이기보다 지역촌의 의미를 지닌 공간적 구획으로서 두 곳이 확연히 구분된 공간이었다고 본다.

호정 하륜은 비봉산과 촉석봉(矗石峯)으로 구분했다.[61] 촉석성은 주 남쪽 1리에 있으며,[62] 진주성 내의 촉석루는 공해(公廨)와 멀리 떨어져 있다고 했다.[63] 그렇다면 주내 중안리의 북단부터 대안리 중앙부에 위치했던 공해, 즉 관아는 촉석루와 공간적으로나 심리적으로 상당한 거리를 둔 지역촌 간의 구분을 전제로 한 것이었다. 실제 비봉산 아래와 진주성 안의 우병영 관덕당 사이에는 대안리와 중안리 및 진주성 해자로서 구하도(舊河道, 대사지)가

---

59) 『松亭續集』 卷3, 附錄 「年譜識[河謙鎭]」; 『晦峯遺書』 卷36, 跋 「先祖松亭先生年譜跋 丁酉」.

60) 『松亭集』 「松亭集跋[河宗根]」.

61) 『浩亭集』 卷2, 記 「鳳鳴樓記」; 『동문선』 권81, 記 「鳳鳴樓記[河崙]」.

62) 『신증』 권30, 진주목 성곽조.

63) 『동문선』 권81, 記 「鳳鳴樓記[河崙]」.

위치했으므로 공간적인 측면만이 아니라 심리적으로도 멀게 느껴졌던 것으로 보인다.

조선 중기의 진주 주내 각 리방 상호 간의 위치에 근거해서 보면[64] 우병영 관덕당은 진주성 안의 서쪽에 자리한 몽화리 내에 위치했다. 하륜의 집이 있던 당남리는 궁남리의 전신으로 추정되므로 그 공간은 객사 남쪽과 중안리 동쪽 및 동산리 서쪽이며, 남쪽으로 남강을 접한 지역에 있던 리방이었다. 따라서 비봉산 아래와 우병영 관덕당은 구분되는 공간으로 비봉산 아래는 원래 시랑공파 세거지로서 하륜이 말하는 당남리와 크게 차이가 나지 않는 사실상 일치하는 곳으로 생각되며, 우병영 관덕당은 하시원의 장자 하윤린 가계에서 분가한 차자 하윤구 가계의 새로운 거주지일 가능성이 크다고 본다. 이러한 시랑공파 가문의 가계가 분산하여 새로운 거주지에 정착하게 되는 계기는 그 가계 분화와 더불어 외부적 요인도 작용했을 것이다.

한편으로 하윤구의 자손은 몽화리로 이주했다가 일부는 진주목 서면 수곡리 효자동(孝子洞) 일대로 이주하여 정착한 것으로 생각된다. 하윤구의 자손 중 하유-하지명-하현 가계의 묘소가 효자동 인근에 위치하는데, 이는 효자동 일대가 그들 가계의 별서(別墅)이거나 거주지일 가능성이 컸음을 의미한다. 하지명의 사위 진주류씨 영해부사 류시(柳蒔, 1404~1469)[65]가 효자동의 남쪽 이웃인 원당리로 입향했다는 점을 고려한다면 하지명 가계는 15세기 초반에 이미 몽화리를 떠나 효자동으로 이주하여 정착한 것으로 볼 수 있을 것이다. 물론 진주성 내의 몽화리 거주지는 여전히 그들의 주내 근거지로서 한동안 유지되었을 것으로 생각된다. 이는 하윤린이 왜구의 침략을 미리 예견하여 진주목 북면 사죽리 동곡(桐谷)에 집을 마련하여 이주했으나

---

64) 『진양지』 권1, 각리조.

65) 하경리의 첫째 사위 류봉은 류시의 둘째 동생이다(『晉州柳氏世譜』(土柳系) 卷1, 柳蒔ㆍ柳葦 편 참고).

여전히 남당리에 거주지를 유지했던 것과 마찬가지였을 것이다.[66]

하윤린과 하윤구 형제와 달리 오히려 주내에 거주지를 별도로 마련한 가문도 있었다. 진주목 서면 여사촌에 세거하던 진양하씨 사직공파 가문의 하윤원(1322~1376)은 1370년 이전 어느 때 주내 개경원 옆에 별도의 거주지를 마련했다.[67] 이는 주내의 별도 거주지를 진주목사나 읍내의 사족들과 소통하고 정보를 교환하는 거점 장소로 활용하려는 것과 무관하지 않을 것으로 생각된다. 그래서 하윤구 가문의 하지명도 몽화리의 거주지를 별도로 유지하면서 그곳을 그와 같은 목적으로 사용했을 것이다.

5) 하승해의 사곡 정착과 의미

고려 말기 하시원(河特源, ?~1360)과 하거원(河巨源, 1301~?) 형제의 자손이 번성하고 정치적 성장을 거듭함에 따라 시랑공파 가문의 가계가 서로 분화하고 그들의 세거지도 달리하게 되었다. 양정공 하경복은 1377년에 진주목 서면 이하리(籬下里) 사곡에서 태어났다.[68] 그렇다면 하거원 생존 시에 이미 하경복의 아버지 하승해는 사곡에 정착하고 있었다.

앞에 언급했듯이 하거원은 1376년에 득남할 정도로 정정했다. 따라서 시랑공파 세거지 당남리에서 사곡으로 이주를 주도한 이는 하거원일 가능성이 크다. 그렇더라도 이미 장성하여 벼슬살이에 나아갔거나 산직을 제수받았을 장남 하을지(河乙沚, 1318~?)를 비롯한 하거원의 여섯 아들이 모두 주

---

66) 『浩亭集(初刊本)』 卷3, 附錄 「碑陰[知製敎朴熙中撰]」; 『浩亭集』 卷2, 記 「鳳鳴樓記」; 『동문선』 권81, 記 「鳳鳴樓記[河崙]」.

67) 박용국, 「태계 하진의 家系와 行歷에 대한 연구」, 『경남권문화』 23, 2013, 210쪽.

68) 『柏村集』 卷10, 行狀 「先祖崇政大夫議政府贊成事襄靖公府君行狀」.

내의 당남리를 떠나 사곡으로 이주했을 가능성은 그렇게 크지 않다고 본다. 일부는 주치에서 분가하여 독립된 가계를 이루었을 것이다. 결국 당남리에서 이하리 사곡으로 이주한 가계는 하거원의 셋째 아들 하을부와 아들 하승해 가계일 것이다. 물론 그 이주를 주도한 이는 하거원일지라도 하거원이 당남리 세거지를 완전히 떠난 것으로 볼 수 없다. 왜냐하면 하윤린이나 하윤구 가계와 마찬가지로 여전히 주내에 거주지를 유지했을 것이기 때문이다. 그렇다면 당남리에서 사곡으로 이주를 주도한 이는 하거원이지만 사곡에 정착한 가계는 하승해 가계라고 봐야 할 것이다.

그러면 시랑공파 하승해 가계가 사곡으로 이주한 배경은 무엇일까. 하승해 가계가 시랑공파의 세거지 진주의 당남리를 떠나 사곡으로 이주한 특별한 계기가 있었을까. 그리고 이주한 시기는 대략 어느 때쯤일까. 정확한 이주 시기는 1377년에 하경복이 사곡에서 태어난 분명한 사실로도 해결하기 쉽지 않다. 우선 시랑공파 가문의 가계가 세거지에서 분산하게 되는 외부적 계기를 밝혀볼 필요가 있다.

사곡마을에 진양하씨가 거주하기 시작한 시기는 늦어도 1370년대 초반일 것이다. 하승해 가계는 그의 조부 하거원이 주도하여 시랑공파가 세거하던 당남리에서 사곡으로 이주했을 것으로 추정된다. 물론 하윤린의 경우처럼 하거원과 하을부 등의 주내 거주지는 여전히 유지했을 것으로 본다. 하승해에 이르러 이하리 사곡에 완전히 정착했을 것이다. 하승해의 가계는 다음과 같다.[69]

---

69) 『襄靖公實記』「世系圖」; 『襄靖公實記』「參議公外派圖」.

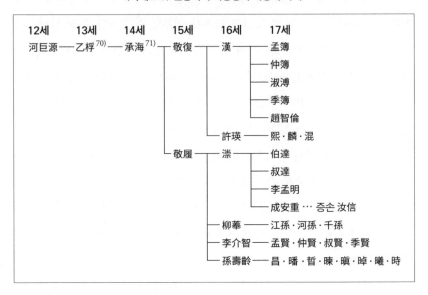

〈가계도 3〉 진양하씨 시랑공파 하승해 가계

12세	13세	14세	15세	16세	17세
河巨源	乙桴[70]	承海[71]	敬復	漢	孟簿
					仲簿
					淑溥
					季簿
					趙智倫
				許瑛	熙·麟·混
			敬履	漈	伯達
					叔達
					李孟明
					成安重 … 증손 汝信
				柳葊	江孫·河孫·千孫
				李介智	孟賢·仲賢·叔賢·季賢
				孫壽齡	昌·晤·晢·暕·暊·皡·曦·時

하거원 가계의 사곡 이주에는 가문의 분화와 농업생산력의 발전만이 아니라 왜구의 침입도 배경으로 작용했을 것이다. 하경복이 태어난 1377년 무렵은 왜구에 의한 노략질이 극심한 시기였다. 바다에 가까운 진주지역도 그 피해를 벗어날 수 없었다. 이는 시랑공파 가문의 일부 가계가 주내의 세거지를 떠나 진주 서면 사곡, 북면 동곡(桐谷) 등 진주목의 직촌으로 이주한 한 계기가 되었다.

당남리에 세거하던 시랑공파 가문의 하윤린(河允潾, 1321~1380)은 1365년에 벼슬을 그만두고 고향으로 내려와 지내던 중 진주가 바다와 가까워 그

---

70) 『진양하씨대동보』(시랑공파)에 의하면 하을부는 다섯 아들 하취유(河就濡)·하취동(河就東)·하승해(河承海)·하승호(河承浩)·하열(河烈)과 사위 김득귀(金得貴)를 두었다.

71) 『진양하씨대동보』(시랑공파)에 의하면 하승해는 두 아들과 네 사위 김각(金珏)·최득경(崔得涇)·우적(禹跡)·정지걸(鄭之傑)을 두었다.

해가 읍리(邑里)에 미칠 것이라면서 바다에서 좀 더 멀리 떨어진 북촌(北村)으로 이사하여 왜구의 칼날을 피하는 것이 좋겠다고 했다. 그래서 1377년 가을에 하윤린은 가족을 거느리고 북면 사죽리 동곡으로 가서 집을 마련했다.[72] 당시 하윤린이 그렇게 피난지를 물색하고 실천에 옮겼던 직접적인 배경은 1376년 11월과 12월 두 번에 걸쳐 진주의 임내인 반성현(班城縣)이 왜구로부터 노략질을 당했던 사건[73]에서 찾아야 할 것이다. 왜구는 내륙 침략의 교두보 확보를 위해 진주 같은 수로와 육로 상의 교통 거점지역을 우선 침입했다. 그래서 진주 임내 반성현 같은 고을은 가장 큰 피해를 입었다.[74]

하거원이 사곡으로 이주한 계기는 아마도 그의 장자 하을지가 장상(將相)으로서 왜구를 방비하고 그 노략질을 진압하고 있었던 것과 관련이 있지 않을까 한다. 앞에서 살펴보았듯이 하을지는 1375년 11월에 전라도원수(全羅道元帥)로 부임하여 왜구를 방비하고 진압했으며, 그 이전에 강화만호(江華萬戶)를 지냈다. 이러한 하을지의 벼슬살이와 군사적 활동이 하거원으로 하여금 시랑공파 세거지를 떠나 새롭게 개간한 사곡으로 이주를 단행하게 했을 배경이었을 것으로 보인다. 1376년 무렵 사곡으로 피란했다가 정착했을 가능성을 전혀 배제할 수 없겠지만, 그 이주는 시랑공파 가문의 가계 분화와 사곡의 산지 곡간의 개발과 맞물린 것으로 추정된다. 아마도 좀 더 앞선 시점에 그 가문이 산지 곡간을 농지로 개간하여 별서(別墅)로 운영하고 있었을 가능성도 배제할 수 없을 것이다.

---

72) 『동문선』 권121, 비명 「晉陽府院君河公神道碑銘 幷序[卞季良]」. 하윤린의 신도비명에 의하면 1378년 가을에 왜구가 진주를 침입하자, 하윤린은 강성현의 백마산성으로 들어 온 집안을 안전하게 했다. 아마도 1379년 9월에 왜구가 산음과 진주 등지를 노략질한 것을 말하는 것으로 보인다.

73) 『고려사절요』 권30, 우왕 2年 11·12월조. 1379년 5월과 9월 두 번에 걸쳐 왜구가 반성현을 노략질했으며, 이리저리 쫓기던 왜구가 산음·진주·사주·함양을 노략질했다(『고려사절요』 권31, 신우 5년 5월조; 『고려사』 권134, 신우 5년 9월조).

74) 박종기, 「고려 말 왜구와 지방사회」, 『한국중세사연구』 24, 2008 참고.

고려 말기 산지 곡간이 농지로 활발하게 개간되던 사회적 추세와 맞물려서 아마도 진주목 서면 사곡 일대의 산지 지역의 곡간에도 농지 개간이 활발하게 진행되었을 것이다. 하거원은 그러한 사회·경제적 추세와 가계의 번성을 바탕으로 한 경제적 성장과 함께 상당한 노동력을 소유하게 되었으며, 이러한 가계의 노동력을 이용하여 산지 곡간으로서 수자원이 풍부한 사곡 일대를 적극적으로 농지로 개간하고 별서로 삼았을 것으로 짐작된다. 그의 장자 하을지가 공신으로서 받은 1백 결의 토지와 노비 10구도 사곡 등지의 전장(田莊) 확장에 적지 않은 영향을 끼쳤을 것이다. 마침내 하거원은 왜구의 침탈을 계기로 주내의 당남리에서 별서가 있던 사곡으로 이주했을 것으로 보인다.

한편 조선 초기 전주최씨 가문이 가서리(加西里) 북쪽 백곡리(柏谷里)로 이주한 배경은 혼인에 따른 서류부가혼(婿留婦家婚)과 관련이 있다. 백곡리 전주최씨 입향조 군수 최득경(崔得涇)의 처부는 진양하씨 시랑공파 하승해(河承海)이다. 하승해는 하거원의 셋째 아들인 하을부의 둘째 아들이다. 하승해는 봉선대부 서운관부정(書雲觀副正)을 지내고, 장자 양정공 하경복(1377~1438)이 종1품 재상의 지위에 오름으로써 정헌대부 병조판서에 증직되었다.[75]

최득경은 하승해의 두 아들과 네 사위 중 둘째 사위이다. 최득경의 생몰년은 알려져 있지 않으나 그의 벼슬살이 기간이 영락간(永樂間, 1403~1424)으로 알려져 있으므로 양정공 하경복이 1402년 무과에 급제하여 벼슬살이에 나아간 시기와 비슷할 것이며, 또한 처모 보성태부인선씨(寶城太夫人宣氏, 1358~1447)의 생몰년과 하승해의 장자 하경복의 생몰년을 모두 고려하면 1380년대 초반에 태어났을 것으로 추정된다. 최득경은 진양하씨 부인 사이에 세 아들 최효건(崔孝虔)·최효량(崔孝良)·최효문(崔孝文)을 두었으며, 둘째

---

75) 『襄靖公實記』世系 河承海; 『진양하씨대동보』(시랑공파) 권1, 하승해 자손 편.

아들 최효량이 과거에 급제하여 판관을 지냈다.[76]

양정공 하경복은 아들 강장공 하한과 사위 양천허씨 참판 허영(許瑛)을 두었는데, 허영은 처향을 따라 진주목 서면 이하리로 이주했다.[77] 허영은 우의정 허종(許琮, 1434~1494)과 좌의정 허침(許琛, 1444~1505) 형제의 사촌이다.[78] 허혼(許混)은 허영의 셋째 아들로서 하경복의 외손인데, 진주목 서면 원당리(元堂里) 진주류씨 영해부사 류시(柳蒔, 1404~1469)의 셋째 사위이다. 허영의 사촌 허침은 류시의 넷째 사위이다.[79] 진주류씨 원당리 입향조 류시는 하지명의 첫째 사위이다.[80] 그는 처향을 따라 단계현 신등리에서 원당리로 입향한 것으로 보인다.

진주목 서면 가서리의 속방 오동리(吾東里)는 밀양손씨 오곡 손수령의 거주지였다. 밀양손씨 가문이 여기에 거주하게 된 계기는 하경리의 셋째 딸과 손수령의 혼인이었다. 성균생원 손수령은 조부가 손약수(孫若水), 아버지가 사헌부감찰 손억(孫億)이다. 손수령의 아들 손창(孫昌, 1438~1489)은 음서로 전력부위(展力副尉)를 지내다가 세조 때 성균진사, 1468년(세조 14) 춘장문과(春場文科) 을과에 급제하여 예문관검열을 거쳐 사간원정언·호조좌랑, 외직

76) 『溪南集』卷27, 碑「先祖判書府君祭壇碑」; 『忠烈實錄』卷2, 錄「崔兵曹參議公實錄」; 『柏村集』卷10, 行狀「先祖崇政大夫議政府贊成事襄靖公府君行狀」; 『진양지』권4, 임관 문과조.

77) 『柏村集』卷10, 行狀「先祖崇政大夫議政府贊成事襄靖公府君行狀」; 『襄靖公實記』「襄靖公世系圖」.

78) 『성종실록』권279, 성종 24년 6월 2일(갑자).

79) 『襄靖公實記』, 「襄靖公世系圖」; 『慕齋集』卷14, 行狀「許文貞公行狀」; 『진양하씨대동보』(시랑공파) 권1, 하승해 자손 편; 『晉州柳氏世譜』(土柳系) 卷1, 柳蒔 편. 그런데 앞의 시랑공파 족보에는 허침이 류시의 첫째 사위, 허혼이 셋째 사위라고 했다. 『진양하씨대동보』(시랑공파) 권1, 하지명 자손 편.

80) 『진양하씨대동보』(시랑공파) 권1, 하지명 자손 편. '경상남도 문화재 지정 보고서'에 류시의 몰년을 1471년이라 한 것은 오류이다. 그의 묘비에 의하면 1469년 6월 20일(己丑六月二十日) 영해부 관아에서 졸하고 나이 66세였다. 따라서 가첩의 류시 생몰년 기록이 옳다. 『晉州柳氏世譜』(土柳系) 卷1, 柳蒔 편 참고.

으로 고령과 단성현감을 지냈으며, 성종 때 호조정랑에 제수되었다. 유호인
(兪好仁)과 함께 도의(道義)로 서로 사귀었다고 전한다. 천성이 착하고 깨끗하
여 지조가 굳세다는 평을 들었다.[81]

한편 재령이씨 이개지(李介智, 1415~1487)는 하경리의 둘째 사위인데, 그
의 손자 이종(李琮)이 운곡리로 이주했다. 이종은 하경리의 외증손이므로 이
하리 인근의 방리인 운곡리가 전혀 연고가 없는 리방이 아니었다. 이종 가
계는 지속적인 사회·경제적인 성장을 통해 진주지역의 강력한 사족의 일
원이 되었다. 그 아들 진사 이희만(李喜萬, 1522~?)은 1576년에 조지서의 손자
조광익(趙光翊) 등 6명과 함께 진주목사 구변(具忭)으로부터 진주의 호강(豪强)
으로 지목되어 억울하게 옥에 갇힌 적이 있었다. 이른바 '본주호강지화(本州
豪强之禍)' 사건은 진주지역 사족과 수령 간의 향촌 지배권을 둘러싼 갈등에
서 초래된 정치적 사건이었다.[82]

또한 진양하씨 사직공파 대사간 하결(河潔, 1380~?)은 하거원의 외손서인
데,[83] 그의 증손 하자청(河自淸)이 호남의 정읍(井邑)으로부터 운곡(雲谷)으로
시거(始居)했다가 몇 년 지나지 않아 다시 안계촌으로 터전을 옮겼다. 이후
하자청의 자손들이 안계촌에 세거하면서 그곳이 하씨촌이 되었다고 했다.[84]
하자청은 종화리 안계촌의 사족 겸재(謙齋) 하홍도(河弘度, 1593~1666), 낙와(樂
窩) 하홍달(河弘達, 1603~1651) 형제의 6대조이다.[85] 이처럼 하거원의 사곡 이주
는 진양하씨 사직공파 하결의 증손 하자청이 호남의 정읍에서 진주 서면 운

81) 『襄靖公實記』附外派圖「參議公外派圖」;『진양지』권4, 총묘 孫昌墓.

82) 박용국, 「조선 초·중기 진주 동면의 右族 거주 里坊에 대한 연구」, 『영남학』81, 2022, 190-
192쪽.

83) 『浩亭集(初刊本)』卷3, 附錄「晉陽府院君河公諱允濬神道碑 陰記[知製敎朴熙中]」.

84) 『澹軒集』卷9, 誌「安溪洞誌」. 박용국, 「조선 중기 삼가 구평리 파평 윤씨 가문의 혼맥과 사회
적 위상」, 『역사교육론집』67, 2018, 174쪽.

85) 『記言別集』卷23, 丘墓文「河謙齋墓銘 丙午」;『明谷集』卷23, 碣銘「處士河公墓碣銘」.

곡리로 이주한 간접적인 배경이기도 했다.

　이상과 같이 하거원이 진주목 서면 이하리로 이주함에 따라 그의 내외
손 가계가 여말선초에 이하리·가서리·종화리·운곡리·백곡리 등 진무
목 서면 일대의 자연촌으로 이주·정착하여 조선 중기 향촌사회의 변동을
주도하는 세력의 일원이 되었다.

6) 맺음말

　진양하씨 시랑공파 가문의 성장에서 주목되는 이가 하탁회이다. 그는
빠르면 1160년대 후반, 늦어도 1170년대 전반에 태어나 1210년대 고종 때
과거에 급제한 것으로 추정된다. 벼슬살이에 나아가 국자감의 정8품 사문
박사에 올랐으나 1232년(고종 19) 강화천도 무렵에 낙향했을 것이다. 하탁회
는 네 손자를 두었으나 하남수를 제외하고 이름조차 알려져 있지 않다. 하
탁회의 둘째 손자가 하득부(1338~?)의 8대조이며, 막내 손자 하남수가 하륜
(1347~1416)의 8대조이다. 따라서 하륜과 하득부는 14촌간이다. 하득부는
1377년 과거에 급제하여 여말선초에 성균관박사·군수·사간원헌납, 하
륜은 1365년 과거에 급제하여 고려 말에 전리판서·밀직제학 등을 지냈다.
하남수와 그의 백형·중형·숙형 4형제로부터 가계가 분화되었으며, 하시
원과 하거원 형제로부터 다시 가문이 분화한 것으로 보인다.

　하거원(1301~?)은 1360년대 중반 무렵에 종3품 전객시령을 지낸 후 물
러나 낙향했다. 정도전의 말처럼 하거원은 자손을 교훈하여 그 교화가 향당
에까지 미쳤다. 하거원의 장자 하을지는 급암 민사평의 문하에서 공부하여
국자감시에 급제하고, 과거에 장원하여 백충좌를 좌주로 하고 벼슬살이에
나아가 재상의 지위에 올랐기 때문이다. 하거원은 진양정씨 정경의 딸 사이

에 아들 여섯과 딸 둘을 두었으며, 뒤에 아들과 딸 각 한 명씩을 더 두었다. 전공정랑(典工正郎) 하을지는 1363년 윤3월 홍건적을 물리치고 개경을 수복하는 데 공을 세워 1등 공신에 책봉되어 수성보절공신(輸誠保節功臣)의 칭호를 하사받았으며, 토지 1백 결과 노비 10구를 하사받았다. 그는 홍건적을 비롯해서 왜구 방어와 격퇴에 적지 않은 공을 세웠다.

그런데 『고려사』 열전에는 공적에 대해 한마디 없이 부정적인 내용만 언급되어 있을 뿐이다. 이와 달리 목은 이색은 '경로시'의 서문에서 성덕(盛德)의 일부나마 시로 지어 존경하고 사모하는 정을 부친다면서 "내외 관직을 두루 거칠 적 모두 어질다 추앙했네"라고 했다. 하거원의 장자 하을지는 14세기 중반대 하거원 가문의 정치적 입지를 크게 확대하고 사회·경제적 확장을 가능하게 한 그 가문의 현조이다. 하을지의 나머지 형제 6명은 실직 또는 산직으로 추정되는 정3품에서 종8품까지 관직을 받았다. 이는 14세기 후반 이후 진양하씨 시랑공파 가문의 지속적인 정치·사회적 성장에서 비롯했다. 선초 사곡마을의 하경복 가계가 3대에 걸쳐 재상의 지위에 오른 것은 14세기 후반부터 중앙으로 진출하기 시작한 그 가문의 사회·정치적 성장과 무관하지 않다. 이는 시랑공파 가문이 분화하고 세거지를 달리하는 배경이 되었을 것이다.

진양하씨 시랑공파의 처음 세거지는 진주 주내 당남리였다. 당남리는 통일신라 청주 주치에 배치된 여러 '당(幢)' 중에 만보당·사자금당이 차지한 공간의 남쪽이라는 의미에서 유래한 방리명이다. 그 공간에는 나말여초를 거쳐 고려 초기에 객사가 두어졌지만, 15세기 초까지 진주객사 남쪽은 여전히 당남리로 칭해졌다. 1403년 진주목사 안노생이 객사 옛터를 찾아 조금 넓혀 신축했다. 이제 진주객사에는 전패(殿牌)가 안치됨으로써 궁실(宮室)로서 위상을 갖게 되었으며, 또 이곳에서는 요하(遙賀)와 망궐하례(望闕賀禮)가 행해졌다. 이에 따라 당남리의 지명도 '궁의 남쪽 마을'의 의미로서 궁남리(宮南里)로 바뀌었다. 그렇다면 시랑공파의 처음 세거지 당남리는 객사 남쪽과 중안리 동쪽 및 동산리 서쪽에 해당하는 공간에 위치했다.

여말선초에 걸쳐 가문이 여러 가계로 분화하면서 하시원(?~1360) · 하거원(1301~?) 형제의 자손들이 진주 주내와 인근 직촌으로 분산 거주하게 되었다. 하시원의 장자 하윤린(1321~1380) 가계는 자손 대까지 여전히 선대의 세거지에 거주하면서 북면 사죽리 동곡에 거처를 마련했으며, 차자 하윤구 가계의 자손은 진주성 안의 서편 몽화리에 터전을 마련한 것으로 보인다. 하윤구 가문의 하지명은 다시 진주목 서면 수곡리 효자동으로 이주했던 것 같다. 하거원은 고려 말기에 자손을 거느리고 선대의 세거지 당남리를 떠나 진주목 서면 이하리의 사곡으로 이주했다. 이는 그 가문의 성장으로 인한 가계 분화와 왜구의 침탈이라는 외부적 요인이 복합적으로 영향을 끼친 결과라고 본다.

하거원이 사곡으로 이주하여 손자 하승해에 이르러 정착하면서 진주목 서면에는 적지 않은 변화가 일어났다. 하거원의 사곡 이주는 그의 자손만이 아니라 서류부가혼에 따른 그의 증손서 전주최씨 군수 최득경, 현손서 양천허씨 허영, 밀양손씨 오곡 손수령, 하경복의 삼종간인 하지명의 첫째 사위 진주류씨 류시 등의 가계가 사곡마을 인근의 가서리 · 운곡리 · 백곡리 · 원당리 등지로 이주하여 정착했던 직접적인 배경이 되었다. 또한 그 이주는 하거원의 외후손 가문인 재령이씨 이종, 진양하씨 사직공파 하자청 가계가 각각 운곡리 운곡촌과 종화리 안계촌으로 이주하여 정착한 간접적인 배경이 되었다. 이후 이들 가문은 진주지역 촌락사회 변동을 주도했으며, 진주지역 사족의 구성과 변화에도 적지 않은 영향을 끼쳤다.

2. 여말선초 진주지역 '부로'의 존재와 성격

1) 머리말

진주는 고려시대 경상도 네 개의 계수관 가운데 한 곳이었으며, 1392년 (태조 1)부터 1402년(태종 2)까지 진양대도호부가 두어졌던 지역이다.[1] 진주는 685년(신문왕 5) 5월에 청주(菁州)의 주치(州治)가 두어진[2] 이래 지방 통치 체제의 한 중심지로서 대읍에 속했다. 또한 여말선초 진주지역 출신 인물들의 정치·사회적 활동의 중요성도 간과할 수 없다. 그럼에도 여말선초 재지세력 재편 등 진주지역의 사회 변화에 관한 연구는 지금껏 거의 이루어지지 않았다.

그것은 고려 말기 지역의 대표적인 재지사족 가문이 배출한 진양하씨 사직공파의 현조 원정공 하즙(1303~1380), 진양하씨 시랑공파 현조 하윤린(1321~1380) 등의 생몰년조차 인물 사전류[3]에 밝혀져 있지 않은 사실에서도 잘 알 수 있다. 또한 기존 연구에서는 정당문학에 오른 문경공 강군보 (1312?~1380)의 어머니 영가군부인권씨(1293~1378)의 안동권씨 가문, 공목공 강시(1339~1400)의 처부 진양하씨 사직공파 하즙과 하즙의 처부 철원부원군 이우 등 통정 강회백(1357~1402) 가문의 혼맥에 대한 제대로 된 이해가 전제되지 않음으로써 그 가문의 재지적 기반과 여말선초의 지속적인 정치적 성

---

1) 『경상도지리지』진주도;『세종실록지리지』진주목;『태종실록』권4, 태종 2년 12월 16일(을축).

2) 『三國史記』卷8, 新羅本紀 神文王 2年 5月條.

3) 『한민족문화대백과』·『한국역대인물종합정보』·『진주향토문화대전』등에 실린 하즙과 하윤린의 항목 참고.

장을 제대로 해명하지 못했다.[4] 이 외에 진양정씨 교은 정이오(1347~1434) 가문의 재지적 기반과 정치적 성장도 마찬가지이다.[5]

앞의 문제는 관련 자료의 발굴과 연구가 미진했던 데서 비롯되었다. 물론 앞의 두 인물의 생몰년을 밝힌 연구가 없었던 것은 아니나 전론의 연구가 아닌 인물의 가계 규명 등에서 부분적으로 언급되었을 뿐이며,[6] 여말선초 진주지역 사회 변화의 규명으로까지 나아가지 못했다. 본고에서는 지금까지 관심을 끌지 못한 호정 하륜(1347~1416)의 아버지 하윤린이 1366년에 결사한 금강사(金剛社)의 구성원으로서 부로(父老)와 하륜이 촉석루 기문에서 언급한 부로에 주목하고자 한다. 두 자료에 보이는 부로는 여말선초 진주지역의 사회 변화를 반영하고 있는 사족 가문의 인물들을 포함한 재지사족이라고 생각된다.[7]

본고의 목적은 여말선초 진주지역 부로의 내부 구성과 그 인적 관계망 및 활동을 밝히고, 여말선초 사회변동 과정에서 그 성격의 변화를 파악하는 데 있다.

첫째, 금강사의 구성원인 부로와 1388년에 건축한 장자원(長者院)을 통해 고려 말 진주지역 부로의 존재와 성격을 규명하겠다. 둘째, 여말선초 부로의 인적 관계망을 정리하고 분석함으로써 부로로 통칭되는 진주지역 사족의 변화를 파악하고자 한다. 이를 통해 지금까지 제대로 알려지지 않은

---

4) 李樹健, 『韓國中世社會史研究』, 一潮閣, 1984, 309-311쪽; 강제훈, 「조선 초기 家系繼承 논의를 통해 본 姜希孟家의 정치적 성장」, 『조선시대사학보』 42, 2007, 9-22쪽.

5) 선행 연구에서는 우의정 정분 가계가 여말선초에 성장한 신흥세력이라고 보았다.(李東熙, 「朝鮮初期 官人層 研究 - 高麗와 朝鮮 支配勢力間의 관계 규명의 일환으로 -」, 『國史館論叢』 72, 1996, 32쪽) 이는 정분의 고조 문량공 정을보(1285~1355)가 이미 원간섭기 말에 재상의 지위에 오른 사실을 간과한 결과에서 나온 오해이다.

6) 박용국, 『지리산 단속사』, 보고사, 2010, 50-54쪽.

7) 채웅석은 '부로'를 지역사회의 여론을 지도하던 계층이라고 했다. 채웅석, 「여말선초 향촌사회의 변화와 埋香」, 『歷史學報』 173, 2002, 81쪽.

인물의 생애 일부도 밝혀질 것이다. 셋째, 조선 초 부로의 존재와 성격은 직접 관련된 자료와 간접 자료를 분석하여 규명하려고 한다.

본고에서는 부로의 존재와 성격을 규명하는 데 여말선초에 지어진 「진양부원군하공신도비명 병서」[8] · 「유명조선국증시공목강공묘지명 병서」 등의 비문류, 「진주개경원기」 · 「촉석루기」 · 「봉명루기」 · 「진주향교사교당기」 등의 기문류, 진주지역의 토성 강씨 · 하씨 · 정씨 가문 관련 여말선초 여러 비문과 문집 및 족보류, 『고려사』 · 『고려사절요』 · 『태종실록』 등의 관찬 기록 등을 종합적으로 비판 · 활용하는 방법에 의존할 것이다.

2) 향촌의 결사체와 부로

여말선초 군현이나 지역촌, 또는 국가 차원의 부로(父老)의 주요한 사례를 일괄하여 살펴보면 여말선초의 부로는 주로 고을의 장로를 통칭하는 의미로 사용되었으나 「안동약원기」에서 부로는 향리와 구분되는 존재로서 재지사족이나 부민(富民), 「중녕산황보성기」 · 「김화신관기」에서 부로는 재지품관을 지칭하기도 했다.[9] 한편 여말선초 진주지역의 부로 관련 기록에는 그 존재와 변화를 파악할 수 있는 단서가 있다.

---

8) 『春亭集』 卷12, 碑誌 「有明朝鮮國贈忠勤翊戴愼德守義協贊功臣大匡輔國崇祿大夫領議政府事晉陽府院君河公神道碑銘 幷序」. 이하 「晉陽府院君河公神道碑銘 幷序」로 약칭하겠다.

9) 『稼亭集』 卷6, 記 「淸風亭記」; 『稼亭集』 卷5, 記 「寧海府新作小學記」; 『牧隱文藁』 卷1, 記 「靈光新樓記」; 『牧隱文藁』 卷1, 記 「安東藥院記」; 『三峯集』 卷3, 書 「登羅州東樓 諭父老書【錦南雜題○乙卯】」; 『陽村集』 卷14, 記類 「永興府學校記」; 『동문선』 권76, 기 「中寧山皇甫城記[李穡]」; 『樗軒集』 卷下, 記 「金化新館記」. 한편 1237년 나주목의 속현 원율(原栗) · 담양(潭陽)의 초적 이연년(李延年)을 진압하는 데 협조한 부로들이 지방 지배층의 하층부를 이루고 있던 이족층일 것으로 추정한 견해가 있다.(이익주, 「고려 후기 정치체제의 변동과 정치세력의 추이」, 『한국사』 5, 한길사, 1994)

춘정 변계량(1369~1430)이 1412년에 지은 하윤린의 신도비문에서는 '향지부로(鄕之父老)'만이 아니라 '향지장자(鄕之長者)'라는 진주지역의 재지세력으로 추정되는 존재를 확인할 수 있다.[10] 또한 교은(郊隱) 정이오(鄭以吾)가 1388년 지은 「진주개경원기」에 보이는 '장자원'의 장자도 고려 말 진주 부로의 존재와 성격을 추정할 수 있는 자료라고 볼 수 있다.[11]

하윤린의 신도비문에 의하면 고려 말 진주지역 부로는 1366년에 호정 하륜의 아버지 하윤린이 결사한 금강사의 구성원이었다.[12] 이와 관련한 내용은 다음에서 알 수 있다.

> 을사년(1365) 봄에 고향으로 돌아왔다. 가을에 정승공이 과거에 급제하고, 이듬해(1366) 史官이 되었다. 공이 말하기를, "조정에 벼슬하는 아들이 있고 나는 늙었으니, 다시 벼슬하고 싶지 않다"라면서 고을의 부로들과 함께 금강사를 결사하고, 한가히 노닐면서 세월을 보냈다.[13]

위에서 알 수 있듯이 금강사는 하윤린이 '향지부로', 즉 진주의 부로와 함께 조직한 결사체이다. 하윤린이 부로들과 함께 금강사를 결사한 시기는 1366년(공민왕 15) 가을 무렵이었다. 이때 하윤린의 나이는 46세였다. 그런데 과연 하윤린이 당대에 '부로'라고 칭할 만한 나이였던가.

좀 후대의 사실이지만 태종은 1410년 10월 사간원의 경연 참석을 권유받고서 경연에 나아가는 것이 비록 아름다운 일이나 내가 늙고 병이 있으므

---

10) 院君河公神道碑銘 幷序」. 이하 「晉陽府院君河公神道碑銘 幷序」.

11) 『신증동국여지승람』 권30, 진주목 역원조;『郊隱集』下, 記「晉州開慶院記」.『신증동국여지승람』은 이하 『신증』으로 약칭하겠다.

12) 『春亭集』卷12, 碑誌「晉陽府院君河公神道碑銘 幷序」.

13) 『春亭集』卷12, 碑誌「晉陽府院君河公神道碑銘 幷序」.

로 세자에게 참석을 권하는 것이 좋겠다고 했다.[14] 그때 태종의 나이 44세
였다.[15] 그렇다면 46세의 하윤린이 당시 진주지역에서 부로로 대우받았을
것으로 추정된다.

하윤린이 금강사를 결사한 동기와 목적은 '하윤린의 신도비문'에서 어
느 정도 유추할 수 있다. 호정 하륜의 아버지 하윤린은 1344년(충목왕 즉위년)
에 식목도감녹사(式目都監錄事)로서 벼슬살이를 시작했다. 1363년(공민왕 12) 조
봉랑으로서 지숙주군사(知肅州郡事)에 제수되었는데, 숙천도호부(肅川都護府)
명환조에 실릴 정도로 지방관으로서 치적이 높았던 인물이다.[16] 1365년 지
숙천군사의 임기를 마치고 고향으로 돌아온 다음 해에 진주의 부로들과 함
께 금강사를 결사했다.

하윤린이 일시적이나마 벼슬살이를 단념하게 된 계기는 1365년 가을
하륜이 과거에 급제하여 이듬해 사관으로 벼슬살이를 시작한 것과 관련이
있다. 물론 하윤린이 1366년 이후 다시 벼슬살이에 나아가지 않은 것은 아
니다. 지숙주군사로서 치적으로 인해 재상 관계인 종2품 봉익대부에 올라
정3품 예의판서를 지냈던 것으로 보이기 때문이다.

하윤린은 지숙주군사로서 치적으로 인해 당상의 관직에 올랐으며,[17]
일찍이 첨설관(添設官)을 받고 누차 옮겨서 봉익대부 예의판서에 이르렀다.
그가 봉익대부로서 예의판서를 지낸 시기는 대략 짐작할 수 있다. 그가 숙
천군의 지군사를 그만둔 1365년 이후 문산계 종2품 봉익대부와 예의사의
정3품 예의판서가 같은 시기에 존속한 기간은 1366년부터 1369년까지이

---

14) 『태종실록』 권20, 태종 10년 10월 29일(임술).

15) 이방원은 1367년 5월 16일 함흥 귀주 집에서 태어나 1422년 5월 10일에 세상을 떠났다(『태종
    실록』 권1, 「총서」).

16) 『春亭集』 卷12, 碑誌 「晉陽府院君河公神道碑銘 幷序」; 『신증』 권52, 숙천도호부 名宦條.

17) 『신증』 권52, 숙천도호부 명환조.

다.[18] 따라서 하윤린은 1366년(공민왕 15) 이후부터 1369년(공민왕 18) 사이에 재상 관계인 종2품 봉익대부로서 정3품 예의판서를 지냈다.

하윤린 자신이 첨설관으로 시작하여 당상의 관직에 오르는 20여 년의 벼슬살이와 아들 하륜의 벼슬살이에 나아간 사실은 1365년에 그가 고향으로 돌아온 이후 일시적이나마 벼슬살이를 단념하게 했다. 이때 그는 고을의 부로들과 교유했던 것으로 보인다. 이는 하윤린의 금강사 결사의 동기이다. 그 성격은 하윤린이 부로들과 금강사를 결사하고 한가히 노닐면서 세월을 보내려고 했던 것에서 어느 정도 유추할 수 있을 것이다.

금강사의 용어에서 보면 불교적인 색채가 강한 결사체라는 생각이 든다. 당시 가장 널리 유통되고 신봉되던 대표적인 불경이『금강경(金剛經)』으로 알려져 있다. 12세기에 이르러 재상의 지위에 오른 인물이 금강경에 심취하여 스스로 호를 '금강거사(金剛居士)'라고 했다.[19] 그만큼『금강경』이 문벌귀족과 지식인층에 널리 영향을 미치고 있었음을 보여주는 단면이라 할 수 있다.

금강사 결사의 동기와 목적은 어느 정도 유추할 수 있지만, 그 성격이 과연 동기와 목적에 부합하는 것이었는가를 좀 더 검토할 필요가 있다. 금강사 결사의 사회적 배경으로는 13세기에 접어들면서 지방사회에서도 결사(結社)·결계(結契) 등의 명칭이 광범하게 사용되었던 것과 관련이 클 것으로 보인다. 그리고 기존 불교계에 대한 비판에서 출발한 결사운동이 중앙권력과 유착되면서 본래의 모습을 상실해가자, 지방의 지식인층들이 취한 방

---

18) 1362년 문산계 종2품 상계 광록대부와 하계 영록대부를 종2품 봉익대부로 고쳤다가 1369년 다시 종2품 상계를 광록대부, 하계를 숭록대부로 분리했다.(『고려사』권76, 백관지 문산계) 또한 1362년 예부를 예의사(禮儀司)로 고치고 상서를 판서로 고쳤다가 1369년에 예부로 다시 칭하고 판서를 상서로 고쳤다.(『고려사』권76, 백관지 예조조)

19) 『고려사』권95, 열전 李顗傳;『고려사』권95, 열전 尹瓘傳(附 尹彦頤).

향은 불교계에서 떠나 성리학에 접근하는 것이었다.[20] 그렇다면 금강사는 재지사족 중심의 부로가 결사의 주체가 된 진주지역 지식인층이 향촌사회의 새로운 질서를 모색하는 과정에서 나온 결사체였다.

향촌사회 내에서 당시 성리학이라는 새로운 사회이념이 수용되는 가운데 '매향'이라는 전통적인 불교 신앙에 입각한 공동체활동이 주목된다.[21] 금강사는 그와 대비되는 진주지역 사족들의 활동이 아닐까 한다. 물론 금강사는 계회(契會)의 성격도 지니고 있었을 것으로 짐작된다. 부로의 성격에서 본다면 금강사의 성격은 사회변동기의 시대 상황이 반영되었을 것이다. 그렇다면 금강사는 진주의 부로들이 사회 변화에 대처하기 위한 결사체이면서 부로 간에 우의와 신의를 다지고 친목을 도모하기 위한 계회 성격도 지녔던 것으로 보인다.

당시 진주지역에는 동읍(同邑)의 부로끼리 우의를 다지는 모임이 결성되어 있었으며, 널리 알려지기도 했던 것 같다. 소위 진주의 문사(文士)라고 일컬을 정도로 유교 지식인층이 형성되어 있었으며, 이들 간에 '시사(詩社)'도 결성되어 있었을 것으로 추정된다.

1376년 봄에 전라도원수(全羅道元帥) 하을지(河乙沚, 1318~?)의 아버지이자 하윤린의 숙부인 하거원(1301~?)이 76세에 득남했다. 이에 동읍의 친숙한 벗인 재상 원정공 하즙(1303~1380)이 먼저 시가를 지어 그를 기념했으며, 진주의 문사들이 모두 시가를 지어 장차 시가집을 편찬하려고 했다. 이때 나주의 회진현에 유배살이하던 정도전은 그 소식을 전라도원수 하을지의 종사관 박원빈(朴原賓)으로부터 전해 듣고서 시서(詩序)를 지어 바쳤다.[22] 비록 당시 시가집은 전하지 않지만, 그 시서를 통해 진주지역 문사의 존재를 확인

---

20) 채웅석, 『高麗時代의 國家와 地方社會』, 서울대학교 출판부, 2000, 309쪽.

21) 채웅석, 위의 논문, 77-82쪽.

22) 『三峯集』 卷3, 序 「賀河公生子詩序【按河公乙沚之大人 丙辰】」.

할 수 있다. 이들 문사는 금강사 구성원과 커다란 차이가 없을 것으로 짐작된다.

금강사가 결사되고 얼마 지나지 않은 시점에 진주지역 향촌사회에서는 불교적 일상에서 유교적 일상으로 변화해가는 과도기적 한 단면을 상례(喪禮)와 장례(葬禮)를 통해 엿볼 수 있다.

하즙은 찬성사로 치사하고 진천군(晉川君)으로 봉해졌다가 세상을 떠났으므로 아들인 승려 원규(元珪)가 화장했으며, 시호를 원정(元正)이라고 했다.[23] 하즙이 1380년 8월에 세상을 떠났는데, 이보다 4년 앞선 1376년 12월에 대사헌 하윤원이 세상을 떠났다.[24] 불교식 의례에 의거하여 하즙의 장례를 치른 것은 당시 선종 교단의 최고 지위에 오른 대선사 원규[25]가 주관했던 것과 관련이 있다고 본다. 이러한 반면에 상장(喪葬)의 의례가 주자의 가례에 의거한 경우도 있었다. 1380년 9월 하윤린이 순흥 임지에서 세상을 떠나자, 그의 아들 하륜은 모든 상장(喪葬)의 용구를 일체 주자가례(朱子家禮)에 의거하고 불교의 법식을 쓰지 않았다.[26] 이처럼 여말선초 진주지역 향촌사회 일상의 변화는 부로의 존재와 성격의 한 단면을 이해할 수 있게 한다.

금강사 구성원은 진양하씨 시랑공파 하식의 두 아들 하시원과 하거원 형제 가문의 자손과 진양하씨 사직공파 하즙의 내외자손, 진양강씨 강군보 자손 및 진양정씨 정신중(鄭臣重, 1327~1380) 가문이 주축을 이루고 있었을 것이다. 그러므로 하윤린이 다시 벼슬살이에 나아간 이후에도 반드시 금강사가 아닐지라도 그들 가문 자손의 공동체활동의 한 형태로 지속되고 있었을 것이다. 이와 관련하여 주목되는 곳이 장자원(長者院)이다.

---

23) 『고려사』 권112, 열전 河允源傳.

24) 『고려사』 권112, 열전 河允源傳; 『思軒遺集』 卷2, 雜著 「餘沙先莊事實」.

25) 『白紙墨書妙法蓮華經』 卷7, 寫經 跋文.

26) 『春亭集』 卷12, 「晉陽府院君河公神道碑銘 并序」.

장자원은 매천 하유종(?~?)이 1388년 아버지 하윤원이 거처하던 고향 집 곁에 열었던 원(院)이었다. 장자원은 개경원(開慶院)의 이웃에 위치했는데, 개경원은 읍치 동쪽 2리에 있던 역원이었다.[27] 하유종이 원을 개설한 우선 목적은 왕래하면서 등망(登望)하고 사색하는 정자를 세운 뜻을 본받고자 한 것에 있었을 뿐만 아니라 여행객에게 유숙의 편의를 제공하려는 목적도 있었다. 1379년 왜구의 침구(侵寇)로 개경원 이웃의 하유종의 옛집과 개경원이 모두 소실되었기 때문이다. 경산목사 하유종은 옛집과 개경원을 대신할 원을 열기 위해 자재를 모았으나 1384년 진주목사 박자안의 요청을 받아들여 그 자재를 개경원의 중건에 모두 바쳤다.[28]

하유종은 다시 재력과 재목을 갖추어 1388년에 장자원을 열었다. 왜 하필이면 장자원을 지었다고 하지 않고 열었다고 했을까. 장자원은 사적인 공간이지만 실제 개방적인 공간으로서 기능을 염두에 두었으므로 한 원을 열었다고 했을 것이다. 장자원은 개경원의 중건 이후에 개설되었으므로 여행객에게 유숙의 편의를 제공하기보다 오히려 장자 간의 교유와 유숙을 위해 개설한 원으로 이해할 수 있을 것이다. 당시의 재상들은 시(詩)로 초대하여 바둑으로 날을 보내면서 다투어 성찬을 차려내는 호사함에 힘썼다.[29] 이 사실에 빗대어보면 하유종은 장자원을 열어 교유 장소로 활용했을 것이다. 재상 가문의 장손인 경산목사 하유종이 장자들을 위해 개설한 원이라면 그 장자들은 자신의 가문과 인적 관계망을 형성할 수 있는 사회적 지위를 갖춘 재지사족이었을 것이다. 따라서 앞의 금강사 구성원인 부로와 장자는 정치 · 사회적으로 인적 관계망을 형성할 수 있는 가문 출신의 인물들이었

---

27) 『신증』 권30, 진주목 역원조; 『진양지』 권2, 역원조.

28) 『신증』 권30, 진주목 역원조; 『교은집』 하, 기 「晉州開慶院記」; 『약헌집』 권6, 기 「慶流齋重建記」.

29) 『용재총화』 권3, 「鐵城崔瑩」.

던 것으로 추정된다.

　장자원의 장자(長者)는 금강사를 결사한 부로와 직간접의 인적 관계망을 구축하고 있었던 것으로 추정된다. 장자로 추정되는 인물은 진양하씨 사직공파 하유종·하자종(1350~1433)·하계종(1353~1430) 형제, 진양하씨 시랑공파 하륜의 종형제 하유·하륜의 재종형제 하렴과 하승해 등이며, 진양강씨 박사공파 공목공 강시(1339~1400)와 좌의정 강서(1347~1424) 형제 및 강시의 장자 강회백(1357~1402)·강회중(?~1421)·강회계(?~1392) 형제, 진양강씨 은열공파 개성유수 강수명(?~?), 진양정씨 교은 정이오(1347~1434)·정종오 형제 등이었을 것이다.

3) 부로의 인적 관계망과 변화

　고려 말기 진주지역 부로의 주요 구성원으로 생각되는 하윤린의 진양하씨 시랑공파 가문 출신의 인적 관계망을 먼저 살펴보자.

　진양하씨 시랑공파 하윤린 가문은 그의 조부 하식(?~?)이 징사랑 선관서승을, 그의 외조부 진양정씨 정균(?~?)이 승봉랑 풍저창(豊儲倉)의 부사(副使)을 지냈다. 하식은 증손 하륜이 귀하게 되어 '순충보조공신 보국숭록대부 판사평부사 진원군'으로 추증되었다.[30] 하식의 두 아들 하시원(?~1360)과 하거원(1301~?) 형제가 활발히 활동한 연대는 14세기 중엽일 것이다. 하윤린의 숙부 하거원은 1376년까지 건강했으므로 1366년에 금강사를 결사할 때 참여한 부로의 핵심 인물로 추정된다. 1412년 지제교 박희중(朴熙中)은 좌의정

---

30) 『春亭集』卷12, 碑誌「晉陽府院君河公神道碑銘 并序」;『동문선』권129, 묘지명「諡文忠河公墓誌銘 并序[尹淮]」.

하륜의 명을 받아 하윤린의 비음기(碑陰記)를 지었으며, 당대에 글씨로 이름이 높았으므로 신도비문도 썼다.

하시원은 두 아들 하윤린 · 하윤구(河允丘)를 두었으며, 하거원은 하을지(1318~?) · 하을숙 · 하을부 등 여섯 아들과 사위 둘을 두었다. 또한 하거원은 딸 한 명과 1376년에 얻은 아들 한 명을 더 두어 모두 일곱 아들과 사위 셋을 두었다.[31] 하시원과 하거원 형제 가문은 그들의 아들 대에 이르러 족세가 크게 번창하고, 하을지가 재상의 지위에 오르는 등 정치적 성장을 거듭했다.

하윤린은 지숙주군사(知肅州郡事)로서 치적이 매우 뚜렷했다. 『신증』 숙천도호부의 명환조에는 "하윤린은 공민왕 때 지군이다. 위왕(僞王) 다첩목아(多帖木兒)가 침입했을 때 여러 도의 군사와 장수들이 왕래할 때 모두 숙주를 경유했는데, 하윤린은 대접하기에 소홀함이 없었다. 정치를 하는 데 어진 것과 용서하는 것을 근본으로 삼아서 세금 외에는 거두는 것이 없어지고 형벌이 줄어드니, 아전과 백성이 그 은혜를 입었고, 당상관에 올랐다"고 나온다. 다산 정약용은 『목민심서』 예전 빈객 편에서 다시 그 내용을 언급했다. 이는 하윤린이 수령으로서 빈객 접대에 소홀함이 없었으며, 선정을 펼쳤다는 사실을 말해준다. 그리고 고을의 장자(長者) 강승유(姜承裕, ?~?)는 자신의 딸을 하윤린의 아내로 삼게 했는데, 하윤린은 그를 아버지처럼 섬겼다. 장자 강승유의 진양강씨 가문도 진주의 재지세력으로서 상당한 부를 소유하고 사회적 위상이 확고한 가문이었던 것 같다. 하윤린은 강승유의 딸 사이에 호정 하륜과 사위 전주류씨 류극서(柳克恕, ?~1388)를 두었다.

하윤린의 종형제 하을지는 원간섭기 말기에서 우왕 초반까지 활동을 펼쳤으며, 진양하씨 시랑공파 하거원 집안의 정치 · 사회적 위상을 대표하는 인물이다. 『급암시집』 · 『고려사』 세가와 선거지 · 『목은집』 · 『삼봉집』 ·

---

31) 『浩亭集(初刊本)』 卷3, 附錄 「晉陽府院君河公諱允潾神道碑 陰記[知製教朴熙中]」.

『경재집』 등에 의하면 하을지는 진주향교에서 공부하다가 어느 때 개경의 급암(及菴) 민사평(閔思平, 1295~1359)의 문하생이 되었는데, 급암이 그에게 큰 기대를 가졌다. 하을지는 1342년(충혜왕 후3) 급암이 주관한 국자감시에 합격했으며, 1344년(충목왕 즉위년) 11월 지공거 박충좌(朴忠佐, 1287~1349)와 동지공거 이천(李蒨, ?~1349)이 주관한 과거에 장원 급제하여 벼슬살이에 나아갔다. 하을지는 내직으로 밀직사사로서 재상의 반열에 올랐으나 주로 장상으로 활동했으며, 뒤에 청천군에 봉해졌다. 하을지의 첫째 동생 하을숙(?~?)은 아들 하렴과 사위 최유강·정신덕·정하손·정신중 등을 두었는데, 정신중의 아들이 교은 정이오이다. 하을지의 둘째 동생 하을부(?~?)는 1320년대에 태어나 하을지가 장상으로서 활동하던 1370년대에 판군기감사(判軍器監事)를 지냈을 것이다. 하을부의 손자가 재상에 오른 양정공 하경복(1377~1438)과 목사 하경리(?~?)이다. 하을지를 포함한 7형제 가운데 하을지·하을숙·하을부 등도 금강사의 구성원으로 추정된다.

진양하씨 사직공파 가문은 고려시대부터 15세기 초반대까지 진주 서면 여사촌에 대대로 살았으며, 하즙(1303~1380)에 이르러 재상 가문으로 성장했다.[32] 하즙이 재상의 지위에 오른 배경으로는 자신의 능력만이 아니라 아버지 하직의(河直漪)가 정4품의 정용장군을 지냈던 사실, 그리고 재상 가문인 철성이씨의 정치·사회적 기반을 간과할 수 없을 것이다. 그의 처부는 철성이씨 철원군 이우(李瑀)인데, 진주목사로 재임하던 1320년 무렵에 하즙을 사위로 맞아들였을 것으로 추정된다. 철성이씨는 이우의 아버지 이존비(1233~1286)가 1260년 과거에 급제하여 지밀직사사에 올라 지공거를 지내고 감찰대부와 판밀직사사에 올랐을 만큼 13세기 중엽에 이미 정치적 입지가 매우 공고한 여말선초의 대표적인 재상 가문이었다.

---

32) 『晉陽河氏世譜』(萬曆本), 「歷代遺錄」.

하즙의 처부 이우는 진주목사로 있으면서 선정을 베풀어 『신증』 진주목의 명환조에 올랐던 인물로서 아들이 철성부원군 문정공(文貞公) 행촌(杏村) 이암(李嵒, 1297~1364)과 도촌(桃村) 이교(李嶠)이다. 하즙은 대사헌에 오르고 진산군(晉山君)에 봉해진 하윤원(河允源, 1322~1376)과 대선사(大禪師) 원규(元珪)를 두었으며, 사위가 개성유수(開城留守) 강수명(姜壽明, ?~?)과 공목공(恭穆公) 강시(姜蓍, 1339~1400)이다. 하즙의 손자가 하유종(河有宗, ?~?)·하자종(河自宗, 1350~1433)·하계종(河啓宗, 1353~1430), 증손이 영의정 경재(敬齋) 하연(河演, 1376~1453)·대사간 하결(河潔, 1380~?) 등이다. 위와 같은 인물의 활동 시기를 감안하면 진양하씨 사직공파 가문의 하즙과 아들 하윤원과 사위 강수명 및 강시 등은 금강사 결사를 주도한 하윤린과 인적 관계망을 형성하고 있었을 것으로 추정된다.

진양강씨 박사공파는 문경공(文敬公) 강군보(姜君寶, 1312?~1380)의 고조 국자박사(國子博士) 강계용(姜啓庸)을 파조로 하는 가문이다. 쌍매당(雙梅堂) 이첨(李詹, 1345~1405)이 지은 「강정당모씨합장제문(姜政堂母氏合葬祭文)」에 의하면 정당문학(政堂文學) 강군보의 아버지 강창귀(姜昌貴, ?~1360)는 1360년에 세상을 떠났으며, 어머니 영가군부인권씨(永嘉郡夫人權氏, 1293~1378)는 1378년에 86세로 세상을 떠났다.[33] 파조 강계용의 증손 강창귀는 벼슬이 정4품 판도정랑(版圖正郎)에 이르렀으며, 1347년 8월 6일 경관직인 판도정랑을 겸대하고 외직인 경주판관에 부임했으나 얼마 지나지 않은 8월 14일에 영천의 판관으로 이임했다.[34] 강창귀의 아들 문경공 강군보는 1336년(충숙왕 후5) 정월 과거에 남궁민(南宮敏)과 동방급제하여 벼슬살이에 나아갔다.[35] 벼슬이 첨서

---

33) 『雙梅堂篋藏集』 卷24, 文類 「姜政堂母氏合葬祭文」.

34) 『東都歷世諸子記』; 『永陽志』 守官條; 『晉山姜氏世譜』(1845) 卷1, 강창귀 편; 『陽村集』 卷39, 墓誌類 「有明朝鮮國贈謚恭穆姜公墓誌銘 幷序」.

35) 강군보는 진주향교에서 공부하여 과거에 급제했다.(『신증』 권30, 진주목, 인물조) 다만 그가 급

밀직사사(簽書密直司事)·정당문학에 이르고 봉산군(鳳山郡)에 봉해졌으며, 세상을 떠난 후 문경(文敬)의 시호를 내려받았다.[36] 강군보는 진양강씨 박사공파 가문에서 처음으로 2품 재상의 지위에 오른 인물이므로 그 가문의 현조(顯祖)이다. 이색은 문경공 강군보의 죽음을 애도한 만사에서 "만년에 정당에 제수되며 식읍을 또 받으신 분"이라고 했다.[37]

강군보는 경주김씨 전객시령(典客寺令) 김여진(金呂珍)의 딸 계림군부인(鷄林君夫人, ?~1392) 사이에 공목공 강시(姜蓍, 1339~1400)와 좌의정 강서(姜筮, 1347~1424)를 두었다. 강군보는 두 재상 가문인 진양하씨 사직공파 하즙과 성주이씨 이인임과 혼사함으로써 정치·사회적 네트워크를 더욱 확대했다. 강시의 처부는 하즙이고, 강서의 처부는 이인임이다. 강시는 1357년(공민왕 6) 4월 정유방(丁酉榜)에 염흥방(廉興邦)과 동방급제(同榜及第)하여 벼슬살이에 나아갔다.[38] 강시는 여러 벼슬을 거쳐 봉선대부 지합주사(知陝州事)로 있을 때 행촌 이암이 원나라에서 가져온 『농상집요(農桑輯要)』를 판각하여 각 군에

제한 시기에 대해서는 고증이 필요하다. 가첩(家牒)에 의하면 강군보는 충숙왕 갑자(1324) 남궁민 방(榜)에 급제했다.(『晉山姜氏世譜』(1830)) 강군보가 남궁민 방하(榜下)에 급제했다면 갑자년(1324)은 병자년(1336)의 오기이다. 1336년(충숙왕 후5) 1월 채홍철(蔡洪哲)이 지공거, 안규(安珪)가 동지공거가 되어 진사를 뽑았는데, 남궁민 등 33명에게 급제(及第)를 내려주었기 때문이다.(『고려사』卷73, 選擧志1 選場 忠肅王 後5年 正月條) 그리고 본문에서 언급한 강군보의 어머니 영가군부인권씨(1293~1378)의 생년과 강군보의 생년으로 추정되는 1312년을 아울러 고려하면 강군보는 1324년이 아니라 1336년 정월 과거에 급제했던 것으로 보는 게 옳다. 한편 1336년 병자방(丙子榜)에 급제한 인물 33인 가운데 『등과록전편』에는 장원인 남궁민 이외에 이윤(李潤)·허경(許絅)·성여완(成汝完)·정사도(鄭思道)만 기재되어 있고, 나머지 28인은 누락되었다.(『登科錄前編』卷2, 忠肅王 後5년 正月 丙子榜) 강군보는 그 누락된 28인 가운데 1인이었을 것으로 보인다.

36) 『牧隱文藁』卷14, 碑銘「廣通普濟禪寺碑銘 幷序」;『雙梅堂篋藏集』卷24, 文類「姜政堂母氏合葬祭文」;『陽村集』卷39, 墓誌類「有明朝鮮國贈諡恭穆姜公墓誌銘 幷序」;『세종실록』권26, 세종 6년 10월 19일(경신);『敬齋集』卷2, 記「晉州鄕校四敎堂記」;『신증』권30, 진주목, 인물조.

37) 『牧隱詩藁』卷28, 詩「哭姜政堂【君輔】」.

38) 『고려사』권73, 선거지1 선장 공민왕 6년 4월조;『등과록전편』권2, 공민왕 6년 정유방.

보급했다.[39] 이처럼 강시는 선진적인 강남농법 도입에 앞장섰던 인물이다.

　　강시는 1382년(우왕 8) 판도판서를 거쳐 1383년 봄 문하평리상의(門下評理商議)에 임명되었으며, 같은 해 겨울 진산군(晋山君)에 봉해지고 문산계 종1품 중대광(重大匡)에 올랐다. 그는 1390년(공양왕 2) 겨울 추충보조공신으로서 상의문하찬성사에 제수되었는데, 이 관직을 끝으로 더 이상 벼슬살이에 나아가지 않았다. 그는 1400년 11월 세상을 떠난 후 공목공(恭穆公)에 증시되었다. 강시는 원정공 하즙의 딸 사이에 아들 강회백·강회중·강회순·강회숙, 공양왕의 둘째 사위 강회계를 두었다.[40] 강서는 벼슬이 1382년 판밀직사사(判密直司事)에 임명됨으로써 2품 재상의 지위에 올랐다.[41] 좌의정으로 치사한 강서는 성주이씨 이인임(李仁任, ?~1388)의 딸 사이에 아들 강주(姜籌) 등을 두었다.[42]

　　진양정씨 정예(鄭藝) 계열은 면재(勉齋) 정을보(鄭乙輔, 1285~1355)의 아버지 정연(鄭椽, ?~1326) 대에 이르러 중앙의 실직으로 진출했다.[43] 연안부의 선생안인 수신(守臣)에 의하면 정연은 1307년 지석주사(知碩州事)로 부임하여 1308년에 이임했다.[44] 정연의 아들 정을보는 1320년(충숙왕 7) 8월 우대언 허

---

39) 『牧隱文藁』卷9, 序「農桑輯要後序」.

40) 『陽村集』卷39, 墓誌類「有明朝鮮國贈諡恭穆姜公墓誌銘 幷序」;『태종실록』권4, 태종 2년 11월 19일조 강회백 졸기.

41) 『세종실록』권26, 세종 6년 10월 19일(경신).

42) 『陽村集』卷39, 墓誌類「有明朝鮮國贈諡恭穆姜公墓誌銘 幷序」;『세종실록』권26, 세종 6년 10월 19일(경신);『晋山姜氏世譜』(1899).

43) 이동희는 진양정씨 정예 계열의 정분 가계가 여말선초에 성장한 신흥세력으로 생각된다고 했다.(李東熙,「朝鮮初期 官人層 研究 - 高麗와 朝鮮 支配勢力間의 관계 규명의 일환으로 -」,『國史館論叢』72, 1996, 32쪽) 이는 본문에서 살펴보았듯이 올바른 이해라고 볼 수 없다. 특히 『신증』진주목 인물조에 근거하여 정을보의 관직을 증공부시랑(贈工部侍郎)이라고 본 것은 대표적인 오류이다.

44) 연안도호부는 1259년(고종 46)에 고을 사람 장군 차송우(車松祐)가 공을 세움으로써 지복주사(知復州事)로 승격되었으며, 1269년(원종 10)에 석주(碩州)로 고쳤다가 1308년(충렬왕 34)

부(許富)가 관장한 거자시(擧子試)에 장원으로 급제했으며, 1343년(충혜왕 후3) 11월 정당문학으로서 전민추쇄도감(田民推刷都監)의 제조(提調)에 제수되었다. 1352년(공민왕 1) 8월 청천군(菁川君)에 봉해지고 찬성사에 올랐으며, 돌아가자 문량(文良)의 시호가 내려졌다.[45]

정을보는 아들 정천덕(鄭天德, 1308~1366)과 딸 증진한국부인정씨(贈辰韓國夫人鄭氏, 1346~1395)를 두었으며, 사위가 순천박씨 박가홍(朴可興)이며, 외손이 문숙공 박석명(朴錫命, 1370~1406)이다. 정천덕의 아들이자 하을숙의 사위 정신중은 세 아들 정이오ㆍ정종오ㆍ정성오를 두었다. 정이오는 호가 교은, 시호가 문정(文定)이다. 그는 이색과 정몽주의 문하에서 배워 1374년(공민왕 23) 과거에 급제하고 벼슬살이에 나아갔는데, 예문관대제학ㆍ의정부찬성사 등을 지냈다. 정이오의 아들이 우의정 정분(鄭苯, 1382~1454)이다.[46] 이처럼 원간섭기에 재상의 지위에 오른 정을보 가문은 외손 박석명과 증손 정이오도 모두 재상의 지위에 올랐을 정도로 여말선초 대표적인 진주지역 사족 가문이다. 정신중은 실직을 지낸 것으로 보이지 않으나 진주지역 향촌사회의 주도 사족 가문 출신으로서 부로로 대우를 받았던 것으로 보인다.

고려 말 진주지역 금강사의 구성원인 부로는 그들 간에 인적 네트워크를 형성하고 향촌사회의 변화를 주도했던 인물들로 추정된다. 그러면 그들의 성격을 어떻게 규정할 수 있을 것인가. 진주지역의 사회 변화와 지식ㆍ

에 온주목(溫州牧)으로 승격되었다.(『세종실록지리지』 황해도 연안도호부 건치연혁) 한편 지주사(知州事) 군현의 장관은 사(使), 또는 부사(副使)인데, 고려 후기 지주사의 장관 직함은 대개 부사(副使)로 나타난다.(尹京鎭, 「고려후기 先生案 자료를 통해 본 外官制의 변화」, 『國史館論叢』 101, 2003, 47쪽) 따라서 정연은 1307년에 지석주사로 부임하였지만 연안부 선생안에는 그의 직함이 부사(副使)였다.(『延安府誌』 卷3, 守臣 鄭椽 편)

45) 『고려사절요』 권24, 충숙왕 7년 8월조;『고려사절요』 권25, 충혜왕 후4년 11월조;『고려사절요』 권26, 공민왕 원년 10월조;『陽村集』 卷40, 墓誌 「有明朝鮮國贈辰韓國夫人鄭氏墓誌銘幷序」.

46) 『세종실록』 권65, 세종 16년 8월 11일(을묘);『豊墅集』 卷13, 墓碣 「右議政鄭公墓碣銘」.

지식인 재생산체계는 13세기가 하나의 전환기였을 것으로 생각된다. 그 외적인 계기는 외향이 진주인 최충헌의 집권이었다. 그가 집권함으로써 그의 외가 진주류씨만이 아니라 진주 토성 하씨·강씨·정씨 가문 출신의 인물들도 중앙에 활발히 진출했다.[47] 이러한 외적인 조건은 진주지역의 내적인 지식 기반과 지식인층의 성장과 맞물려 14세기에 이르러 재지세력의 급격한 정치적 성장을 촉진했을 것이다. 진주향교는 진주지역의 지식 기반과 지식인 재생산체계에서 주목되는 공간이었다.

진주향교는 일찍부터 진주지역의 지식인 재생산의 중심 장소였다. 경재 하연이 1449년 지은 「진주향교사교당기」에 의하면 은열공 강민첨(姜民瞻, 963~1021), 문경공 강군보(?~1380), 원정공 하즙(1303~1380), 어사대부 하윤원(1322~1376), 청천군 하을지(1318~?), 문량공 정을보(1285~1355), 문충공 하륜(1347~1416), 문정공 정이오(1347~1433), 양정공 하경복(1377~1438) 등은 모두 진주향교에서 공부한 뛰어난 인물들인데, 문과 무로써 모두 당시에 업적을 크게 남겼다. 이처럼 진주향교는 여말선초 진주지역의 지식 기반 지식인 재생산의 중심 장소로서 부로의 인적 관계망의 핵심 인물로서 '문사(文士)'를 배출했다.

금강사의 구성원인 부로의 인적 관계망의 성격과 관련한 '진지문사(晉之文士)'를 주목할 필요가 있다. 앞에서 언급했듯이 1376년 봄에 정도전은 전라도원수 하을지의 아버지 하거원(1301~?)이 76세에 아들을 얻은 것을 축하하는 시서(詩序)인 「하하공생자시서(賀河公生子詩序)」를 지었다. 정도전은 그 서문에서 "하공의 종사관 박원빈(朴原賓)이 도전에게 이르기를 '하공의 존대인(尊大人)이 나이 18세에 하공을 낳아 하공이 지금 장상의 지위에 올랐는데도 존대인께서는 강건하여 아무 병 없이 나이 76세에 또 아들을 낳았습니다.

---

47) 李樹健, 『韓國中世社會史研究』, 一潮閣, 1984, 309-310쪽.

같은 읍의 친숙한 벗인 하즙이 먼저 시가를 지어 그를 기념하였으며, 진주의 문사(文士)들이 모두 그를 노래하였는데, 그대는 알고 있는가?'라고 하였습니다"[48]라면서 진주 문사들의 존재를 전언했다. 그리고 정도전은 그 시서에서 '진주의 문사'들이 하거원의 득남을 축하하는 시가가 한 번으로 끝나지 않을 것임을 안다면서 하을지 가문이 장상의 지위에 오르고 부귀를 누리는 것이 이후에도 계속될 것이라고 했다.

이상과 같이 13세기 이후 대내외적 배경을 바탕으로 진주지역에는 문사(文士)로 일컬어질 수 있는 문인지식층(文人知識層)이 꾸준히 성장하고 있었다. 1376년 시가집을 편찬했던 문사들의 대부분은 하윤린과 부로가 함께 결사한 금강사의 구성원들과 인적 관계망에서 대부분 겹치는 인물들일 것이다. 이들은 서서히 성리학에 대한 지식을 늘려가면서 새로운 향촌 질서를 모색하고 있던 문인지식층이었으며, 토성 가문 출신의 인물들이 주축을 이루고 있었던 것으로 추정된다.

여말선초의 사회변동을 겪으면서 그러한 진주지역 사족 가문의 구성과 부로의 인적 관계망에도 적지 않은 변화가 일어났다. 그러한 변화는 촉석루 중건을 주도한 전판전의감사(前判典醫監事) 강순(姜順, ?~?)과 전좌사간대부(前左司諫大夫) 최복린(崔卜麟, 1349~1431) 가문 등의 인적 관계망을 통해 어느 정도 드러날 것으로 본다.

진주지역의 부로 강순과 최복린 등이 여러 부로와 함께 촉석루 중건을 의결했다. 이는 진주지역 사족 가문 출신의 부로들이 대부분 의결에 참여했음을 말해준다. 당시 부로들은 강순·최복린 등의 인물과 '제부로(諸父老)'라는 통칭의 부로들로 크게 나누어볼 수 있다. 그리고 진주의 부로들을 대표하는 강순과 최복린도 성격에서 차이가 있다.

---

48) 『三峯集』卷3, 序「賀河公生子詩序【按河公乙沚之大人 丙辰】」.

강순은 조선 초 진주지역의 부로들을 대표하지만, 본관을 제외하면 가계와 생애에 대해 알려진 게 거의 없다. 다만 촉석루 중건 관련 사실과 조선에 들어와 판전의감사를 지냈다는 점과 사위가 경주정씨 정기(鄭其, 1380~1425)라는 정도이다.[49] 그렇더라도 그의 사위 정기를 통해 그의 인적 관계망과 사회적 위상을 추정할 수 있다.

정기는 진양하씨 사직공파 하윤원의 외손이다. 그의 아버지 정진(鄭璡)은 중현대부(中顯大夫)로서 전객시령(典客寺令)을 지냈으며, 하윤원의 딸 사이에 사헌부지평 정기를 두었다.[50] 정진이 송경(松京)에서 진주로 이주해왔다고 전하는 자료가 있다.[51] 정진이 처향 진주로 이주하고 그의 아들 정기는 외향 진주에 완전히 정착한 것으로 보인다. 정기는 벼슬살이에 나아가 사헌부지평과 호조정랑을 지내고 세상을 떠났는데, 진주목 서면 오산리(吾山里/烏山里) 삼보곡(三寶谷)에 묻혔다.[52]

정기의 부인 진양강씨(1374~1455)의 묘소는 원정공 하즙과 대사헌 하윤원의 묘소 아래에 위치한다.[53] 진양하씨 사직공파 가문이 한동안 진주를 떠나 있음으로써 두 유택은 조선 중기에 잠시 잊혔던 것 같다. 양정재(養正齋)

---

49) 한편 『진산강씨족보』(1685)에 의하면 강순(姜順)은 진양강씨 박사공파 3세 감찰어사 강사첨의 장자 강창부(姜昌富)의 증손이다. 그렇다면 강순은 강사첨의 차자 강창귀(姜昌貴)의 증손인 통정(通亭) 강회백(姜淮伯, 1357~1402)과 삼종간이다. 이름이 서로 같고 활동 연대가 거의 같다는 점에서 보면 두 명의 강순은 동일 인물로 추정되지만 몇 가지 의문스러운 점도 있어 단정할 수 없다. 『진산강씨족보』(1685)에 의하면 강순은 3남 1녀를 두었는데, 사위가 정기(鄭其)가 아니라 류유(柳遊)이기 때문이다. 또한 앞의 족보에는 강순의 관직과 관계가 전혀 언급되어 있지 않으나 『진주강씨박사공후사직공파세보(晉州姜氏博士公後司直公派世譜)』(2009)에는 강순의 관계가 5품 하계인 봉훈랑(奉訓郞)이며, 관직이 종8품 훈련봉사(訓鍊奉事)라고 했기 때문이다.

50) 『교은집』 권하, 묘지 「贈奉列大夫漢城少尹行司憲府持平戶曹正郎鄭公其墓誌銘」.

51) 『棲山集』 卷5, 墓表 「處士慶州鄭公墓表」.

52) 『교은집』 권하, 묘지 「贈奉列大夫漢城少尹行司憲府持平戶曹正郎鄭公其墓誌銘」; 『雪嶽集』 卷4, 行狀 「持平鄭公行狀」; 『慶州鄭氏平章公派世譜』(1986).

53) 『雪嶽集』 卷4, 行狀 「持平鄭公行狀」.

하덕망(河德望, 1664~1743)은 하윤원의 외손부 진양강씨 묘의 전석문(鐫石文)으로 인해 두 유택을 확인하고 개사초(改莎草)했기 때문이다.[54] 이는 하윤원의 외손 정기의 자손이 외선조의 묘소를 한동안 관리했음을 말해준다.

정기는 진양강씨 사이에 다섯 아들 정차온(鄭次溫, 1399~1467)·정차량(鄭次良)·정차공(鄭次恭)·정차검(鄭次儉)·정차양(鄭次讓)을 두었다. 정기의 손서 전의이씨 이건(李楗, 1436~1510)은 사헌부감찰을 지냈는데, 이조참의(吏曹參議)를 지낸 정차공의 사위이다.[55] 이건은 전의이씨 진주 입향조 경상우도절제사 이승간(李承幹)의 손자이자 하륜의 외증손이다. 이건은 남명 조식의 자형인 이공량(李公亮)의 조부이고, 병조판서 이준민(李俊民, 1524~1590)의 증조부이다.[56] 이렇듯 강순은 자신의 사회적 기반 이외에 사위 정기를 통해 진양하씨 사직공파와 사회적 관계망을 구축하고 있었으므로 중앙과 진주지역에서 명망을 유지하던 인물로 생각된다.

최복린은 1374년(우왕 즉위년) 과거에 급제하여 벼슬살이에 나아갔다. 그가 함안교수에 제수되자, 송당(松堂) 조준(趙浚, 1346~1405)은 동방급제(同榜及第) 최복린을 환송하면서 "뛰어난 재주로 교수 자리 얻었네"라는 시를 남겼다.[57] 최복린은 1383년(우왕 9)에 지고성군사(知固城郡事)로 있으면서 왕명을 받들어 안렴사 여극연(呂克珚)과 함께 강성군(江城君) 문익점(文益漸)의 효행을

---

54) 『晉山世稿』『養正齋遺稿』, 詩「猪洞改莎時 幷小序」.

55) 『교은집』 권하, 묘지「贈奉列大夫漢城少尹行司憲府持平戶曹正郎鄭公其墓誌銘」; 『果齋集』卷8, 碣銘「贈漢城少尹行司憲府持平鄭公墓碣銘 幷序」; 『雪嶽集』卷4, 行狀「持平鄭公行狀」; 『新菴集』全義李氏家乘卷圖,「通訓大夫行司憲府監察全義李公諱楗墓碣[子貞胤]」.

56) 『新菴集』全義李氏家乘卷圖,「繕工監參奉贈資憲大夫吏曹判書兼知義禁府事全義李公諱公亮墓碣」.

57) 『松堂集』卷2, 五言古詩「送同年崔【卜麟】教授咸安【得冒字】」.

정려하는 비를 세웠다.[58] 그는 하륜의 천거를 통해 좌사간대부를 지냈다.[59] 좌사간 최복린의 행적은 그 이외에 크게 드러나고 전하는 것이 없지만, 그의 인적 관계망을 살펴봤을 때 주목되는 인물이 조준과 하륜이다. 그들은 당대 최고권력자의 한 사람이기 때문이다.

최복린이 진주에 정착한 시기는 정확히 알려져 있지 않으나 이미 1413년 시점에 하륜과 동향이라고 했다.[60] 그는 아버지 사설서령(司設署令) 최수명(崔守明)과 어머니 진강정씨 판전객시사(判典客寺事) 정자권(鄭子權)의 딸 사이에 태어났다.[61] 진강은 진주의 별호이므로 진강정씨는 진양정씨를 달리 이른 것이다. 아마도 그는 고려 말에 외향 진주로 이주한 것으로 추정된다. 그는 진주로 이주하여 진주목 동면 조동리에 거주하다가 그곳에 묻혔다.[62] 그는 사천강씨 전객시령(典客寺令) 강득봉(姜得封)의 딸 사이에 함안군수 · 사헌부지평을 지낸 호연(浩然) 최도원(崔道源, 1373~1441)을 두었다.[63] 최복린이 진주지역에서 사회적 명망을 갖게 된 것은 과거 급제자로서 벼슬살이와 더불어 조준 · 하륜 등 그의 인적 관계망에서 비롯했을 것이다.

강순 · 최복린 등과 함께 '제부로(諸父老)'로 통칭되었던 인물들은 촉석루의 중건 기문에 드러나지 않지만, 진양하씨와 진양강씨 및 진양정씨 가문의 인물이 태반을 차지했을 것이다. 특히 통정 강회백의 둘째 아들 지창녕현사(知昌寧縣事) 강우덕(姜友德, 1385~1439)의 장인 재령이씨 지보주사(知甫州事)

---

58) 『江城錄』事實,「神道碑文【碑閣在丹城新安里路傍】」;『聯芳輯錄』『黙翁集』卷1, 記「江城君文公【益漸】孝子碑閣重建記」.

59) 『태종실록』권26, 태종 13년 12월 27일(임신).

60) 『태종실록』권26, 태종 13년 12월 27일(임신).

61) 『朔寧崔氏世譜』朔寧崔氏世系,「大司諫公墓表[崔秉黙]」.

62) 『진양지』권4, 문과조;『東城勝覽』卷2, 人物條.

63) 『朔寧崔氏大譜』(副使公派) 朔寧崔氏世系,「大司諫公墓表[崔秉黙]」;『剛齋集』卷9, 墓表「持平崔公墓表」.

이혜(李惠, ?~?)는 선초 진주의 부로를 대표하는 인물 중의 한 사람일 것으로 추정된다.

이혜는 밀양 읍치 서쪽의 조음리(召音里)[64]에서 진주목 동면 반동산리 (班東山里)로 옮겨와 살았다. 이혜는 생몰년이 밝혀져 있지 않으나 사돈지간 인 통정 강회백(1357~1402)과 서로 시를 주고받으면서 교유했던 춘정 변계량 (1369~1430)과 비슷한 시기에 활동했을 것으로 추정된다. 그는 지보주사로서 치적을 남겨 보주(예천)의 명환조에 등재되었다. 그는 시로 유명했으며, 『단 활집』 한 질을 남겼으나 전하지 않는다.[65] 강우덕은 이혜의 딸(?~1474)[66] 사 이에 두 아들 영의정 강맹경(姜孟卿, 1410~1461)과 사헌부집의 강숙경(姜叔卿, 1428~1481)을 두었다.

이혜는 중랑장 이일상(李日祥)의 둘째 아들이다. 그의 숙부 사재령 이일 선(李日善)은 이성계 일파에게 제거당한 사헌부지평 이신(李申), 모은(茅隱) 이 오(李午), 사위 하지명(河之溟) 등을 두었다. 이오는 불사이군으로 명성을 얻었 으며, 함안 산익리(山翼里) 모곡촌(茅谷村)에 은거했다. 이신은 강회백과 정치 적 뜻을 같이했으며, 1392년 4월 강회백 등과 함께 이성계 일파에게 제거 되었다.[67] 이일선의 사위 진양하씨 시랑공파 하지명은 호조좌랑과 초계군 수를 지냈다. 하지명은 아버지가 검교한성판윤(檢校漢城判尹) 하유(河遊, ?~?)이

---

64) 재령이씨 중랑장 이일상(李日祥)과 사재령 이일선(李日善) 형제 가문은 밀양의 읍치 서쪽 조 남리(召音里)에 세거하다가 이일상의 둘째 아들 이혜는 진주 반동산리로, 이일선의 넷째 아들 모은 이오는 함안 산익리 모곡촌으로 이주했다.(『茅村集』 卷2, 家狀 「伯五代祖溪隱府君家狀」; 『茅溪集』 卷5, 行狀 「家世行錄畧」)

65) 『신증』 권24, 예천군 명환조; 『해동잡록』 권3, 변계량전; 『연려실기술 별집』 권14, 文藝典故 「文集」.

66) 함안군수 강숙경은 1474년 4월에 어머니 상을 당하여 이임했다.(『함주지』 권1, 임관조)

67) 『고려사』 권46, 세가 공양왕 4년 4월 4일조; 『고려사절요』 권35, 공양왕 4년 4월조; 『茅村集』 卷2, 家狀 「伯五代祖溪隱府君家狀」.

며, 당숙이 영의정 하륜이다.[68] 따라서 이혜는 진양강씨 강회백 가문과 정치적 지향이 같았으며, 사회적으로 진양강씨 박사공파 가문, 진양하씨 시랑공파 가문과 혼사를 통해 인적 관계망을 형성하고 있었다. 이는 이혜가 진주로 이주하고, 선초 진주에서 부로로서 주요한 위치를 차지했던 사회적 배경이었을 것이다.

진양하씨 시랑공파 하유는 검교직을 지냈으며, 아버지가 하윤린의 아우 하윤구이며, 조부가 하시원이다. 하유는 진양정씨 부정(副正) 정공부(鄭公富)의 딸 사이에 네 아들 한성소윤(漢城小尹) 하지혼(河之混, ?~?), 연안부사 하지돈(河之沌, 1365~1427), 초계군수 하지명(河之溟, ?~?), 풍저창주부(豊儲倉主簿) 하지행(河之涬, ?~?)과 사위 민수(閔綬)를 두었다. 초계군수 하지명은 김해허씨 낭장 허승유(許承孺)의 딸 사이에 세 아들 사온서직장(司醞署直長) 하현(河現), 하비(河備), 하저(河著)와 두 사위 류시(柳蒔, 1404~1469)[69]와 남치화(南致和)를 두었다. 하현은 송정(松亭) 하수일(河受一, 1553~1612)의 5대조이다. 영해부사 류시의 넷째 사위인 문정공 허침(許琛, 1444~1505)은 우의정을 지내고 좌의정에까지 오른 인물이다.[70]

하유의 아들 연산부사 하지돈은 진주지역의 부로에 포함되었을 것이며, 이 외에 하지돈의 형제를 비롯해 시랑공파의 적지 않은 인물들이 부로에 포함되었을 것으로 추정되지만 생몰년 미상이어서 확정할 수 없다.

---

68) 『태종실록』 권29, 태종 15년 5월 4일(경자); 『태종실록』 권29, 태종 15년 6월 19일(갑신); 『浩亭集(初刊本)』 卷3, 附錄 「晉陽府院君河公諱允瀿神道碑 陰記[知製敎朴熙中]」; 『謙齋集』 卷8, 行狀 「松亭先生河公行狀」.

69) 「경상남도 문화재 지정 보고서」에는 류시의 몰년을 1471년이라고 했으나 오류라고 생각된다. 류시의 묘비문에 의하면 류시는 1469년 6월 20일에 영해의 관아에서 졸하고 나이 66세였다. 따라서 『진주류씨세보』(土柳系)의 몰년 1469년이 옳다.

70) 『浩亭集(初刊本)』 卷3, 附錄 「晉陽府院君河公諱允瀿神道碑 陰記[知製敎朴熙中]」; 『謙齋集』 卷8, 行狀 「松亭先生河公行狀」; 『진양하씨대동보』(시랑공파) 권1, 「子孫錄」; 『晉州柳氏世譜』(土柳系); 『慕齋集』 卷14, 行狀 「許文貞公行狀」.

한편 전혀 행적이 드러나지 않지만 하륜의 「봉명루기」에 나오는 전상
주목사(前尙州牧事) 전제(全悌, ?~?) 같은 인물도 진주지역에 정착하여 봉명루가
중수되는 1410년 무렵에 고을 사람이라고 칭해지고 있었다. 영목사(領牧使)
최이(崔迤, 1356~1426)는 봉명루를 중수한 후 고을 사람 전 상주목사 전제를 통
해 하륜에게 기문을 청했다.[71] 이로 미루어보면 아마도 전제 또한 부로에 포
함되었던 것 같다.

4) 촉석루 중건과 부로

촉석루 중건의 주도세력인 부로는 여말선초 진주지역의 사회 변화를
반영하는 존재였다. 앞에서 살펴보았듯이 『경상도지리지』 진주도, 『세종실
록지리지』 진주목의 토성조와 『신증』 진주목 인물조에 언급된 토성 가문 출
신 인물들은 여말선초 진주지역 재지세력의 재편 과정과 성격을 오롯이 반
영한 사회 변화의 실체라고 생각되지 않기 때문이다.

먼저 촉석루 중건의 사정을 이해하기 위해 그 창건과 1413년 중건 이
전의 상황에 대해 간략하게나마 고증할 필요가 있다.[72] 촉석루는 '장원루
(壯元樓)'라고도 불렸다. 하륜은 두 명칭 유래에 관한 담암(淡庵) 백문보(白文寶,
1303~1374)의 기록이 있다고 했다.[73] 하륜은 「촉석루기」에서 "강 가운데 뾰족
뾰족한 돌이 있는 까닭으로 누를 짓고는 이름을 촉석(矗石)이라 했다. 김공의

---

71) 『東文選』 卷81, 記 「鳳鳴樓記[河崙]」.

72) 촉석루 중건 시기에 대해 1412년이라고 본 것은 오류이다.(채웅석, 앞의 논문, 81쪽) 하륜이 지
은 「촉석루기」에는 1413년에 중건된 사실이 명확히 나온다.

73) 촉석루와 장원루의 명칭 유래에 관한 백문보의 글은 전하지 않지만, 그 대략의 내용은 하륜의
'촉석루기'에 언급되어 있다. 그가 읊은 시는 그의 문집에 전하고 있다.(『淡庵逸集』 卷1, 詩 「次
矗石樓韻【樓在晉州城內】」)

손으로 시작되고 안상헌(安常軒)이 다시 지었는데, 모두 장원 급제한 이들이다. 이 때문에 촉석과 장원이라는 두 명칭이 생겼다"라고 했다.[74] 따라서 촉석루는 누각이 위치하는 지형에서 비롯하여 지어 붙인 이름이고, 장원루는 누각을 창건한 김지대(金之岱, 1190~1266)와 재건한 안진(安震, ?~1360)이 모두 장원 급제한 인물이었으므로 그 누각에 지어 붙인 이름이다.

촉석루 창건 시기는 1240년 설이 있지만, 1241년(고종 28)으로 보는 게 옳다. 김지대는 1240년 전라도안찰사로 있었고, 1243년 1월 비서소감(祕書少監)으로서 몽골에 방물을 바쳤다.[75] 그는 그사이에 진주목사로 재임했다. 그가 최자(崔滋, 1188~1260)에게 보낸 시에서 "작년(1241) 강루에서 나를 전송하더니 금년(1242)에 당신 또한 수령으로 왔구려"라고 했는데,[76] 최자는 1242년 상주목사로 부임했다.[77] 따라서 목사 김지대가 1241년 용두사(龍頭寺) 남쪽 돌벼랑 위에 있던 절의 소루(小樓)를 헐어내고 촉석루를 창건했던 것으로 추정된다.[78]

1322년(충숙왕 9) 안진이 촉석루를 재건했다. 하륜이 소년 시절에 여러 번 올라가 보았던 촉석루는 1379년 왜구의 침략으로 불타고 말았다.[79] 이후 촉석루는 한동안 재건되지 못했다. 여말선초 정치·사회·경제적 조건이 여의치 않았기 때문이다. 이것은 하륜이 촉석루 기문에서 "(임금은) 자주 교서를 내려 민력(民力)을 사용하는 것을 금지하므로 수령이 농상(農桑)이나 학교에 관계되는 일을 제외하고 한 가지 역사(役事)도 감히 자의로 일으키지 못하

74) 『동문선』 권81, 기 「진주촉석루기」.

75) 『고려사절요』 권16, 고종 27년조; 『고려사』 권23, 고종 30년 춘정월조.

76) 『동문선』 권18, 칠언배율 「寄尙州牧伯崔學士滋[金之岱]」.

77) 『신증』 권28, 상주목 산천조.

78) 박용국, 「진주성 촉석루의 연혁 고증과 그 이야기」, 『선비문화』 25, 2014 참고.

79) 1379년 5월 양백연 등이 진주를 노략질하던 왜구를 격퇴했다(『高麗史』 卷114, 列傳 楊伯淵傳; 『고려사절요』 권31, 우왕 5년 5월조).

게 하였다"라고 한 내용에서 잘 알 수 있다. 1379년 이후 촉석루는 중건되지 못하고 1412년에 이르렀다. 따라서 목사 김중광(金仲光)이 별가(別駕) 이사충(李思忠)과 함께 비로소 진주성을 쌓고 촉석루를 지었으며, 이후 연이어 분탕되었다거나[80] 1379년(우왕 5)에 두 사람이 축성하고 촉석루를 중건했다는 설은 오류이다.[81]

1413년 촉석루 중건의 주도세력은 진주지역의 부로들이었다. 이러한 사실은 다음에서 확인할 수 있다.

> 고을의 부로 전 판사 강순과 전 사간 최복린 등이 제부로(諸父老)와 같이 의논하기를 "용두사는 읍을 창설하던 초기부터 상지(相地) 곳으로서 촉석루를 설치하여 한 지방의 승경이 되었다. 옛사람이 그로써 사신과 빈객의 마음을 유쾌하게 하여 화기(和氣)를 불렀고 그 혜택이 고을 백성에게 미쳤던 것인데, 폐한 지가 이미 오래되었으나 능히 중수하지 못하고 있으니, 이는 우리 고장 사람의 공동 책임이다"라고 했다. 이에 재물을 각출하여 용두사에서 전향(典香)하고 있는 승려 단영(端永)이라는 자를 시켜서 그 일을 주관하게 했다. 내가 이 일들을 임금께 아뢰니 금단하지 말라는 분부가 내리게 되었다.[82]

위의 내용에서 알 수 있듯이 1379년 왜구가 촉석루를 불태운 이후 촉석루 중건은 진주지역 향촌사회의 30여 년의 숙원이었으며, 그 중건의 일이 그때 처음으로 거론된 것도 아니었다. 1409년 12월에 부임한 영목사 최이는 "진주는 지역이 남쪽 끝이라서 여름 더위가 몹시 심하니, 사신이나 빈

---

80) 『松亭集』卷4, 記 「矗石樓重修記」.

81) 『秋帆文苑續集(上)』卷7, 時報 「矗石樓沿革記」.

82) 『동문선』 권81, 기 「晋州矗石樓記[河崙]」; 『호정집』 권2, 기 「矗石樓記」.

객을 대접하자면 마땅히 서늘한 곳이 있어야 하겠다"라면서 불타 없어진 지 오래된 촉석루 중건을 고려했다. 그러나 공청(公廳)과 멀리 떨어져 있고 공력도 많이 들고 일도 복잡할 촉석루 중건 대신에 객사 앞의 삼간 누문을 중수하기로 하고 1410년 봄에 중수를 마쳤는데, 편액을 '봉명'이라 했다.[83] 이처럼 영목사 최이가 촉석루 중건을 실행하지 못한 것은 많은 재물과 인력 및 시일이 필요했기 때문이다. 그만큼 촉석루 중건은 말처럼 결코 쉬운 것은 아니었다.

진주지역 부로들은 그들 스스로 중건을 결의하면서 하륜의 후원을 기대하고 서로 간에 정보를 주고받았던 것으로 생각된다. 하륜도 누관의 경영이 정사하는 자의 여사(餘事)이긴 하지만 그 흥폐로써 인심과 세도를 짐작할 수 있다면서 누관의 경영이 결코 하찮은 일이 아니라고 했다. 하지만 그 역사는 누구 맘대로 할 수 있는 것이 아니었다.[84] 그래서 하륜은 진주지역 부로들의 촉석루 중건 사실을 태종에게 아뢰었으며, 태종으로부터 금단하지 말라는 특지(特旨)을 받았다.

1412년 12월에 부임한 판목사(判牧事) 권충(權衷)은 판관 박결(朴絜)[85]과 함께 여러 부로의 건의를 받아들여 1413년 2월 남강에 제방을 수축했다. 이로써 피지배층의 전답과 마을은 남강의 범람으로 인한 수해에서 벗어나게

---

83) 『浩亭集』卷2, 記「鳳鳴樓記」; 『東文選』卷81, 記「鳳鳴樓記」.

84) 태종은 역사를 꺼렸으며,(『태종실록』권22, 태종 11년 8월 2일(신묘)) 비록 의정부의 건의를 받아들인 것이지만 태종은 충청도와 전라도의 築城을 정지하라고 명했다.(『태종실록』권26, 태종 13년 9월 15일(신묘))

85) 『동문선』과 『호정집』「촉석루기」의 박시결(朴施絜)은 박결을 말한다. 뒤의 양시권(梁施權)의 경우처럼 박 아래 '시(施)'는 '군(君)'에 대비되는 뜻을 가진 글자이다. 지금껏 박시결이나 양시권을 이름이라 해석한 것은 오류이다. 박결은 종5품 진주판관을 지낸 후 1427년 종4품 함경도 경력, 1430년 종2품 의금부지사, 1443년 지여산군사(知礪山郡事)를 지냈다.(『세종실록』권38, 세종 9년 11월 21일(을사); 『세종실록』권50, 세종 12년 윤12월 14일(경술); 『세종실록』권99, 세종 25년 3월 29일(갑신))

되었다. 그리고 촉석루 중건에 필요한 인력으로는 자급을 못 하는 자와 놀고먹는 자 수십 명을 소집하여 충당함으로써 그 중건이 9월에 완성되었다.

권충에 뒤이어 부임한 판목사 류염(柳琰)[86]은 판관 양권(梁權)[87]과 함께 촉석루를 단청하고, 수전(水田) 관개를 위한 수차(水車)를 만들어 보급하고, 남강의 부족한 제방을 더 축조하여 백성에게 이익이 되게 했다.[88] 진주지역의 수차 보급은 하천수를 관개에 활용하기 위해 조정이 적극적으로 개입한 결과였다. 1406년 12월 사헌부에서 수령의 인사 고과의 기준 등을 건의하여 채택한 내용에는 농상(農桑) 부분에서 수차의 제조와 보급에 관한 것이 포함되어 있었기 때문이다.[89] 이처럼 조선에 들어와 이때 처음으로 수차의 보급 문제가 다시 전면적으로 거론되었던 시기에서 머지않은 1413년 진주지역에도 수차 제조와 보급이 이루어졌다.

한편으로 고려 말기 밭농사에 비해 논농사의 비중을 더 높이려는 노력이 본격적으로 전개되기 시작했다.[90] 진주지역의 부로들도 그러한 노력을 게을리하지 않았던 것 같다. 따라서 부로들은 진주지역 수차의 제조와 보급을 통해 논농사의 발전을 기도했을 것이다. 비록 수차의 제조·보급이 진주목사에 의해 이루어졌지만, 보급의 실질적 주체는 촉석루 중건을 주도한 부

---

86) 『동문선』과 『호정집』 「촉석루기」에 류담(柳淡)이라 한 것은 오기이다. 류염은 태종과 동방급제한 인물로서 판진주목사를 지냈다.(『태종실록』 권35, 태종 18년 3월 21일(신미))

87) 『동문선』과 『호정집』 「촉석루기」의 양시권(梁施權)은 양권을 말한다. 앞의 박시결의 경우처럼 양 아래 '시'는 '君'에 대비될 수 있는 자일 것으로 추정된다. 양권은 진주판관으로 있을 때 독직 사건으로 인해 1418년 3월 파직되었다.(『태종실록』 권35, 태종 18년 3월 21일(신미))

88) 『동문선』 권81, 기 「晋州矗石樓記[河崙]」; 『호정집』 권2, 기 「矗石樓記」. 1362년 백문보는 농상을 권장하는 차자를 올려 수차의 이용을 건의했다.(『고려사』 권79, 食貨志 農桑) 조선시대 수차의 보급 시도의 추이에 대해서는 다음의 글을 참고하면 된다. 이태진, 『증보판 한국사회사연구』, 지식산업사, 2008, 410-424쪽.

89) 『태종실록』 권12, 태종 6년 12월 20일(을사).

90) 李泰鎭, 「14·15세기 農業技術의 발달과 新興士族」, 『東洋學』 9, 1979(『증보판 한국사회사』, 지식산업사, 2008, 403쪽).

로들이었을 것이다. 하지만 하천수를 수전의 관개수로 활용하기 위한 수차는 그 관개의 또 다른 방법인 제언과 천방에 비해 우리의 자연지리적 조건에 유리하지 못했다. 그리하여 1410년대 이후 진주지역에는 제언의 축조가 급격히 늘어났다.[91]

촉석루 중건은 부로가 주도적인 역할을 하는 가운데 중앙의 하륜으로부터 적극적인 후원이 있었다. 그러므로 그들은 남강의 제방 축조와 촉석루 중건이라는 두 사업의 목적을 수월하게 달성했다. 이는 진주의 부로들이 "강에 제방을 쌓고 촉석루를 지은 것은 모두 그대께서 지시하여 이루어졌으며, 더구나 임금의 특지(特旨)를 입었으므로 한 고을의 영예가 지극합니다"[92]라고 했던 사실에서도 짐작할 수 있다.

촉석루 중건은 하륜이 진주지역 부로들로부터 그 사실을 전달받고 태종에게 알려서 특지를 얻어내는 정도의 단순한 매개자 역할이 아니라 긴밀한 관계 속에서 그 일을 진행했던 것으로 보인다. 강순과 최복린 등 진주의 부로들은 사회적으로나 정치적으로 하륜과 긴밀한 관계를 형성하고 있었다. 그러므로 남강의 제방을 축조하는 일과 촉석루 중건을 두고 그들 서로 간에 공감대를 형성하고 있었던 것 같다. 그러므로 촉석루 중건을 의결하고 재물을 갹출하여 승려 단영으로 하여금 그 일을 주관하도록 했던 부로들이 실질적으로 촉석루 중건을 이루어냈지만 그들은 축조와 중건의 공을 하륜에게 돌렸다.

이상에서 살펴보았듯이 촉석루 중건을 주도한 진주지역의 부로들은 하륜의 절대적 지원에 의존하고 있었던 것 같다. 당시 수령조차 역사를 맘대로 할 수 없는 상황이었기 때문이다. 진주지역의 부로들은 당대 최고권력

---

91) 『경상도속찬지리지』 진주도 진주목 제언조 참고.

92) 『동문선』 권81, 기 「晋州矗石樓記[河崙]」;『호정집』 권2, 기 「矗石樓記」.

자로서 태종의 절대적 신임을 받고 있던 진주 출신 영의정 하륜의 후원으로 태종의 특지를 받아 남강의 제방 축조와 촉석루 중건이라는 진주지역 부로들의 숙원을 순조롭게 해결했다. 진주지역의 부로들은 촉석루 중건이라는 역사에 필요한 재물을 각출하여 충당했을 뿐만 아니라 남강의 제방을 축조하여 저습지의 개간을 주도하고, 진주목사와 함께 남강의 물을 관개수로 활용하기 위한 수차(水車) 보급에 앞장서기도 했다.

여말선초 진주지역의 재지세력으로서 토성 하씨 · 강씨 · 정씨 · 소씨 가운데 진주소씨는 재지세력으로서 사실상 소멸한 반면 나머지 토성 가문은 중앙의 정치세력으로, 지역의 사족으로 크게 성장하여 그들 가문 출신이 『신증』 진주목 인물조의 모두를 차지하고 있었다. 하지만 촉석루 중건을 주도한 대표적인 인물인 최복린 · 이혜 등은 토성 가문 출신 인물들과 직간접의 정치 · 사회적 관계를 형성하고 있었던 진주지역 부로 가운데 대표적인 인물이었다.

5) 맺음말

13세기 이후 대내외적 배경을 바탕으로 진주지역에서는 문사(文士)로 일컬어질 수 있는 문인지식층(文人知識層)이 꾸준히 성장하고 있었다. 1376년 무렵 '진지문사(晉之文士)'라 일컫는 집단이 시가(詩歌)를 짓고 이를 편집하자, 정도전이 시서(詩序)를 지어 바치는 일도 있었다. 이 시기 문사들의 대부분은 하윤린(河允潾)이 관직에서 물러나와 1366년 진주지역에서 결사한 금강사(金剛社)의 구성원이었다. 진주지역 '시사(詩社)'의 구성원은 하윤린이 부로와 함께 결사한 금강사의 구성원들과 활동 시기나 네트워크에서 거의 일치하기 때문이다. 이들은 문사로서 서서히 성리학에 대한 지식을 늘려가면서 새로운 향촌 질서를 모색하고 있던 문인지식층이었으며, 이들 문사층에는 부민 (富民)이나 재지사족 같은 부류도 속해 있었을 것이다.

매천(梅川) 하유종(河有宗)이 1388년 진주 개경원(開慶院) 이웃의 저택 곁에 세운 장자원(長者院)도 부로의 존재와 깊이 관련이 있는 공간적 특성을 지닌 재지사족의 교유 장소였다. 고려 말 진주지역의 부로는 재지세력의 하층부를 이루고 있던 향리층이 아니라 그들로부터 분화하여 사족화한 가문 출신들이었다. 여말선초의 사회변동을 겪으면서 그러한 진주지역 사족 가문의 구성과 부로의 인적 관계망에도 적지 않은 변화가 일어났다. 여말선초 타읍에서 진주로 이주한 삭녕최씨 좌사간대부(左司諫大夫) 최복린(崔卜麟), 경주정씨 전객시령(典客寺令) 정진(鄭瑨), 재령이씨 지보주사(知甫州事) 이혜(李惠) 등은 선초 진주지역 부로를 대표하는 인물들이었기 때문이다.

1413년 촉석루 중건은 전 판전의감사(判典醫監事) 강순(姜順)과 전 좌사간대부 최복린 및 '제부로(諸父老)'들로 통칭되었을 것으로 추정되는 이혜 · 하지돈(河之沌) · 정종오(鄭從吾) 등 진주지역의 부로들이 주도했다. 하지만 이들 부로는 고려 말 금강사 결사에 참여한 부로들과 성격이 같다고 볼 수 없다. 고려 말의 부로들은 재지사족과 부민들을 포함한 진주지역의 토성으로 이루어진 재지사족 가문 출신인 데 비해 조선 초 진주지역의 부로들은 타지에서 진주로 이주해 온 사족가문 출신의 인물들이 다수 포함되어 있었기 때문이다. 이러한 진주지역 향촌사회의 변화는 단순히 부로들의 구성원 변화에만 그친 것이 아니었다. 여말선초 진주지역 사족 가문들의 급격한 정치적 성장과 사회적 위상 강화는 다른 지역 사족 가문 출신의 인물들을 진주지역으로 끌어들이는 구심력으로 작용했다. 이로써 진주지역의 향촌공동체 구성원의 성격에 처음으로 커다란 변화가 일어났다. 이러한 변화의 중심인물이 촉석루 중건 주도층이었다.

강순과 최복린으로 대표되는 촉석루 중건의 주도세력은 여말선초 변화된 부로의 성격을 반영한 것으로 이해된다. 중건을 주도한 부로들이 영의정 하륜과 밀접한 정치·사회적 관계를 통한 인적 관계망을 형성하고 있었으므로 중건이 이루어질 수 있었다. 당시 수령이나 사족들이 맘대로 역사(役事)를 일으킬 수 없었던 상황에서 영의정 하륜이 태종으로부터 특별히 승낙을 받음으로써 촉석루를 중건할 수 있었기 때문이다. 그리고 고려 말 부로들과 달리 조선 초 부로들은 촉석루 중건이라는 역사만이 아니라 남강의 범람으로부터 전민(田民)의 보호와 안정적인 농업생산력을 확보하기 위한 남강의 방천(防川) 축조를 주도하고, 진주목사와 함께 남강의 물을 관개수로 활용하기 위한 수차(水車) 보급에도 앞장서는 등 진주지역의 사회·경제적 변화를 주도하였다. 이러한 부로들이 주도한 촉석루 중건 같은 역사는 다른 지역과 차별되는 조선 초 진주지역 재지사족의 한 특성으로 볼 수 있다.

3. 여말선초 진주 조동리의
   사족 가문과 인물

1) 머리말

　『진양지』 각리조 리방(里坊)의 내용은 17세기 초반 이전 진주의 역사와 인문 환경을 비교적 간략하게 잘 정리해놓았다. 그 각리조 리방에 언급된 거주민의 신분과 풍속 내용은 조선 초·중기 진주의 촌락사회를 이해하는 데 빠뜨릴 수 없는 가치를 지닌 중요 자료이며, 향촌사회의 변화 양상을 추적할 수 있는 기본 자료이기도 하다. 이 글의 연구 대상 지역인 조동리(槽洞里)는 '사족다거(士族多居)'의 리방이었다.

　조동리에는 여말선초 이래 조선 중기까지 진주지역의 대표적인 사족 가문이 터를 잡고 살고 있었으며, 그 시작은 고려 말 삭녕최씨 최복린(崔卜麟, 1349~1431)이 옮겨와 살면서부터이다. 이후 조동리에는 1456년 고령신씨 가문의 신필(申泌)이 입향했으며, 16세기 중반에는 고성이씨 가문의 이선(李璿)이 정착했다. 최복린은 조동리의 속방 청곡동(靑谷洞)·욱곡(旭谷)·속사동(束沙洞)이 아니라 본방(本坊) 조동(槽洞)으로 입향한 것으로 보인다. 조동은 그가 살던 곳이자 죽어서 묻힌 곳이며, 자손의 세거지이기 때문이다.

　진주·사천지역의 삭녕최씨 문중은 정3품 당상관 좌사간의대부를 지내고 여말선초 진주지역의 대표적인 사족의 일원이었던 최복린의 후손이다. 진주지역의 삭녕최씨는 조선 중기 진주에 우거하던 37개 성씨 가운데 한 가문이다.[1] 삭녕최씨와 경주정씨 가문은 그 가문 중에서 가장 이른 시기

---

1) 『晋陽誌』 卷3, 寓居條.

인 고려 말에 왕도 개경에서 진주로 이주했다.

진주목의 방위면 형태의 면리제하에서 동면에 편제된 조동리는 사족이 많이 살고 있던 조선 중기 진주지역의 대표적인 사족 거주 리방의 한 곳이었다. 하지만 조동리의 사족 실체와 형성에 대한 연구는 지금까지 전혀 이루어지지 않았다. 물론 최복린이 진주 조동리로 이주한 계기와 배경에 대한 규명도 마찬가지이다.

전체사 또는 민족사 차원에서 소홀했던 마을 단위의 사족 형성과 변화 양상에 관한 실증적 연구는 최근의 몇몇 연구를 제외하면 지금껏 거의 이루어지지 못했다. 그러한 연구 가운데 일부는 면리제 등의 이해에서 오해할 수 있는 부분도 적지 않았으며, 사실과 부합하지 않는 점도 제법 있었다. 경남지역의 재지사족 형성과 발전, 재지사족의 지배체제 구축과 변화의 양상에 관한 연구는 주로 군현 단위에 국한되었다. 이는 자료의 한계에 기인한 것이겠지만, 사족 형성과 변화를 마을 단위로 구명할 수 없다는 의미는 아니다. 기존 시군 단위의 사족 형성과 지배체제 구축 연구에서 더 나아가 리방 단위의 사족 형성과 변화 양상을 구명할 필요가 있다.[2]

이 글은 여말선초 진주 조동리의 사회변동을 인물과 가문을 중심으로 검토하려는 목적에서 나온 것이다. 2절에서는 최복린 가계의 통혼 관계를 중심으로 재경관인으로서 위상과 사회적 관계를 규명하겠다. 3절에서는 최복린의 조동리 입향 배경과 벼슬살이를 중심으로 그의 생애를 정리하겠다. 4절에서는 조선 초기 조동리 삭녕최씨 가문 자손들의 사회적 관계와 지역적 분산을 살펴본 후 조동리의 주요 사족인 고령신씨 신필(申泌)의 조동리 입향이 삭녕최씨 가문의 최경시(崔景時)와 관련이 있음을 규명하려고 한다. 이 글에서는 극히 한정되고 단편적인 자료일지라도 서로 엮어서 논의에 활용하겠다.

---

2)　이에 대해서는 참고문헌에 제시하는 필자의 논고를 참고하기 바란다.

2) 최복린의 가계

삭녕최씨는 원래 승령현(僧嶺縣)의 세 토성 중의 하나이지만 두 토성 오씨 · 이씨가 망성(亡姓)이 되었으므로 사실상 승령현의 유일한 토성이었다.[3] 1403년(태종 3) 삭녕현(朔寧縣)이 황비(皇妣) 신의왕후(神懿王后)의 외향이라 하여 지군(知郡)으로 승격시키면서 승령현을 삭녕에 합했다.[4] 이에 따라 그 후손들은 승령 대신에 삭녕을 관향으로 삼게 되었다.

조봉대부 집현전응교(集賢殿應敎) 정이창(鄭以昌)이 1443년 8월에 지은 최도원(崔道源, 1373~1441)의 묘지(墓誌)에는 진주지역 삭녕최씨의 세계(世系)와 행적이 간략하게 서술되어 있다. 이는 훗날 최도원의 13대손 최제묵(崔濟默)의 부탁을 받고서 강재(剛齋) 송치규(宋穉圭, 1759~1838)가 지은 최도원의 묘표 내용에 그대로 반영되었다.[5] 정이창이 지은 최도원의 묘지는 거의 동시대 자료로서 의미가 크다.

삭녕최씨 가문은 문하시랑평장사(門下侍郎平章事) 최천로(崔天老)를 시조로 삼지만 이후 세계가 실전되고, 문하시랑평장사 최유가(崔瑜賈)[6]를 중조로 삼는다. 그 이후 4세가 전하지 않는다.[7] 그러므로 친어모군낭장(親禦侮軍郎將) 최선보(崔善甫)를 파조로 하는 낭장공파(郎將公派)와 함경전부사(含慶殿副使) 최연(崔珚)을 파조로 하는 부사공파(副使公派)로 분파되었다고 전한다. 진주와 사천지역의 삭녕최씨는 부사공파에 속한다.

---

3) 『世宗實錄地理志』朔寧郡 僧嶺縣 姓氏條.

4) 『世宗實錄地理志』朔寧郡 建置沿革條.

5) 『幢梁世碣』朔寧崔氏世系 · 「南臺持平公墓誌[鄭以昌]」;『剛齋集』卷9, 墓表, 「持平崔公墓表」.

6) 삭녕최씨 세계에서는 최유가(崔瑜價)라고 했으나 『고려사』와 『고려사절요』 및 정이창이 1443년 8월에 지은 최도원의 묘지에 의거해서 한자명을 최유가(崔瑜賈)라 칭하겠다.

7) 『幢梁世碣』朔寧崔氏世系, 「南臺持平公墓誌[鄭以昌]」.

삭녕최씨 부사공파 파조 최연은 진주 조동리 입향조 최복린의 증조이다. 그러면 최연이 역임한 함경전부사는 어떠한 관직이며, 관계는 어느 정도였을까.

919년(태조 2) 송악산의 남쪽에 도읍을 정하여 '개주(開州)'라고 하고 궁궐을 창건했는데, 함경전은 그 가운데 하나로서 향복전(向福殿)으로 개명되었다.[8] 뒤에 다시 함경전이라 했다. 1076년(문종 30)에 함경전이라고 했기 때문이다.

고려시대 제궁전(諸宮殿)의 관직은 권무(權務)였으며, 문종 때 사(使)·부사(副使)·판관(判官)을 두었다. 때로는 사·부사·녹사(錄事), 때로는 단지 직(直)만, 때로는 단지 녹사만 두기도 했다. 공민왕 때 사를 없애고, 나머지 모두는 그대로 했다.[9] 함경전의 품관권무도 마찬가지로 때에 따라 차이가 있었다. 후술하듯이 1076년에는 함경전에 사·부사·판관, 인종조에는 사·부사·녹사가 두어졌음을 알 수 있다. 그러면 함경전부사는 어떠한 수준의 대우를 받았을까.

1076년(문종 30) 권무관(權務官)의 녹봉을 정했는데, 함경전에는 사·부사·판관 등의 녹봉이 정해졌다. 이때 함경전부사는 도재고부사(都齋庫副使)·고성현위(固城縣尉) 등과 같은 16석(石) 10두(斗)의 녹봉을 지급받았다.[10] 문종대의 녹봉 지급액의 사실에 비추어보면 함경전부사와 도재고부사 등의 관계는 비슷했을 것으로 추정된다. 문종 때 도재고부사는 3인이 두어졌으며, 관계는 6품 이상이었다.[11]

인종조에 함경전의 사·부사·녹사의 녹봉이 다시 정해졌는데, 함경전

8) 『高麗史』 卷56, 地理志1 王京開城府條.

9) 『高麗史』 卷77, 百官志2 諸司都監各色 諸宮殿官條.

10) 『高麗史』 卷80, 食貨志3 權務官祿條.

11) 『高麗史』 卷77, 百官志2 諸司都監各色 都齋庫條.

부사는 도재고부사 등과 함께 녹봉이 1076년보다 10석이 올라 26석 10두였다. 이때 함경전부사와 같은 액수의 녹봉을 정해 받은 외관의 관원은 공주·합주·승주 등 28곳 주(州)의 판관, 안동부·경산부·개성부 등 6곳 부(府)의 판관, 남원·밀성 등 6곳의 판관, 안의·양암 등 4곳의 진장(鎭將), 정변진·백령진 등 5곳의 진부장(鎭副將), 강화·남해·동래·김포 등 33곳의 현령으로 모두 82인이 해당했다.[12]

최연이 활동한 시기로 추정되는 충렬왕대(1274. 8~1308. 7)의 부사 관계를 좀 더 살펴보면 밀직사부사(密直司副使)는 종2품 재상의 지위였으며, 삼사의 부사 2인은 종4품, 통례문의 부사는 정4품이었다.[13] 반면에 1308년(충렬왕 34)에 설치된 전악서·풍저창·광흥창·상적창 등의 부사는 정6품이나 같은 시기의 장야서·도교서·요물고·의영고·장흥고 등은 종6품이었다.[14]

이상과 같이 인조대의 녹봉제 등의 예에서 보면 함경전부사는 큰 고을 현령보다 못하지만 대부분 현령, 대부분 고을의 판관 같은 대우를 받았으며, 8품 현위(縣尉)보다 높은 대우를 받았다. 그렇다면 최연이 활동한 시기로 추정되는 충렬왕대의 함경전부사는 6~7품 내외의 실질적 대우를 받았을 것으로 추정된다.

최연의 처부 낙랑김씨(樂浪金氏) 김수표(金受豹)는 최연보다 한 세대 앞선 13세기 중반에 활동했던 인물로 추정된다. 김수표의 관직은 검교군기감(檢校軍器監)이므로 일정한 직임이 부여되지 아니한 산직 중에서 검교직(檢校職)을 역임한 인물이다. 검교직은 문반 5품, 무반 4품 이상에 해당하는 관직에

---

12) 『高麗史』卷80, 食貨志3 外官祿 仁宗朝條.

13) 高麗史 卷76, 百官志 密直司條 ; 『高麗史』卷76, 百官志 三司條 ; 『高麗史』卷76, 百官志1 通禮門條.

14) 『高麗史』卷76, 百官志2 典樂署·豊儲倉·廣興倉·常積倉·掌冶署·都校署·料物庫·義盈庫·長興庫條.

만 설정되고 있었다.[15] 군기시의 감(監) 1인의 관계는 정4품이었다.[16] 비록 검교직이었지만, 김수표는 정4품의 군기감으로서 사족 가문의 위상을 유지하고 있었던 것 같다. 다만 그의 가계는 알려진 것이 없다.

최연은 낙랑김씨 검교군기감 김수표의 딸을 아내로 맞아들여 최시옥 (崔時玉)을 낳았다. 최시옥은 승봉랑 사헌부규정(司憲府糾正)을 지냈다. 그렇다면 최시옥은 대관의 일원으로서 시정을 논집하고 풍속을 교정하며 관료에 대한 규찰과 탄핵하는 업무를 담당했다. 최시옥의 관직은 후대의 윤색으로 생각되지 않는다. 1443년 정이창이 지은 최도원 묘지 이외에 다른 방증 자료가 없다. 다만 그의 활동 연대로 추정되는 1308년(충선왕 즉위년) 충선왕은 감찰사를 사헌부로 고치고 감찰어사는 규정이라 하고, 14인으로 증원하면서 그중 4인을 겸직하게 했다. 그 관품은 그대로 종6품으로 했으므로 규정의 관계는 승봉랑이다.[17] 1308년으로부터 머지않은 시기에 최시옥은 종6품 승봉랑으로서 사헌부의 종6품직 규정에 임명되었을 것이다.

최시옥의 처부는 초계정씨 신호위(神虎衛) 녹사참군(錄事參軍) 정경(鄭瓊)이다. 정경은 최연과 거의 같은 시기에 벼슬살이했을 것으로 추정된다. 그가 역임한 녹사참군은 그와 비슷한 시기에 그 관직을 역임한 인물이나 관련 인물의 묘지명에 '신호위녹사참군사' 또는 '신호위녹사참군'으로 나오는 사례가 있다. 한림직학사 이숙기(李叔琪)가 지은 삼사우사(三司右使) 조연수(趙延壽, 1278~1325)의 묘지명에 의하면 조연수는 관례를 올린 후 신호위녹사참군사에 임명되었다.[18] 즉, 1292년이나 1293년에 그 관직을 역임한 것이다. 정

---

15) 韓沽劤,「勳官「檢校」考 - 그 淵源에서 起論하여 鮮初 整備過程에 미침 -」,『震檀學報』29 · 30, 1966, 88-93쪽.

16) 『高麗史』卷76, 百官志1 軍器寺條.

17) 『高麗史』卷76, 百官志1 司憲府條;『高麗史』卷76, 百官志2 文散階條.

18) 김용선,「조연수(趙延壽) 묘지명」,『역주 고려묘지명집성』(하권), 한림대학교 출판부, 2001, 748쪽.

경의 활동 연대는 조연수와 거의 같은 시기로 추정된다. 또한 이제현이 지은 옥구군대부인고씨(沃溝郡大夫人高氏, 1226~1327)의 묘지명에 의하면 부인보다 먼저 죽은 장남 김태일(金台一, ?~?)의 관직은 신호위녹사참군이었다. 김태일은 검교정승(檢校政丞) 김태현(金台鉉, 1261~1330)의 형이다.[19] 그러므로 김태일의 활동 연대가 대략 정경과 일치할 것으로 생각된다.

최시옥은 초계정씨 신호위녹사참군 정경의 딸 사이에 최수명(崔守明)을 두었다. 최수명은 사설서령(司設署令)을 지냈으며, 진강정씨(晉康鄭氏) 봉순대부(奉順大夫) 판전객시사(判典客寺事) 정자권(鄭子權)의 딸에게 장가들었다.

최수명의 처부 진양정씨 정자권이 역임한 판전객시사는 정3품직이며, 그의 관계 봉순대부는 정3품 하계이다.[20] 전객시는 원래 예빈시로서 빈객(賓客)에게 연회를 베푸는 것을 관장했으며, 9시(寺)에 속하는 관청이다. 예빈시는 921년(태조 4) 예빈성(禮賓省) 설치에서 비롯되었다.

정자권이 활동하던 때로 여겨지는 1308년(충선왕 즉위년) 충선왕은 즉위한 후에 관제를 정비했는데, 이때 예빈시를 다시 전객시로 고쳤다. 그 뒤에 관원을 고쳐서 정했는데, 판사는 정3품, 영은 종3품, 부령은 종4품, 승은 종6품, 주부는 종7품, 녹사는 종8품으로 했다. 이때 고쳐 정한 것은 1356년(공민왕 5)까지 변화가 없었다.[21] 정자권이 정3품 판전객시사를 역임하던 시기는 1309년부터 늦어도 1355년 무렵까지일 것이다.

최수명은 사설서령(司設署令)을 역임했다. 사설서는 왕의 막사와 좌석 등을 설치하는 일을 관장했는데, 목종 때 상사국(尙舍局)의 봉어(奉御)·직장(直長)에서 비롯했다. 1308년(충선왕 즉위년) 충선왕이 사설로 고쳤는데, 제점(提點)

---

19) 김용선, 「김수(金須) 처 고씨(高氏)묘지명」, 『역주 고려묘지명집성』(하권), 한림대학교 출판부, 2001, 775쪽.

20) 『高麗史』卷76, 百官志1 禮賓寺條; 『高麗史』券76, 百官志2 文散階條.

21) 『高麗史』卷76, 百官志1 禮賓寺條.

1인을 두면서 겸관(兼官)에 관품을 정5품으로 했으며, 영(令) 2인도 정5품으로 했다가 뒤에 제점은 파하고 영은 정6품관으로 강등되었다. 최수명이 사설서령으로 활동했던 무렵으로 추정되는 1362년(공민왕 11) 상사서(尙舍署)에서 다시 사설서로 고치면서 봉어를 영으로 고쳤다. 이후 1369년에 다시 상사서로 고치고 또 영을 다시 봉어로 했다가 1372년에 다시 사설서로 고치고 이어 봉어를 영으로 고쳤다.[22] 아마도 최수명은 그러한 시기에 사설서의 정6품 영이었을 것이다.

최복린의 처부는 사천강씨 중직대부(中直大夫) 전객시령(典客寺令) 강득봉(姜得封)이다. 강득봉의 본관으로 나오는 사천강씨는 사천현의 속성으로서 진주에서 왔다고 하며, 선초에 모두 향리라고 했다.[23] 따라서 강득봉은 조선 개국 이전에 이미 사천을 떠나 왕도 개경에 거주하고 있었던 사족 가문 출신이었던 것으로 보인다. 그런데 강득봉의 관계와 관직 중 하나는 오류인 것 같다. 중직대부는 1392년 7월 문무백관의 관제에서 종3품 상계이고, 고려에 없던 문산계이다. 그리고 1390년(공양왕 2)에 전객시를 예빈시로 이미 고쳤으며, 1392년 7월 관제 개정에서도 그대로 따랐다.[24] 강득봉과 최수명의 활동 연대를 고려한다면 강득봉은 예빈시에서 전객시로 다시 칭해진 1372년(공민왕 21)부터 1390년 사이에 그 관직에 임명되었다. 따라서 정이창은 1443년에 최도원의 묘지를 지을 때 고려의 종3품 상계 중정대부를 조선의 관계에 의거해서 중직대부로 고쳐 기재했던 것 같다.

이상과 같이 가계와 통혼 관계의 분석을 중심으로 최복린의 윗대 가계를 살펴보았다. 최복린의 증조 최연, 조부 최시옥, 외조부 정자권, 아버지 최수명, 처부 강득봉에 이르기까지 벼슬로써 크게 현달하지 못했지만 삭녕최

---

22) 『高麗史』卷76, 百官志2 司設署條.

23) 『世宗實錄地理志』泗川縣 姓氏條.

24) 『太祖實錄』卷1, 太祖 1年 7月 28日(丁未);『高麗史』卷76, 百官志1 禮賓寺條.

씨 부사공파 가문은 사족으로서 사회적 지위를 유지하는 데 크게 문제가 되지 않을 정도로 관직에 임명되어 왕도 개경의 관인 가문 일원으로서 인적 네트워크를 구축하고 있었다. 이는 경주김씨 · 초계정씨 · 진양정씨 · 사천강씨 등의 가문과 혼인을 통한 지역과 인적 네트워크의 확대로 이어졌다. 그리고 고려 말에 최복린이 외향(外鄕)을 따라 진주 조동으로 이주함으로써 삭녕최씨 부사공파 가문은 진주지역 사족 가문의 일원이 되었다.

3) 진주 입향과 최복린의 활동

최복린이 진주로 입향한 계기는 무엇이며, 시기는 언제로 추정할 수 있을까. 최복린의 조부 최시옥과 외조부 정자권의 혼사에 주목할 필요가 있을 것이다. 그리고 최복린 자신이 사천강씨 강득봉의 딸과 혼인하는 계기도 양친의 혼인과 무관하지 않을 것이다. 14세기 초 · 중반에 활동했을 것으로 추정되는 최시옥과 정자권은 왕경에서 벼슬살이하던 때에 서로 교유하면서 혼사를 맺었을 것이다.

정자권의 세계는 알려져 있지 않으나 관향으로 볼 때 진주에 사회적 기반을 갖고 있었을 것으로 추정된다. 그렇다면 최복린이 진주에 입향한 계기는 아버지 최수명과 어머니 진양정씨 사이의 혼인이라고 추정할 수 있다. 최복린은 1349년 아버지가 벼슬살이하던 개경에서 태어난 것으로 보인다. 주지하다시피 여말선초 사족의 이주는 처향이나 외향을 사회적 배경으로 하고 있다. 아마도 진주 조동리는 최수명에게는 처향이고, 아들 최복린에게는 외향일 것으로 추정된다. 물론 조동리가 반드시 정자권의 거주지라고 말하는 것은 아니다. 정자권의 별서(別墅)일 수도 있기 때문이다.

최복린은 아버지가 벼슬살이하던 개경에서 성장하여 문음으로 벼슬살이에 나아갔던 것으로 보인다. 그는 1374년(공민왕 23) 과거 급제 시에 이미 사정(司正)의 벼슬을 지니고 있었기 때문이다.[25] 1374년 4월에 정당문학 이무방(李茂芳)이 지공거, 밀직부사 염흥방(廉興邦)이 동지공거가 되어 김자수(金子粹) 등 33인을 급제시켰으며, 12월에 급제를 내려주었다.[26] 최복린의 동방급제(同榜及第) 중에서 재상의 지위에 오른 인물로는 교은(郊隱) 정이오(鄭以吾, 1347~1434)와 송당(松堂) 조준(趙浚, 1346~1405) 등이 있다.[27]

최복린이 과거에 급제한 이후 처음으로 받은 새 벼슬은 함안향교 교수였던 것으로 보인다. 동방급제의 조준은 세족 출신으로서 문음으로 벼슬살이에 나아가 지유(指諭)로 있다가 과거에 급제한 이후 1376년에 이르러 처음으로 새 벼슬을 받았다. 그렇다면 급제 성적이 앞섰던 최복린의 경우도 1376년 봄에 과거 급제 이후 처음으로 새 벼슬인 함안향교 교수를 임명받았던 것 같다. 최복린과 조준은 송별 자리에서 서로 시를 주고받았다. 물론 최복린이 남긴 시는 전해오지 않는다. 그가 오언고시를 짓고 송당 조준이 그 시에 차운했음을 알 수 있는 근거 자료가 있다. 이는 최복린이 함안향교 교수에 임명되어 떠날 때 최복린과 조준이 주고받은 시 가운데 한 수였을 것이다.

최복린과 조준은 동방급제한 사이로 친한 벗이었다. 최복린이 함안 교수로 임명되어 먼 길을 떠나던 봄날에 조준은 송별의 심정을 시를 지어 대신했다. 떠나는 벗과 마주앉아 몇십 배의 술잔이 오가고, 불어오는 봄바람에

---

25) 『登科錄前篇』卷2, 恭愍王 甲寅榜. 그런데 사정은 고려의 관직이 아니라 1394년 2월 별장을 사정으로 고치면서 생겨난 관직이다.(『태조실록』권5, 태조 3년 2월 29일(기해)) 별장은 2군6위 · 도부외(都府外) · 의장부(儀仗府) · 견예부(堅銳府) 등에 두어진 정7품 무관직이다.(『高麗史』卷76, 百官志2 西班條) 고려시대 과거 급제자를 필사하는 과정에서 별장을 사정으로 바꾸어 기재한 것으로 짐작된다.

26) 『高麗史』卷73, 選擧志1 選場 恭愍王 23年 4月條.

27) 『登科錄前篇』卷2, 恭愍王 甲寅榜.

길가의 버들이 막 잎을 틔우려는 듯 황금색으로 일렁이니 둘의 마음도 심란하기 그지없었다. 이에 시정이 일어난 조준은 붓을 들어 시를 지어 벗에게 바쳤다.

봄바람에 한 말 술 마시는데	春風一斗酒
길가 버들 황금빛이 되어버렸네.	街柳黃金色
이번 행차 어찌 즐겁지 않으리오.	此行胡不樂
뛰어난 재주로 교수 자리 얻었네.	英才得敎授
좋은 일은 밝은 임금 알아주신 것	好爲明主知
떨칠 이름 죽백에도 기록되겠지.	盛名題竹帛[28]

길가의 버들가지가 황금색으로 일렁인다고 했으니 그날은 버들이 잎을 막 틔우기 시작하는 춘삼월 어느 날이었을 것이다. 봄바람 일렁이는 춘삼월에 조준은 이별의 술자리를 마련하고, 최복린은 벗에게 남길 작은 선물 하나 마련했으니 평소 벗이 바라던 모자였으리라. 그 모자를 받고 보니 조준의 마음은 길가의 봄바람에 일렁이는 버들보다 더 출렁이었다.

이별의 술잔이 오가듯 서로의 마음을 담은 시를 주고받았다. 하지만 최복린이 남긴 시는 전하지 않는다. 그가 시를 지어 벗에게 마음을 전한 것이 틀림없다. 이는 조준이 최복린의 시에 차운한 다음의 오언고시로서 잘 알 수 있을 것이다.

짙은 먹물 몇 줄 글자에	濃墨數行字
한 옛사람을 그리워하네.	相思一故人

---

28) 『松堂集』卷2, 五言古詩 「送同年崔【卜麟】敎授咸安【得冒字】」.

교관이 영달하지 않은 것 아니고	教官非不達
정원에 대 있으니 가난하지만은 않네.	園竹未全貧
온 천하에 요사 기운 다 사라지고	薄海妖氛息
하늘에는 해와 달이 새롭기만 해	中天日月新
예부터 고상한 사람들은	古來高尚者
성세에도 여전히 애를 태웠지.	盛世亦傷神[29]

최복린의 시는 전하지 않아 그날 최복린이 마음에 품었던 감정이야 어떻게 알 수 있을까마는 먼 길 떠나는 벗에 대한 위로와 이별의 정을 담은 조준의 두 편 시가 전해져 그나마 다행스럽다. 최복린이 함안향교의 교수에 임명되어 길을 떠나니 남은 벗이 건넬 말이 그렇게 많지 않았으리라. 조준은 앞의 오언고시에서 천리[30] 남쪽 곳으로 부임하는 벗에게 함안군의 향교 교수직이라 해도 벗의 뛰어난 재주 때문이고, 더구나 임금이 알아준 것이니 청사(靑史)에 이름을 떨칠 것을 기대한다면서 위로를 건넸다.

최복린이 조준의 앞의 시에 어떠한 심정이었는지를 알 수 없으나 조준이 차운한 시에 그가 마음속에 품은 생각을 한 수 시로 드러냈을 것으로 생각된다. 조준이 차운한 앞의 시를 보면 교관이라고도 칭해졌던 향교의 교수직, 더구나 왕도에서 천리 길의 함안군 향교의 교수이니 마음이 편할 리 없었지만 임금의 명령이라 깊은 마음속 감정이야 어떻게 풀 수도 없었으리라. 그래도 당시 향교의 교수직이 결코 가벼운 자리는 아니었던 것 같다. 조준

---

29) 『松堂集』卷2, 五言古詩「次崔教授詩韻【卜麟】」.

30) 『신증동국여지승람』에 의하면 개성부는 경사(京師)로부터 거리가 1백 66리이고, 함안군은 경사로부터 거리가 8백 64리이다.(『新增東國輿地勝覽』卷4, 開城府(上) 京師相距條; 『신증동국여지승람』 권32, 함안군 경사상거조) 따라서 최복린이 왕도 개경에서 함안향교까지 부임하는 길은 천리 먼 길이었다.

이 교관이 영달하지 않은 것이 아니라고 했으니 그러하다. 산직인 검교직과 동정직(同正職) 제수가 남발하던 고려 말기에 실직을 제수받는 것이 그렇게 쉬운 것이 아니었기 때문이다.

최복린이 부임한 함안은 원래 757년(경덕왕 16) 아시량군(阿尸良郡)을 함안군으로 개명했으며, 강주(康州)에 소속된 11개 속군 가운데 한 곳이었다.[31] 995년(성종 14) 함주자사(咸州刺史)로 삼았다가 1018년(현종 9) 금주(金州)의 임내(任內)가 되었다.[32] 1172년(명종 2) 6월 좌승선(左承宣) 이준의(李俊儀)의 건의에 따라 여러 주의 임내 53현(縣)에 감무(監務)를 배치했는데,[33] 이때 함안도 금주(金州)의 임내에서 벗어나 주현이 되었다.

1373년(공민왕 22) 함안 사람 밀직부사(密直副使) 주영찬(周英贊)의 딸이 명나라에 들어가 궁인(宮人)이 되었다고 하여, 마침내 승격시켜 지군(知郡)이 되었다.[34] 따라서 최복린은 함안의 읍격이 현에서 군으로 높아진 이후 1376년 봄에 함안향교 교수로 임명되어 부임했다. 그러면 함안향교는 언제쯤 설립되었을까.

의종은 1168년(의종 22) 3월에 조서를 내려 민(民)을 교화하여 풍속을 이루는 것은 반드시 학교(學校)로부터 말미암는다면서 병마사와 안찰사에게 학문 장려에 힘쓴 지방관의 이름을 적어 올리도록 하고 임기를 채우면 즉시

---

31) 『三國史記』卷9, 新羅本紀 景德王 16年條; 『三國史記』卷34, 地理志1, 咸安郡條.

32) 『高麗史』卷57, 地理志2 咸安郡條.

33) 『高麗史』卷19, 世家 明宗 2年 6月條; 『高麗史節要』卷12, 明宗 2年 6月條. 이때 이준의는 안동의 임내인 보주(甫州)가 태자(太子)의 태(胎)를 보관한 곳이라 하여 현령(縣令)으로 승격시키도록 건의했으며, 그대로 시행되었다. 한편으로 『경상도지리지』 함안군 건치연혁에는 1143년(인종 21)에 감무가 두어졌다고 했다. 『함주지』의 건치연혁에는 명종조에 감무가 두어졌다고 했다. 전자의 기록은 아마도 착오에서 비롯했을 것이다. 지군으로 승격한 이후 1376년에 함안현이라 칭한 예도 있다.(『高麗史』卷133, 禑王 2年 12月條)

34) 『高麗史』卷57, 地理志2 咸安郡條.

발탁하여 등용할 것이라고 했다.[35] 이에 따라 지방관으로는 문사(文師) 한 명과 유학에 조예가 깊은 신하를 수령으로 삼아 학사(學事)를 겸하게 하는 등의 조치를 통해 학문을 권장하고 격려했다. 이로 볼 때 함안에는 1172년 금주의 임내에서 벗어나 감무가 두어지던 시기에서 머지않은 때에 향교도 설립되었을 것이다.

그러나 지방의 관학 교육기관으로서 향교는 중앙의 관학이나 사학에 비해 기반 시설·교수·생도 등의 지속성의 측면에서 분명한 한계가 있었다. 무인정권 아래에서 일시적으로 지방의 인재 등용이 활성화되었지만, 대몽항쟁기를 거치면서 상당한 침체가 있었을 것이다. 충숙왕이 1325년(충숙왕 12)에 "학교는 풍속 교화(敎化)의 근원이므로 생도들을 엄하게 권장하고 격려하여 발탁되거나 등용되는 것에 대비하도록 하라"[36]는 교서를 내렸지만 크게 효과를 보지 못했던 것 같다. 이는 공민왕이 1357년 1월에 중앙과 지방을 막론하고 전국의 학교를 보수하게 했다[37]는 사실에서 추정할 수 있을 것이다.

공민왕이 1363년(공민왕 12) 5월 근래에 병란으로 인해 인재를 가르치고 기르는 것이 자못 해이해졌다면서 지금부터 성균관과 12도(徒), 동·서의 학당과 여러 주군(州郡)의 향교(鄕校)에서는 엄하게 가르치고 깨우쳐서 인재를 양성하라고 했다[38]는 교서의 내용으로 볼 때 향교 교육이 강화되었을 것이다. 이에 따라 함안에서도 관학 교육기관에 어떠한 변화가 일어났을 것으로 추정된다. 더구나 1373년 함안이 지군의 고을로 승격함으로써 읍격(邑格)에 걸맞은 향교 교육을 위한 교수의 파견이 이루어졌던 것 같다. 1376년 봄 최

---

35) 『高麗史』卷74, 選擧志2 學校 毅宗 22年 3月條.

36) 『高麗史』卷74, 選擧志2 學校 忠肅王 12年條.

37) 『高麗史』卷74, 選擧志2 學校 恭愍王 6年 1月條.

38) 『高麗史』卷74, 選擧志2 學校 恭愍王 12年 5月條.

복린이 함안향교 교수에 임명된 사실에서 그것을 짐작할 수 있을 것이다.

최복린이 교수로서 임무는 함안지역 재지세력인 이족과 사족의 자제에게 사서오경(四書五經)을 가르쳐 나라의 인재로 키우는 데 있었으며, 이를 통해 지역의 풍속을 교화하는 것이었다. 그가 재임하던 시기에 위기도 겪었을 것이다. 1376년(우왕 2) 11월 왜구가 진주 명진현(溟珍縣)을 노략질한 뒤 또 함안·동래·양주·언양·기장·고성·영선 등지를 불태우고 노략질했기 때문이다.[39] 이때 함안향교가 왜구에 의해 불태워졌을 것으로 추정된다.

함안향교는 원래 군성(郡城) 서남쪽 1리쯤에 있었는데, 뒤에 군의 서남쪽 2리로 옮겼다. 후세 사람들이 그로 인해 향교 옛터의 마을 이름을 '향교기(鄕敎基)'라고 했으나 1587년『함주지』편찬 당시 이미 옛 향교의 흥폐(興廢) 연대는 알 수 없다고 했다. 함안향교는 조선 개국 직후 옮겨 지으면서 명륜당 6칸과 좌우 협실(夾室) 각 3칸, 동재 8칸, 서재 7칸, 남루(南樓) 6칸, 주고(廚庫) 5칸, 교아(校衙) 13칸으로 완성되었던 것으로 보인다.[40]

다음으로 최복린이 지고성군사(知固城郡事)에 임명되어 활동한 사실을 살펴보자. 고성현은 995년(성종 14) 고주자사(固州刺史)가 되었다가 뒤에 현으로 강등되었다. 1018년(현종 9) 고성현은 거제에 소속되었다가 뒤에 현령관(縣令官) 고을이 되었으며, 1266년(원종 7) 지군(知郡)으로 승격하고 고주(固州)가 되었다. 충렬왕 때 남해에 병합했다가 얼마 후 복구했다.[41] 최복린이 지고성군사(知固城郡事)로 임명된 관련 자료는 전혀 전하지 않으며, 오직 효자 문익점(文益漸, 1329~1398)과 효자 이온(李榲, ?~?)의 정려(旌閭) 관련 기록에만 나온다.[42] 그 활동이 1383년 2월에 있었으므로 최복린이 1382년 고성군사로

39) 『高麗史節要』卷30, 禑王 2年 11月條.

40) 『咸州誌』卷1, 學校·書院條.

41) 『高麗史』卷57, 地理志2 固城縣 建置沿革條.

42) 강성군은 고려 초에 강성현으로 고쳤으며, 뒤에 승격시켜 군이 되었다. 1018년(현종 9) 진주

임명되어 부임했을 것이다.

1832년 편찬된 『경상도읍지』 내의 『단성현읍지』 비판에 의하면 고려 효자 문익점의 비는 현의 남쪽 4리쯤 원당면(元堂面) 배양촌(培養村) 앞에 있는데, 홍무 16년 계해(1383) 2월에 세워졌다. 비각은 가정 42년 계해(1563)에 세워졌으며, 천계 3년 계해(1623)에 중건되었다.

문익점 효자비는 비면의 가운데에 효자리(孝子里) 3자를 세로로 크게 새기고, 그 양옆에 효자 문익점의 효행과 정표 연도, 그리고 임금의 명령으로 효자비를 세운 안렴사 여극연(呂克珚)과 차사원 최복린의 이름을 새겨놓았다.[43] 이에 의하면 문익점은 중현대부 지청도군사(知淸道郡事)를 지냈으며, 어머니를 위해 시묘살이 3년을 하고 있는 그때 마침 왜구가 노략질하러 왔으나 죽기로 마음먹고 피난하지 않았다. 이 같은 문익점의 효행이 소문이 나서 나라에서 안렴사 봉상대부 전리총랑(典理摠郎) 여극연과 차사원 봉상대부 지고성군사(知固城郡事) 최복린을 보내어 문익점이 살던 마을에 효자비를 세웠다. 또한 최복린은 안렴사 여극연과 함께 임금의 명을 받들어 1383년 2월에 합주(陝州) 임내 가수현(嘉樹縣)의 이온이 사는 마을을 찾아 강성군의 문익점의 예와 같이 효행비를 세워 정표(旌表)했던 차사원으로서 활동했다.

이상과 같이 1382년에 봉상대부 지고성군사로 부임한 최복린은 임금

목에 내속(來屬)했다가 1390년(공양왕 2)에 감무가 두어졌다. 문익점의 효행을 정려할 당시 진주 임내였다.(『高麗史』 卷57, 地理志2 江城郡 建置沿革條) 1383년 당시 가수현은 합주의 임내였다.(『高麗史』 卷57, 地理志2 嘉樹縣 建置沿革條) 두 효행비 관련 자료는 다음과 같다. 『慶尙道邑誌』 冊18, 『丹城縣邑誌』 碑板條; 『江城錄』 事實, 「神道碑文【碑閣在丹城新安里路傍】」; 『慶尙道邑誌』 冊19, 『三嘉縣邑誌』 人物條; 『南冥集』 補遺, 雜著 「永慕齋李公行錄後識」.

43) 『慶尙道邑誌』 冊18, 『丹城縣邑誌』 碑板條. "高麗孝子文益漸碑 在縣南四里許 元堂面培養村前 洪武十六年癸亥立碑 嘉靖四十二年癸亥立閣 天啓三年癸亥重建 碑面刻 孝子里三字 傍面刻 前中顯大夫 知淸道郡事 文益漸 爲母廬墓三年 時方海寇執心不易 洪武十六年癸亥二月日 旌表 按廉使 奉常大夫 典理摠郎 呂克珚 差使員 奉常大夫 固城郡事 崔卜麟等 六十六字." 이 자료에는 모두 67자이다. 실제 비문에는 모두 67자이므로 『경상도읍지』의 착오인 듯하다.

의 명령을 받들어 1383년 2월에 안렴사 여극연과 함께 진주 임내 강성군(江城郡)의 효자 문익점과 합주 임내 가수현(嘉樹縣)의 효자 이온이 사는 마을을 찾아 효행비를 세워 그 효행을 정표했던 차사원으로서 활동했다.

최복린은 고성군사 이후 활동한 근거 자료가 남아 있지 않다. 최복린이 고성군사를 끝으로 벼슬살이를 그만두고 진주로 낙향함으로써 관찬의 사서나 인물들의 기록에 그의 활동이 언급되지 않았을 수도 있다. 만약 최복린이 벼슬살이를 그만두고 개경에 남아 있었다면 고려 말기 정치적 사건에 휘말릴 수밖에 없었을 것이다. 젊은 시절 그와 교유가 깊었던 것으로 생각되는 조준의 정치적 활동과 무관하게 지낼 수 없었을 것이기 때문이다.

최복린과 동방급제한 조준은 증조가 문하시중 조인규이며, 아버지가 판도판서 조덕유로 가세귀현(家世貴顯)의 집안 출신이었다. 조준은 음직으로 벼슬살이에 나아가 지유(指諭)로 있으면서 급제하고, 1376년 정4품 좌우위호군(左右衛護軍) 겸 통례문부사(通禮門副使)에 임명되었다가 곧 강릉도의 안렴사가 되었다.[44] 이에 비해 최복린은 그 시기에 받은 벼슬이 지방관인 함안향교 교수에 지나지 않았다. 최복린이 1383년 2월에 정4품 봉상대부로서 지방관이었으나 조준은 이미 정3품의 전법판서(典法判書)를 거쳐 1383년 밀직제학(密直提學)에 올랐다. 이는 최복린과 조준의 출신 가문의 격차로 인해 비롯되었다.

최복린 가문은 꼭 벼슬살이하지 않아도 사족으로서 일상생활을 여유롭게 살아갈 수 있었을 정도의 경제적 기반을 확보하고 있었던 것으로 짐작된다. 앞에서 언급했던 조준은 그 시 한 구절에서 "정원에 대 있으니 가난하지만은 않네"라고 했다. 조준은 최복린 집안이 정원에 대를 심고 선비의 절

---

44) 『登科錄前篇』 卷2, 恭愍王 甲寅榜; 『太宗實錄』 卷9, 太宗 5年 6月 27日(辛卯), 조준 졸기 참고.

개를 숭앙(崇仰)할 정도이므로 벼슬살이가 녹봉을 바란 것이 아니고 가난하지도 않다고 표현했을 것이다.

최복린이 벼슬로써 현달하지 못한 것은 가문의 배경과 무관하지 않은 것 같다. 이로 인해 급제 이후 함안향교 교수에 임명되었으며, 이후 다시 지고성군사(知固城郡事)로 부임함으로써 중앙의 정치적 네트워크에서 멀어졌을 것이다. 그러는 사이에 중앙에서 자주 정치적 사건이 발생함으로써 더 이상 벼슬살이에 미련을 갖지 않았던 것으로 여겨진다. 그는 관료로 현달할 기회를 스스로 포기함으로써 벼슬살이와 교유를 통한 정치적 네트워크에서 멀어진 채 진주 조동리에서 왕조 교체기를 보냈던 것으로 추측된다. 내시우장무(內侍右掌務) 최도원(崔道源, 1373~1441)이 역마를 타고 아버지 문병 가기를 청하자, 1400년 8월 도승지 정구(鄭矩)는 임금에게 두세 번 청하여 그 허락을 받아주었다.[45] 최도원은 역마를 타고 급히 진주로 내려와 아버지 최복린을 문병했다.

그러한 시기를 보낸 최복린은 태종의 최고 참모이자 빈사(賓師)인 실권자 하륜의 천거를 받아 1413년 6월 무렵 당상관 정3품직인 좌사간의대부에 임명되었다. 좌사간의대부로서 그가 구체적인 활동을 이어간 모습들은 확인할 수 있는 가전이나 관찬의 자료가 전혀 확인되지 않는다. 그는 좌사간의대부에 임명된 지 불과 6개월도 지나지 않은 1413년 12월에 산직인 검교 공조참의(檢校工曹參議)에 임명되었다.[46] 호정 하륜은 태종으로부터 위임받은 권력의 한계를 철저하게 인식하고 실천함으로써 자신의 독자적인 세력 기반을 스스로 용납하지 않았던 인물이다. 그러므로 하륜은 최복린을 천거했을 뿐 그의 정치적 후견인으로서 역할을 전혀 하지 않았던 것 같다. 최복린

---

45) 『定宗實錄』卷5, 定宗 2年 8月 4日(丙申).

46) 『太宗實錄』卷26, 太宗 13年 12月 27日(壬申).

이라는 인물의 평가와 관련한 다음의 사실을 보자.

> 좌사간 최복린을 검교공조참의(檢校工曹參議)로 삼았다. 처음에 사헌
> 부에서 최복린이 권문(權門)에 드나들고 또 조령(朝令)을 범하면서 사위
> 이우흥(李禹興)의 행수(行首)에 새로 소속하는 예(禮)를 행했다고 탄핵했
> 다. 최복린은 바로 하륜의 동향인(同鄕人)이었는데, 그가 사간이 된 것도
> 하륜이 천거한 것이었다. 헌부에서 상소하여 최복린이 권문(權門)에 분
> 경(奔競)한 죄를 청했으나 상소를 궁중에 머물러 두었다. 이때에 이르러
> 검교참의를 제수한 것은 대개 이를 좌천시킨 것이다.[47]

위의 사실은 최복린에 관한 관찬 사료로서 유일한 것이다. 사헌부에서
는 최복린이 권문에 드나들고 조령을 범했다는 이유로 그를 탄핵했다. 결국
재상으로서 하륜의 인사 추천과 등용의 문제가 최복린의 인물 평가와 직접
관련된 것이다. 재상 하륜의 인사 추천과 관련하여 좀 더 살펴보자.

안향(安珦, 1243~1306)이 학교가 날로 쇠퇴하는 것을 근심하여 양부인 문
하부와 밀직사에 의논하면서 "재상의 직임 가운데 인재를 교육하는 것보다
우선하는 것이 없다"고 했다.[48] 재상의 직무는 인재 교육과 더불어 등용이
가장 중요했다. 조준이 동료들을 이끌고 시무책을 조목별로 아뢰면서 "재상
의 직무는 군자를 등용하고 소인을 물리쳐서 백관을 바로잡을 뿐입니다. 재
상으로 그 적합한 사람을 얻으면 천하가 다스려졌는데, 하물며 한 나라의
정치이겠습니까?"라고 했다.[49] 하륜의 최복린 천거는 전혀 문제 될 것이 아
니었다.

---

47) 『太宗實錄』卷26, 太宗 13年 12月 27日(壬申).

48) 『高麗史』卷105, 列傳 安珦傳.

49) 『高麗史』卷118, 列傳 趙浚傳.

최복린이 권문에 분경한 죄를 청했다고 했는데, 그 권문은 하륜으로 생각된다. 최복린의 역사적 평가는 하륜의 권력에서 나온 인사권과 무관하지 않다. 그런데 하륜의 권력은 자신의 독자적인 세력 기반이나 붕당에서 나온 것이 아니라 태종의 왕권을 바탕으로 한 것에 지나지 않았다. 그러므로 하륜은 태종 측근의 최고 실권자로서 거의 유일하게 큰 흠 없이 천수를 누렸다. 태종이 절대로 용납하지 않았던 것은 붕당과 권력 남용이었다. 하륜의 인사권은 어디까지나 태종의 권력에서 나온 것이지 하륜의 독자적 권력 행사가 아니었다.

인사 추천과 등용은 재상이라면 당연히 해야 할 직무였다. 더구나 두 번에 걸친 피비린내 나는 정변을 통해 집권한 태종은 적재적소의 인재가 절실히 필요했다. 따라서 태종은 집권하면서 불사이군(不事二君)의 명분, 또는 정치적 이유로 지방에 은거하던 적지 않은 유신(遺臣)들에게 벼슬살이할 것을 종용(慫慂)했다. 통정(通亭) 강회백(姜淮伯)과 통계(通溪) 강회중(姜淮仲) 형제 가문과 목옹(木翁) 하자종(河自宗) 가문의 인물 등은 태종이 집권하여 다시 출사하도록 한 대표적인 가문이다. 한편으로 하륜은 그 정변의 시작과 승패를 결정짓다시피 한 최고의 참모였으므로 태종의 절대적인 신뢰를 바탕으로 적극적으로 인사를 추천했으며, 그중에 최복린도 포함되어 있었다.

조선 초기 진주지역 부로(父老)의 대표적인 인물인 최복린의 사회·경제적 활동도 빠뜨릴 수 없다. 이에 대해서는 이미 선행연구가 있으므로 중복을 피하기 위해 이 글에서는 생략하도록 하겠다.[50]

끝으로 사족의 이주로 인한 사회 변화를 간략하게 살펴보겠다. 고려 말 삭녕최씨 최복린이 입향한 곳은 원래 갈곡소(葛谷所)이었던 것으로 보인다. 즉, 조동리(槽洞里)의 전신은 갈곡소였던 것 같다. 갈곡소는 주치(州治)에서 동

---

50) 박용국, 「고려말·조선초 진주지역 '父老'의 존재와 성격」, 『嶺南學』 77, 2021 참고.

으로 30리 떨어진 곳에 위치했다.[51] 그러나 그 근거라고 밝힌 『신증』의 진주목 고적조에 의하면 갈곡소는 진주 주치로부터 동으로 20리 떨어진 지점에 있었다.[52] 따라서 『진양지』 고적조의 그 기록은 착오라고 생각된다. 이는 진주목 동면(東面)의 리방 위치 비정을 통해 잘 알 수 있다.

갈곡소의 위치상 조동리 이외에 비정할 만한 리방은 존재하지 않는다. 진주목 주치 동쪽에 소재한 리방으로는 저동리(猪洞里)가 8리, 금산리(琴山里)가 15리, 대여촌리(代如村里)가 23리, 굴곡리(屈谷里)가 25리, 화곡리(火谷里)가 30리 지점에 위치하였다. 그리고 주치에서 동으로 23리 떨어진 법륜리(法輪里)는 임진왜란 후에 조동리에 합해졌는데,[53] 17세기를 거치면서 법륜리의 속방이었던 소촌역(召村驛)이 크게 성장하여 리명이 소촌리(召村里)로 바뀌면서 복구되었다.[54] 이들 리방의 속방의 위치를 아울러 고려하더라도 갈곡소의 후신은 조동리 이외에 고증할 만한 리방이 존재하지 않는다.

한편 진주목 동쪽의 나머지 리방은 1469년 무렵에도 임내인 반성현과 고려 말 이전에 직촌화한 것으로 보이는 진성부곡(晉城部曲) 지역이었다. 그리고 진주지역의 소(所) 규모는 대곡리(大谷里)의 전신인 대곡소(大谷所), 수곡리(水谷里)의 전신인 수곡소(水曲所/水谷所), 화곡리의 전신인 화곡소(火谷所)의 예를 통해 보면 조선 중기 리방 규모의 정도에 지나지 않았던 것 같다. 따라서 진주목 주치에서 동으로 20리 떨어진 갈곡소는 고려 말에 직촌이 되면서 조동리로 바뀌었다. 갈곡소는 최복린이 입향한 시기로 추정되는 고려 말에 소(所) 지역에서 직촌으로 변화를 겪었던 것으로 추정된다. 최복린이 훗날 조동리의 본방인 조동으로 입향한 이후 갈곡소의 성격이 변화하여 1481년

---

51) 『진양지』 권4, 고적조.

52) 『신증』 권30, 진주목 고적조.

53) 『진양지』 권1, 각리 법륜리.

54) 『海東地圖』 晉州牧 註記 東面; 『輿地圖書』 晉州牧 坊里條.

에 편찬된 『동국여지승람』 훨씬 이전에 그러한 사회 변화가 마무리되었을 것이다. 그러므로 갈곡소는 그 고적조(古跡條)에 실리게 되었던 것이다.[55]

4) 조동리의 삭녕최씨와 고령신씨

(1) 최도원의 벼슬살이와 자손

앞에서 언급했듯이 최도원에 관한 기록으로는 관찬 사서의 내용만이 아니라 거의 동시대 자료인 정이창이 1443년 8월에 지은 최도원의 묘지(墓誌)가 전한다. 그럼에도 그의 생년에 대한 오류는 그의 묘지에 대한 기본적인 검토가 없었기 때문에 비롯됐다. 이 글에서는 최도원의 묘지를 기본 자료로 삼아 그의 벼슬살이와 가족 관계를 중심으로 그 생애를 검토하여 정리하려고 한다.

최도원(崔道源, 1373~1441)은 최복린과 사천강씨 중직대부 전객시령(典客寺令) 강득봉(姜得封)의 딸 사이에 외아들로 태어났다. 최도원의 자는 호연(浩然)이고, 부사공파의 파조 최연의 현손이다. 최복린은 외아들 최도원 외에 사위 이우흥(李禹興)을 둔 것으로 보이지만,[56] 그들 가문의 족보에 이우흥에 대한 언급은 없다.

묘지에 의하면 최도원은 이른 나이에 음직을 얻어 벼슬살이를 했다. 최

---

55) 1914년 일제에 의한 군면 통폐합 때 조동면(槽洞面)은 중심 마을인 갈전동(葛田洞)을 중심으로 속사동(束沙洞) 등을 합하여 금산면(琴山面) 갈전리(葛田里)로 개편되었다. 朝鮮總督府 編, 『舊韓國地方行政區域名稱一覽』, 朝鮮總督府, 1912. 698쪽; 越智唯七 編, 『(新舊對照)朝鮮全道府郡面里洞名稱一覽』, 中央市場, 1917, 656쪽 참조.

56) 『太宗實錄』 卷26, 太宗 13年 12月 27日(壬申).

복린이 정4품 봉상대부에 올랐다는 점을 고려하면 최도원은 1392년 조선 개국 이전 약관의 나이에 음직으로 벼슬살이에 나아갔을 것이다. 앞에 언급했듯이 1400년 8월 내시우장무 최도원은 역마를 타고 급히 내려와 아버지를 문병했다.

최도원은 내직으로 정6품 사헌부감찰(司憲府監察)에 두 번 임명되고, 정6품 호조좌랑과 형조좌랑을 역임했다. 그리고 최도원은 정5품 사헌부지평을 지낸 후에 지군사로 승진한 것으로 보인다. 최도원이 임명된 내직은 실록에 나오지 않지만 관직이 정6품에서 정5품에 해당하므로 대체로 종4품직인 지군사에 임명되기 이전에 역임했던 관직으로 생각된다. 최도원은 지군사에 네 번 임명되었다고 묘지에 나오지만, 실록에는 지청도군사(知淸道郡事)·지보성군사(知寶城郡事)·지함안군사(知咸安郡事)만 나온다.[57]

1412년(태종 12) 1월 경상도 경차관(敬差官) 이유희(李有喜)는 지청도군사 최도원과 지밀양군사 한유문(韓有紋)이 농사철에 기생과 놀아났다면서 청도군사 최도원을 면직시키고, 한유문의 관계가 3품이므로 즉석에서 과단(科斷)하지 못했다면서 죄 주기를 청했다. 그런데 4월 사헌부에서 밀양군사 한유문과 청도군사 최도원이 공사(公事)로 인해 길에서 잠깐 모인 일을 가지고 경차관 이유희가 죄를 만들어 청도군사 최도원을 면직시켰다면서 도리어 이유희의 죄를 청했다.[58] 이와 같이 최도원은 지청도군사로 공무 중에 억울한 일을 당했다. 최도원은 지보성군사에 임명되었다가 임기를 마쳤다. 그런데 조정에서는 뒤늦게 최도원이 보성군사로 있을 때 쌀과 콩을 잘못 교부하여 손실을 초래했다면서 개성유후사(開城留後司) 경력(經歷)으로 있던 최도원을

---

57) 『太宗實錄』卷23, 太宗 12年 1月 7日(壬辰); 『太宗實錄』卷23, 太宗 12年 4月 10日(甲子); 『太宗實錄』卷32, 太宗 16年 9月 22日(庚戌); 『世宗實錄』卷10, 世宗 2年 12月 8日(壬寅).

58) 『太宗實錄』卷23, 太宗 12年 1月 7日(壬辰); 『太宗實錄』卷23, 太宗 12年 4月 10日(甲子).

1416년 9월에 파직했다.[59]

진주 조동리의 삭녕최씨 가문은 두 대에 걸쳐 함안과 인연이 이어졌다. 아버지 최복린이 함안의 교수로 부임하여 함안 이족과 사족 자제들의 경전 교육과 지역의 교화에 힘썼으며, 아들 최도원은 1420년(세종 2) 4월에 종3품 상계(上階)인 중직대부(中直大夫)로서 지함안군사로 부임했다.[60] 그러나 자녀 균분 상속과 관련한 분쟁 개입으로 12월에 파직되었다. 이 사건으로 인해 최도원은 종3품 상계 중직대부 함안군사의 고신(告身)을 회수당했으나 그의 사후 1455년(단종 3) 1월에 자손들이 최도원의 고신을 돌려받았다.[61] 최도원은 진주 조동리로 돌아와 양친을 효성으로 봉양하고 마음을 즐겁게 해드렸으며, 1431년 양친상을 차례로 당하여 여묘살이를 했다.

최도원은 서흥김씨 정순대부 판서운관사(判書雲觀事) 김선보(金善保)[62]의 딸 사이에 네 아들을 두었다. 최도원의 부인은 1440년 2월 4일에 세상을 떠나고, 9월 10일 진주성 동쪽 저동(猪洞) 선학치(仙鶴峙) 축산(丑山) 계좌정향(癸坐丁向)의 언덕에 안장되었다. 1441년 12월 4일 향년 69세로 세상을 떠난 최도원은 부인 묘 바로 옆에 안장되었다. 진주 동면 조동리 조동에 거주하던 최도원은 4남 2녀를 두었다.[63]

---

59) 『太宗實錄』 卷32, 太宗 16年 9月 22日(庚戌).

60) 『咸州誌』 卷1, 任官條. 『함주지』와 달리 1420년 12월, 정이창과 강치규가 지은 최도원의 묘지에는 1419년 함안군사에 임명되어 1420년 겨울에 파직되어 진양으로 돌아왔다고 했다. 『함주지』 임관조에 의하면 종3품 하계 중훈대부(中訓大夫) 변계손(卞季孫)이 1417년 9월에 부임했다가 1420년 3월에 봉상소윤(奉常少尹)에 임명되어 이임했으며, 4월에 최도원이 부임했다.

61) 『世宗實錄』 卷10, 世宗 2年 12月 8日(壬寅); 『世宗實錄』 卷85, 世宗 21年 4月 25日(壬寅); 『端宗實錄』 卷13, 端宗 3年 1月 30日(丙子).

62) 정이창은 최도원의 묘지에서 자신의 선조(先祖)와 김선보는 종형제라고 했다. 『幢梁世碣』 「南臺持平公墓誌[鄭以昌]」.

63) 『幢梁世碣』 朔寧崔氏世系 · 「南臺持平公墓誌[鄭以昌]」; 『剛齋集』 卷9, 墓表, 「持平崔公墓表」; 『晋陽誌』 卷4, 南行條. 이하 특별한 언급이 없는 한 앞의 세 자료에 근거했음을 미리 밝혀둔다.

이상과 같이 최도원의 생애는 음직으로 벼슬에 나아갔을 것으로 짐작되는 1392년 무렵까지 20여 년, 1392년 이후부터 1420년 12월 함안군사에서 파직될 때까지 28여 년의 관료 생활, 1421년 세거지 진주 조동리로 돌아와 양친을 봉양하다가 여의고 난 후 거의 은거하다시피 한 21여 년으로 대별할 수 있을 듯하다. 그의 벼슬살이는 크게 내직과 외직으로 나누어볼 수 있다. 내직으로는 감찰·지평 등 청요직을 역임했으나 행적이 기록된 것이 없으며, 외직으로는 네 번의 지군사를 역임했으나 주로 부정적인 부분만 기록으로 남겨져 그의 참된 벼슬살이를 이해하는 데 한계가 있다. 그리고 그의 최종 벼슬은 정5품 사헌부지평이 아니라 종3품 상계인 중직대부(中直大夫)로서 지함안군사(知咸安郡事)이다. 1455년(단종 3)에 고신을 돌려받았기 때문이다.

최도원의 장자 최경부(崔景溥, ?~1454)는 정이창과 1423년 생원시에 동방급제했으며, 정이창이 최도원의 묘지를 짓던 1443년에 이미 전 통사랑으로서 용인교도를 지냈는데,[64] 『진양지』의 사마조에는 진주 조동리에 거주했다[65]고 나온다. 최경부는 연안김씨 통훈대부 예빈시윤(禮賓寺尹) 김치지(金致知)의 딸과 혼인하여 네 아들과 두 사위를 두었다. 최경부의 처부 김치지는 네 아들과 다섯 사위를 두었는데, 첫째 사위가 최경부, 둘째 사위가 해평길씨 야은(冶隱) 길재(吉再, 1353~1419)의 아들 부정 길사순(吉師舜), 셋째 사위가 음성박씨(陰城朴氏) 대사헌 박숙진(朴叔蓁, 1424~1481) 등이다. 이들은 형조판서와 대사헌을 지낸 문정공 김자지(金自知, 1367~1435)의 조카사위이다.[66]

김치지는 진위현(振威縣)[67]의 탄현면(炭峴面)과 양성현(陽城縣)의 월경지인

---

64) 『幢梁世碣』「南臺持平公墓誌[鄭以昌]」; 『國朝文科榜目』 卷3 (규장각한국학연구원[奎106]).

65) 『晉陽誌』 卷4, 司馬條.

66) 『延安金氏大同譜』(2006); 『世宗實錄』 卷67, 世宗 17年 2月 23日(乙丑).

67) 진위현은 1174년(명종 5) 수주(水州)의 임내에서 벗어나 감무가 두어졌다.(『高麗史』 卷56, 地

소고니면(所古尼面) 일대에 사회·경제적 기반을 갖고 있었으며, 죽어서 진위현의 탄현면 제역동(除役洞)에 묻혔다.[68] 최경부의 묘소는 양성현 소고니면, 장자 최철석(崔哲錫, 1435~1497)의 묘소는 탄현면 하지촌(下池村)에 있다고 했다. 이들 3대의 묘소 위치는 지금의 평택시 신장동·서정동·서탄면 적봉리 지역에 해당한다.[69] 이처럼 최경부는 진주목 동면 조동리를 떠나 처향 진위현으로 이주했다. 진위지역의 삭녕최씨는 최철석 이후 최경부를 파조로 하는 삭녕최씨 교도공파 진위파 문중을 이루었다. 최경부의 셋째 아들 최철관(崔哲寬)은 1465년 식년시 병과 2위로 급제했는데, 33인의 급제자 중 5위였으며, 벼슬이 한림과 사헌부지평이었다.[70] 첫째 사위 하영지(河穎之)는 1438년 식년시 정과 6위로 급제했다. 그는 33인의 급제자 중 16위였으며, 벼슬살이하여 현감을 지냈다.[71]

최도원의 둘째 아들 최경연(崔景淵)은 별시위 부사정을 지냈다. 그는 영가권씨 통정대부 예조참의 권선(權繕)의 딸 사이에 최자문(崔自雯)을 두었다. 최경연은 형을 따라 진위현으로 이주하여 그곳에 묻혔으나 아들 최자문이 다시 사천현 풍정(豊井)으로 이주하여 삭녕최씨 사정공파 사천파 문중을 형

理志1 振威縣) 1398년(태종 7) 충청도의 진위현을 떼어서 경기좌도에 속하게 했다.(『世宗實錄
地理志』京畿道)

68) 김치지(金致知)의 묘소는 후손이 미약하여 실전했는데, 방손 김로(金魯)가 1762년(영조 38) 11월 진위현령(振威縣令)으로 부임하여 와서 수차례 방조(傍祖)의 묘소를 찾아 방문했다가 일탄면(一炭面) 제역동(除役洞)의 유좌(酉坐) 언덕에서 다시 찾아 영역(塋域)을 개축했다. 제역동은 지금의 평택시 신장동 K-55 미 공군기지 내에 있었던 마을이다. 『延安金氏大同譜』 (2006);『承政院日記』英祖 38년 11월 1일(己未) 巳時 · 申時條.

69) 『동양세갈』의 소곶면(所串面)은 소고니면이다. 1895년 5월 지방제도 개편으로 23부(府)의 행정 구역을 제외하고 종래의 목·부·군·현의 명칭을 모두 군으로 통일했다.(『幢梁世碣』朔寧崔氏世系;『大東地志』卷4, 陽城縣 坊面條;『高宗實錄』卷33, 高宗 32년 5월 26일(丙申))『동양세갈』은 1895년 5월 이후 편찬된 족보이므로 양성·진위 두 현은 군으로 칭해졌다.

70) 『國朝文科榜目』卷3(규장각한국학연구원[奎106]).

71) 『國朝文科榜目』卷2(규장각한국학연구원[奎106]).

성했다. 사천현의 풍정은 전혀 생소한 곳이 아니라 증조부 최복린의 처향(妻鄕)과 관련이 있는 지역으로 추정된다.

최도원의 셋째 아들 최경천(崔景泉, 1418?~1474)은 별시위 부사정을 지냈으며, 곡산우씨 개령현감 우정(禹定)의 딸 사이에 두 아들 최율(崔嵂) · 최의(崔嶷, 1451~1506)와 두 사위 하맹보(河孟溥) · 성영손(成永孫)을 두었다. 우정은 음직으로 벼슬살이에 나아가 개령현감을 지냈는데, 진주 읍치에서 남쪽으로 50리 떨어진 진주목 남면 양산리(陽山里)에 거주했다. 양산리에는 임진왜란 이전에 사족이 살았으나 이후 없어졌다.[72] 최경천의 장자 최율의 자손은 외향을 따라 양산리로 이주하여 사정공파 양산파 문중을 이루었다. 최경천의 차자 최의의 자손은 진주 조동리와 반동산리 등지를 중심으로 하여 삭녕최씨 진주파 문중을 형성했다. 최경천의 사위 하맹보는 진양하씨 시랑공파 가문의 양정공 하경복(1377~1438)의 장손자로서 강장공(剛莊公) 하한(河漢, ?~1460)의 아들이자 경절공(景節公) 하숙보(河叔溥, ?~1501)의 백형(伯兄)이다. 하맹보는 조선 초기 3대에 걸쳐 재상의 지위에 오른 인물을 배출했던 집안 출신이다. 최경천 가문은 진주지역의 대표적인 사족 가문과 혼사를 통해 사회적 기반을 더욱 공고히 했다. 1474년 4월 13일에 세상을 떠난 최경천은 반동산리 지동(池洞)에 안장되었다.

최도원의 넷째 아들 최경시(崔景時, 1420~1490)는 하양현감(河陽縣監)을 지냈으며, 처부는 성주이씨 통덕랑 이해(李楷)이다. 최경시의 묘소는 진주목 동면 조동리의 속방 속사동에 있으며,[73] 증손 최달하(崔達河) 대에 이르러 만경현으로 이주하여 현감공파 만경, 옥구파 문중을 형성했다.

최도원의 첫째 사위가 변효문(卞孝文, 1396~1461?), 둘째 사위가 예빈시

---

72) 『幢梁世碣』朔寧崔氏世系 · 「南臺持平公墓誌[鄭以昌]」; 『晋陽誌』卷4, 南行條.

73) 『幢梁世碣』朔寧崔氏世系.

녹사(禮賓寺錄事) 곽비(郭庇)이다. 변효문은 1414년(태종 14) 알성시에 을과 3등 2위로 급제하여 벼슬살이에 나아가 사재감정(司宰監正)·첨지중추부사(僉知中樞府事)·중추원부사(中樞院副使)·전주부윤(全州府尹) 등을 지냈는데, 관계가 가정대부에 이르렀다. 1455년 12월 변효문은 원종공신 2등에 녹훈되었다.[74]

특히 1443년(세종 25) 2월 최도원의 큰사위 첨지중추원사 변효문이 통신사가 되어 일본으로 갈 때 신숙주가 서장관(書狀官)이었다. 진주 조동리 삭녕최씨 가문이 신숙주 가문과 깊은 인연을 맺게 되는 계기였을 것으로 생각된다. 뒤에 언급하겠지만 신숙주는 그러한 인적 네트워크로 인해 세 살박이 막내아들 신필을 변효문의 막내처남 하양현감 최경시에게 위탁하여 양육하게 했던 것으로 추정된다. 신숙주는 1455년 10월 주문사(奏聞使)로 명나라에 갔는데, 장자 신주(申澍)가 배행(陪行)했다. 그는 다음 해 2월에 돌아왔는데, 그전 1월에 부인상을 당했다.

이상과 같이 최도원의 네 아들과 두 사위 가운데 첫째 사위 변효문은 벼슬로서 현달했다. 장자 최경부는 처향을 따라 경기 진위현으로 이주하였는데, 차자 최경연도 형을 따라 그곳으로 이주했다. 최경연의 아들 최자문은 다시 사천현의 풍정으로 이주하여 정착했다. 셋째 아들 최경천은 진주목 남면 양산리 거주 곡산우씨 가문을 처향으로 했으며, 나아가 서면 이하리·종화리 등지에 거주하던 진양하씨 가문과 혼사를 통한 사회적 관계를 확고히 했다. 장자 최율은 외향 진주목 남면 양산리로 이주하여 양산과 문중을 형성했다. 최경시는 하양현감을 지냈으며, 자손들은 16세기 중엽까지 조동리에 세거했다. 그와 관련한 고령신씨 조동리 입향조 신필(申泌)은 다음 절에서

---

74) 『國朝文科榜目』卷1(규장각한국학연구원[奎106]);『世宗實錄』卷67, 世宗 17年 3月 13日(乙酉); 『世宗實錄』卷99, 世宗 25年 2月 21日(丁未);『端宗實錄』卷11, 端宗 2年 6月 1日(壬午);『端宗實錄』卷14, 端宗 3年 4月 4日(己卯);『世祖實錄』卷2, 世祖 1年 12月 27日(戊辰).

살펴볼 것이다.

(2) 신필의 조동리 입향과 최경시

고령신씨 진주 입향조는 영의정 보한재(保閑齋) 신숙주(申叔舟, 1417~1475)
의 막내아들 신필(申泌, 1454~1518)이다. 그런데 신필이 진주목 동면 조동리로
입향하게 된 사연은 좀 색다르다. 조선 초·중기 사족들이 처향이나 외향을
따라 이주하던 일반적인 사례와 다르기 때문이다.

신필은 아버지 신숙주와 문도공(文度公) 윤회(尹淮, 1380~1436)의 손녀인
정경부인(貞敬夫人) 무송윤씨(茂松尹氏, ?~1456) 사이에서 태어난 여덟 아들 가
운데 막내이다. 그는 불과 3세 되던 1456년 1월에 어머니를 여의었다. 이때
신필의 바로 손위 형인 신형(申泂, 1449~1487)이 8세, 신부(申溥, 1446~?)가 11세
였으므로 그의 여덟 형제 가운데 신필을 제외하면 모두 바깥의 스승에게 배
울 정도의 나이이거나 지났다.[75] 장자 신주(申澍, 1435~1456)는 이미 한명회(韓
明澮, 1415~1487)의 딸에게 장가들어 어린 세 아들을 두었으나 어머니 상중에
병을 얻어 세상을 떠났다. 그러므로 신필을 맡아 키울 사람이 가까운 친척
중에는 거의 없었던 것으로 보인다.

가전에 근거한 것으로 보이는 고령신씨 족보에 의하면 신필의 어머니
가 세상을 떠난 후 신필이 진주 최하양(崔河陽)에게 업혀 내려간 곳은 진주 동

---

75) 지역의 자료만 찾아보면 향교나 서당 등 바깥의 스승을 찾아 배울 나이는 빠르면 8세, 대체로
10세 전후였던 것 같다. 하윤린(河允潾, 1321~1380)은 10세,(『春亭集』卷12,「晉陽府院君河公
神道碑銘 并序」) 하륜(河崙, 1347~1417)도 아버지와 같은 나이에 향교에 취학했다.(『浩亭集』
卷4, 附錄「墓碣銘[尹淮]」) 성여신(成汝信, 1546~1632)은 8세,(『浮查集』卷7, 年譜「浮查年譜」)
하수일(河受一, 1553~1612)은 7세에 바깥 스승을 찾아 배움에 나섰다.(『松亭續集』卷3, 附錄
「年譜[河謙鎭]」) 하진(河溍, 1597~1658)이 바깥 스승을 찾아 배운 나이는 그의 행장에 10세라
고 했지만, 연보 작성 시 고증을 통해 12세라고 정정했다.(『謙齋集』卷8, 行狀「執義台溪河公行
狀」;『台溪集附錄』卷1, 年譜 戊申年條)

쪽 조동이었고, 이곳에서 국양(鞠養)되었다. 장성한 신필에게는 음직으로 행사과(行司果)의 벼슬이 주어졌다. 최씨와 관계는 기록이 없어 분명하지 않다. 신필은 유년에서 노년까지 오직 진주에서 살다가 1518년 8월에 세상을 떠났다.[76] 신숙주는 진주의 최하양에게 어린 신필을 맡아 키우도록 했던 것이다. 그럼 진주의 최하양은 누구를 말하는 것일까. 앞에서 언급했듯이 최하양은 최도원의 넷째 아들 하양현감 최경시였다.

신숙주와 최하양의 관계는 족보에서도 분명하지 않다고 했듯이 혈연이나 지연, 또는 사승(師承)의 관계는 없었던 것 같다. 다만 최하양이 진주 사람이고, 사는 곳이 진주 동쪽 조동이라는 점은 사실일 것이다. 이러한 점을 실마리로 삼아 최하양의 존재를 짐작할 수 있을 것으로 본다.

먼저 '진주동조동(晉州東槽洞)'에서 '진주동'은 읍치에서 동쪽을 의미하기도 하지만, 방위면 형태의 면리제하에 진주목 동면을 지칭하는 것으로 봐도 무방할 것이다. 따라서 진주목 동면의 조동은 리방인 조동리의 본방(本坊)일 것으로 추정된다.

조동리는 진주 읍치에서 동쪽으로 20리 떨어진 곳으로 동쪽으로 월아산, 남쪽으로 소촌역, 서쪽으로 달탄(獺灘), 북쪽으로 금산리와 맞닿아 있는 동서 6리, 남북 5리에 속방이 청곡동·욱곡·속사동 등 세 곳이었다. 조동리는 토지가 척박하고 수재와 한재가 아울러 있었지만, 예부터 사족이 많이 살고 풍속이 순박한 리방이었다.[77]

조동리는 본방 조동을 둘러싸고 동쪽의 청곡동, 서쪽의 속사동, 남쪽의 욱곡 등 네 개의 자연마을로 이루어진 리방이었다. 조동리 거주 사족은 고려 말에 이주한 삭녕최씨 최복린의 후손, 조선 초기에 이주한 고령신씨 신

---

76) 『高靈申氏大同譜』卷1, 申泌篇. 후술하듯이 신필은 처음 행사과에 임명되었으며, 뒤에 호군을 지냈다.

77) 『晋陽誌』卷1, 各里 東面條.

필의 후손 등이다. 아울러 두 가문 이외에 조동리 거주 사족으로는 고성이씨 가문을 빠뜨릴 수 없다. 이를 좀 더 살펴보자.

회봉(晦峯) 하겸진(河謙鎭, 1870~1946)이 지은 부사직(副司直) 이자(李磁, ?~?)의 묘갈명과 춘와(春窩) 양천익(梁天翼, 1638~1711)이 지은 운당(雲塘) 이염(李琰, 1538~1588)의 묘갈명에 의하면 청파(靑坡) 이륙(李陸, 1438~1498)의 장손자 이황(李滉, 1483~1533)은 단성현감을 지낸 후 진주판관으로 있으면서 진주의 산수(山水)를 사랑하여 진주에 시거(始居)했다.[78] 이황의 둘째 아들 이자는 진주목 주내(州內)의 죽동(竹洞)에 거주하던 밀양박씨 박승서(朴承緖, ?~?)의 무남독녀에게 장가들면서 처향인 죽동에 정착했다.[79] 그래서 이자의 맏아들 이염은 외향인 죽동에 거주했다.[80] 이염은 조동리 운당(雲堂/雲塘)의 남쪽에 있는 깎아 세운 듯한 낭떠러지 아래에 임연대(臨淵臺)를 지어 도동(道洞)에 은거하던 수우당(守愚堂) 최영경(崔永慶, 1529~1590)과 교유했다.[81] 수산(壽山) 이태식(李泰植, 1875~1951)이 1921년 8월에 지은 이자의 셋째 아들 월당(月塘) 이선(李璿, ?~?)의 묘갈명에 의하면 고성이씨 사암공파(思菴公派) 가문은 진주판관 이황이 조동리에 시거한 이래 이염과 이선 형제의 자손들이 조동리에 세거하거나 타지나 타읍으로 이주했다.[82]

---

78) 『鼎山志(初刊本)』 九先生行錄 「將仕郎行南部參奉雲塘李先生墓碣銘[梁天翼]」; 『晦峯遺書』 卷41, 墓碣銘 「司直李公墓碣銘竝序」.

79) 한주(寒洲) 이진상(李震相, 1818~1886)이 지은 농암(聾庵) 박부(朴敷, 1412~1489)의 묘갈명과 묵옹(黙翁) 권집(權潗, 1569~1633)이 1601년에 지은 오죽헌(梧竹軒) 박기(朴機, 1448~1514)의 묘갈명에 의하면 박승서는 박기의 4남 3녀 중 일곱째이며, 그의 둘째 자형(姊兄)이 신필의 둘째 아들 신세광(申世洸, 1474~1536)이다. 신세광은 이자의 고모부이다. 『寒洲集』 卷36, 墓碣銘 「議政府左參贊密城府院君文貞公聾庵朴公墓碣銘 幷序」; 『聯芳輯錄(黙翁)』 卷1, 墓碣銘 「梧竹軒朴公墓碣銘 幷序」; 『高靈申氏大同譜』 卷12, 護軍公派 申世洸 편.

80) 『晋陽誌』 卷3, 任官 人物條.

81) 『晋陽誌』 卷2, 亭樹 臨淵臺條; 『鼎山志(初刊本)』 九先生行錄 「臨淵臺遺墟記[朴泰茂]」; 『西溪集』 卷6, 記 「臨淵臺遺墟記」; 『訥庵集』 卷5, 墓誌銘 「雲塘李先生墓誌銘」.

82) 『壽山集』 卷10, 墓碣銘 「月塘李公墓碣銘 幷序」; 『固城李氏世譜』(思菴公派) 李琰·李璿 편.

최하양이 조동리 본방 조동에 살았다는 사실에서 추정하자면 최하양은 삭녕최씨 가문 출신의 인물이라고 생각된다. 그런데 최하양은 최복린의 자손 가운데 존재하지 않는 인물이다. 15세기까지 최복린의 자손은 한정된 인원이어서 쉽게 확인이 가능하다. 최복린은 외아들은 최도원, 최도원의 네 아들은 최경부·최경연·최경천·최경시이다. 이들 4형제의 활동 연대가 대체로 15세기 중엽이다.[83] 이 외에 조동 거주 사족으로서 영의정 신숙주의 아들을 대신 기를 만한 최씨는 없다고 봐야 한다. 그런데 이들 4형제 가운데 최하양이라고 부를 만한 인물이 있다. 최도원의 넷째 아들 최경시이다.

최경시는 음직으로 하양현감을 지냈으며, 조동에 거주했다.[84] 종종 성씨에 관직을 이어 붙여 인물을 호칭하기도 했다. 창주(滄洲) 하증(河憕, 1563~1624)은 '하씨세계변(河氏世系辨)'에서 단성현감(丹城縣監) 조응경(趙應卿, 1487~1549)을 일러 '조단성(趙丹城)' 응경(應卿)이라고 호칭했으며,[85] 좌의정 박은(朴訔)을 일러 박의정(朴議政),[86] 삼탄 이승소는 좌의정 박원형(朴元亨, 1411~1469)을 일러 박의정(朴議政)이라 약칭했으며, 청파 이륙도 마찬가지였다.[87] 이러한 사례는 부지기수일 정도로 흔히 쓰이던 호칭 방법이었다. 따라서 최하양(崔河陽)은 성명이 아니라 성씨 최에 관직 하양현감을 줄여 붙여 최하양이라고 칭했던 것으로 볼 수 있다. 1456년 당시 진주 동면 조동리 조동마을의 최하양이라고 하면 바로 하양현감 최경시를 지칭하는 것으로 충분히 이해하고 있었기 때문에 오해할 여지가 없었다. 그러나 다른 기록 없이 최하

---

83) 『嶂梁世碣』朔寧崔氏世系,「南臺持平公墓誌[鄭以昌]」;『剛齋集』卷9, 墓表,「持平崔公墓表」.

84) 『晉陽誌』卷4, 任官 南行條.

85) 『晉陽誌』卷3, 姓氏條.

86) 『태종실록』권33, 태종 17년 윤5월 9일(갑자).

87) 『三灘集』卷4, 詩「途中 聞朴議政將入公州自陰城一日馳赴」;『靑坡集』卷2, 序「送慶尙左道軍容使朴議政詩序」.

양으로 가전되었으므로 지금껏 최하양이 하양현감 최경시라는 사실을 몰랐다.

최경시의 생몰연대는 1420년에 태어나 1490년에 세상을 떠난 것으로 전하고 있다. 그의 백형(伯兄) 최경부는 생년이 미상이나 세상을 떠난 해가 1454년이며, 그의 숙형(叔兄) 최경천은 1474년에 세상을 떠났다. 그의 장조카 최철석(崔哲錫)은 1435년에 태어나 1497년에 죽었다. 중형(仲兄) 최경연의 생몰년은 미상이다. 최경시의 셋째 형인 최경천의 생년이 1428년으로 알려져 있으나 아버지 최도원의 생몰년과 아우 최경시의 생년(1420)에서 본다면 1428년은 1418년의 와전일 것으로 추정된다.

최경시가 1456년 신필을 진주로 데리고 올 때 하양현감인지, 아니면 그 이후 현감에 임명되었는지를 고령신씨 가문의 족보 내용만으로는 단정할 수 없다. 족보의 최하양이 그 사후에 호칭한 것일 수도 있기 때문이다. 다만 음직으로 벼슬살이에 나아가 30대 중반에 종6품직인 현감에 임명되기란 쉬운 일이 아니었을 것이다. 신숙주가 당대 최고 권력자로서 재상의 지위에 있었을지라도 자신의 어린 막내아들을 맡아 키우는 최경시에게 그 대가로서 어떠한 관직을 매개로 하지 않았을 것이다. 그것은 정치적인 문제가 될 수 있었기 때문이다. 물론 경제적인 보상을 비롯한 정치·사회적인 측면의 간접적인 후원이 있었을 가능성을 배제할 수는 없다.

신필은 중앙의 최고권력자 아버지 신숙주의 후원 아래 진주 조동리 삭녕최씨 최경시의 집안에서 성장했다. 신필은 1468년 관례를 치르고, 1470년 무렵 태종의 외손인 고산현감 윤삼원(尹三元)의 딸을 아내로 맞아들여 1472년 장자 신세연(申世淵), 1474년 차자 신세광(申世洸)을 낳았으며, 이승소가 지은 신숙주의 묘비명에서 알 수 있듯이 그는 그때를 전후하여 행사

과(行司果)로 임명되었던 것 같다.[88]

신필을 비롯한 조동리 고령신씨 가문의 사회·경제적 활동에는 영의정을 지낸 신숙주, 신필의 다섯째 형인 신준(申浚, 1444~1509)이 좌찬성으로 치사하고, 신필의 조카인 이요정(二樂亭) 신용개(申用漑, 1463~1519)가 이조·병조판서·우의정·좌의정 등을 지냈다[89]는 정치적 배경이 직간접적인 영향을 미쳤을 것이다. 한편 조계(槽溪) 신점(申霑, 1499~?)은 비록 조동리에 은거하다시피 했지만, 신용개의 종질이라는 신분은 그의 사회·경제적 활동에 상당한 영향력을 끼쳤다고 본다.

신필은 고려 후기 이래 진주지역 인적 네트워크의 핵심 가문인 진양하씨 시랑공파의 하응천(河應千)의 외아들 하형(河瀅)을 사위로 맞아들였다. 하응천은 문음으로 벼슬살이에 나아가 종5품의 상계인 현신교위로서 의흥위 좌부장(義興衛左部長)을 지냈으며, 1472년(성종 3) 식년시에 진사 2등 10위에 급제했다.[90]

하응천은 성임(成任), 진일재(眞逸齋) 성간(成侃, 1427~1456), 정필대(鄭必大), 삼탄(三灘) 이승소(李承召, 1422~1484), 사숙재(私淑齋) 강희맹(姜希孟, 1424~1483)과 함께 산행을 즐기거나 성간 형제의 초대를 받기도 했으며,[91] 이승소·권사

88) 『高靈申氏大同譜』卷1, 申泌 편; 『保閑齋集附錄』碑銘 「碑銘[陽城李承召]」; 『續東文選』卷 20, 碑銘 「高靈府院君申叔舟文忠公墓碑銘 幷序[李承召]」.

89) 『二樂亭集附錄』碑銘 「碑銘[李荇撰]」; 『二樂亭集附錄』行狀 「文景公行狀[申光漢]」.

90) 『成化八年壬辰○月○日司馬榜目』(全義李氏全山君派李旺燮). 한편 진양하씨 시랑공파의 족보에는 1471년 진사시에 급제한 것으로 나오지만, 앞의 자료에 근거해서 볼 때 오류일 것이다. 『진양하씨대동보』(시랑공파) 권1, 하응천 편 참고.

91) 성간은 "1446년 9월 9일에 우리 형제가 정필대, 하응천, 이윤보, 강경순과 함께 술병을 차고 닭을 싸가지고 대여섯 명의 동자를 거느리고 집 서쪽 산에 올라 간단한 술자리를 마련했다"고 했으며,(『東文選』卷94, 序 「九日登高詩序」; 『眞逸遺稿』卷4, 文 「九日登高詩序」; 『眞逸遺稿』卷4, 文 「丙寅九月九日登高【十首 序見文集】」) 성간은 형 성임과 함께 하응천을 초대하기도 했다.(『眞逸遺稿』卷3, 詩 「與家兄招河應千」)

룡(權士龍)·최운장(崔雲章)·성간과 함께 홍덕사(興德寺)에서 놀기도 했다.[92]
이렇듯 하응천은 벼슬로서 크게 현달하지 못했지만 벼슬이나 문명으로써
당대에 크게 드러난 인물들과 교유했다. 하형은 진사로서 벼슬살이에 나
아가 황간현감을 지냈으며, 선정을 베풀었다. 하형은 고령신씨 신필의 딸
사이에 두 아들 하희서(河希瑞, 1501~1570)와 하인서(河麟瑞)를 두었다. 생원 하
희서의 아들이 호조정랑 하면(河沔, 1537~1580)이고, 하인서의 아들이 환성재
(喚醒齋) 하락(河洛, 1530~1592)과 각재(覺齋) 하항(河沆, 1538~1590)이다. 하면의 장
자 송정 하수일(1553~1612)은 신필의 외현손이다.[93] 신필의 외손 가문은 경상
우도 남명학파의 핵심 가문으로서 그 인적 네트워크의 한 축을 형성했다.

부사(浮査) 성여신(成汝信, 1546~1632)은 "조계 신점이 강심(姜深)·정몽규(鄭
夢虯)와 함께 진주의 요역을 의논하여 정하고 합리적으로 시행하니 사람들
은 모두 그 균역(均役)에 복종하면서 그들을 진양삼로(晉陽三老)라 일컬었다.
지금까지도 이를 편하게 여기고 있다"라고 했다. 진주목 동면 대여촌리(代如
村里)에 거주하던 성일휴(成日休)가 8세 나던 어린 손자 성여신으로 하여금 신
점에게 가서 가르침을 받도록 했던 것은 신점이 성여신의 이모부일 뿐만 아
니라 진양삼로의 한 명으로 당시 진주지역에서 학문이나 명망이 높았기 때
문이었던 것 같다.[94]

이상과 같이 조동리 거주 고령신씨 신필 가문은 진주지역의 명문과 혼
사를 맺음으로써 진주를 중심으로 한 경상우도 내의 인적 네트워크를 확고
히 했다. 이러한 혼사에는 입향조 신필의 아버지 영의정 보한재 신숙주를
비롯한 중앙의 조정에서 활동한 신필의 형제와 조카 등의 정치적 배경이 크
게 영향을 끼쳤다. 또한 신점이 주도하여 높은 평가를 받은 진주지역의 요

---

92) 『三灘集』卷1, 詩「同權士龍河應千崔雲章成和仲遊興德寺樓詠物」.

93) 『晉陽河氏大同譜』(侍郞公派) 卷1, 河應千 편.

94) 박용국, 「부사 성여신의 가계와 그의 삶」, 『부사 성여신』, 예문서원, 2015, 65-66쪽.

역 부과도 가문의 배경과 무관하지 않다고 본다.

5) 맺음말

　　진주 · 사천지역의 삭녕최씨 가문은 함경전부사(含慶殿副使) 최연(崔珚)을 파조로 한다. 최연은 진주 조동리 삭녕최씨 입향조 최복린(崔卜麟, 1349~1431)의 증조이다. 최연이 활동한 시기로 추정되는 충렬왕대의 함경전부사는 6~7품 내외의 실질적 대우를 받았던 것 같다. 최연의 처부 낙랑김씨 김수표(金受豹)는 13세기 중반대의 인물로 추정되는데, 정4품의 검교군기감(檢校軍器監)을 지냈다. 최복린의 조부 최시옥(崔時玉)은 14세기 초엽에 종6품 사헌부규정(司憲府糾正)에 임명되어 대관(臺官)의 일원으로서 시정의 논집 · 풍속 교정 · 백관에 대한 규찰과 탄핵하는 업무를 담당했다. 최시옥의 처부 초계정씨 신호위(神虎衛) 녹사참군(錄事參軍) 정경(鄭瓊)은 최연과 거의 같은 시기에 벼슬살이했던 것 같다.

　　최복린의 아버지 최수명(崔守明)은 정6품 사설서령(司設署令)을 역임했는데, 사설서의 연혁에 의하면 그는 1372년에서 머지않은 시기에 그 벼슬을 지냈을 것이다. 최복린의 외조부 정자권은 최시옥과 거의 비슷한 시기에 정3품 판전객시사(判典客寺事), 처부 강득봉(姜得封)은 최수명과 비슷한 시기에 종3품 전객시령(典客寺令)을 지냈다고 본다. 이처럼 최복린의 가문은 크게 현달하지 않았지만 3~6품직의 벼슬을 지내며 왕도 개경의 관인 가문 일원으로서 인적 네트워크를 구축하고 있었다. 이는 낙랑김씨 · 초계정씨 · 진양정씨 · 사천강씨 등의 가문과 혼인을 통한 지역과 인적 네트워크의 확대로 이어졌다. 그리고 고려 말에 최복린이 외향을 따라 진주 조동으로 이주함으로써 삭녕최씨 부사공파 가문은 진주지역 사족 가문의 일원이 되었다.

최복린은 문음으로 벼슬살이에 나아가 별장으로 있던 1374년(공민왕 23) 4월 과거에 교은(郊隱) 정이오(鄭以吾, 1347~1434), 송당(松堂) 조준(趙浚, 1346~1405) 등과 동방급제했다. 이후 최복린은 1376년 봄 함안향교 교수에 임명되었으며, 임지로 떠나는 날 조준과 송별연에서 오언고시를 주고받았다. 최복린의 시는 전하지 않으나 조준이 지은 두 수의 오언고시는 전하고 있어 둘 사이가 친한 벗이었음을 알 수 있다. 함안향교는 함안이 금주(金州) 임내에서 벗어나 감무가 두어지는 1172년에서 멀지 않은 시기에 설립되고, 1373년 함안이 지군(知郡)의 고을로 승격함으로써 관학 교육기관으로서 기능도 강화되었을 것이다. 교수로 부임한 최복린은 함안지역 재지세력인 이족과 사족의 자제에게 사서오경(四書五經)을 가르쳐 나라의 인재로 키우고, 이를 통해 지역의 풍속을 교화했다.

1382년(우왕 8) 무렵 지고성군사로 부임한 최복린은 임금의 명령을 받들어 1383년 2월에 안렴사 여극연(呂克珚)과 함께 진주 임내 강성군의 효자 문익점(文益漸, 1329~1398)과 합주 임내 가수현의 효자 이온(李榲, ?~?)이 사는 마을을 찾아 효행비를 세워 그들의 효행을 정표(旌表)했던 차사원(差使員)으로서 활동했다. 이 시기 최복린의 관계는 정4품 봉상대부였다. 이 무렵 최복린은 세족들이 꺼리는 지방관에 머물러 있었던 반면에 동방급제 조준은 이미 정3품에 올라 주요한 정치 인물로 떠오르고 있었다. 이는 출신 가문의 차이가 주요한 원인이었다. 고려 말에 진주로 낙향한 최복린은 1400년 8월에 병이 났는데, 관직에 있던 최도원(崔道源, 1373~1441)이 역마를 타고 와서 급히 문병했다. 1413년 6월 무렵에 하륜의 천거로 정3품 좌사간의대부에 올랐다가 12월에 산직인 검교공조참의(檢校工曹參議)로 옮겨 제수되었다. 그는 강순(姜順)과 함께 1413년에 촉석루 중건을 주도했으나 이후 행적은 알려진 게 없다.

최도원의 생애는 음직으로 벼슬에 나아갔을 것으로 짐작되는 1392년 무렵까지 20여 년, 1392년 이후부터 1420년 12월 함안군사에서 파직될 때까지 28여 년의 관료 생활, 1421년 세거지 진주 조동리로 돌아와 양친을 봉양하다가 여의고 난 후 거의 은거하다시피 한 21여 년으로 대별할 수 있을 듯하다. 그의 벼슬살이는 크게 내직과 외직으로 나누어볼 수 있다. 내직으로는 감찰·지평 등 청요직을 역임했으나 행적이 기록된 것이 없으며, 외직으로는 네 번의 지군사를 역임했으나 주로 부정적인 부분만 기록으로 남겨져 그의 참된 벼슬살이를 이해하는 데 한계가 있다. 그리고 그의 최종 벼슬은 정5품 사헌부지평이 아니라 종3품 상계 중직대부 지함안군사이다. 1455년에 고신을 돌려받았기 때문이다.

최도원의 네 아들과 두 사위 가운데 첫째 사위 변효문이 벼슬로서 현달했다. 장자 최경부는 처향을 따라 경기 진위현으로 이주하였는데, 차자 최경연도 형을 따라 그곳으로 이주했다. 최경연의 아들 최자문은 다시 사천현 풍정으로 이주하여 정착했다. 셋째 아들 최경천은 진주목 남면 양산리 거주 곡산우씨 가문을 처향으로 했으며, 나아가 서면 이하리·종화리 등지에 거주하던 진양하씨 가문과 혼맥을 통한 사회적 관계를 확고히 했다. 장자 최율은 외향인 진주목 남면 양산리에 이주하여 양산파 문중을 형성했다. 최경시는 하양현감을 지냈으며, 자손들은 16세기 중엽까지 조동리에 세거했다. 고령신씨 진주목 동면 조동리 입향조 신필(申泌, 1454~1518)은 최경시와 조금 특별한 관계를 맺고 있었다.

한편으로 조선 중기 진주목 동면 조동리(槽洞里)는 속방 청곡동(靑谷洞)·욱곡(旭谷)·속사동(束沙洞)과 본방 조동 등 네 자연촌으로 이루어진 '사족다거(士族多居)'의 리방(里坊)이었다. 조동리에 사족이 거주하기 시작한 것은 고려 말 최복린의 입향에서 비롯했다. 여말선초 조동리에는 최복린과 그의 아들 최도원, 손자 최경부(崔景溥, ?~1454)·최경시(崔景時, 1420~1490) 등이 대를 이어 거주했다. 또한 조동리는 최복린의 넷째 손자 하양현감 최경시가 1456년부터 신숙주(1417~1475)의 막내아들 신필을 보육하여 장성하게 함으로써 고령신씨 가문의 세거지가 되었다. 그리고 조동리에는 고성이씨 사암공파(思菴公派) 가문의 진주판관 이황(李滉, 1483~1533)의 후손들이 세거했다.

조동리 거주 고령신씨 가문은 진주지역의 이름난 가문과 혼사를 맺음으로써 진주를 중심으로 한 경상우도 내의 인적 네트워크를 확고히 했다. 이러한 혼사에는 입향조 신필의 아버지 영의정 보한재 신숙주, 신필의 다섯째 형인 좌찬성 신준(1444~1509), 신필의 조카인 좌의정 이요정 신용개(1463~1519) 등 중앙의 고령신씨 가문의 정치적 배경이 크게 작용했을 것이다. 한편으로 비록 조계 신점(1499~?)이 조동리에 은거하다시피 했지만 신용개의 종질이라는 사실은 그의 사회·경제적 활동에 상당한 영향력을 끼쳤을 것이다. 그 가운데 그가 진주지역의 요역 부과를 주도하여 명성을 얻었던 사실도 빼놓을 수 없다.

진주목 동면 조동리(槽洞里)의 전신은 갈곡소(葛谷所)이었다. 조동리는 고려 말부터 16세기 초에 걸쳐 사족의 이주와 정착으로 인한 거주민의 변화를 겪었다. 신점의 경우처럼 그들 사족이 진주지역에 끼친 사회·경제적 영향도 적지 않았다.

참고문헌

1. 자료

연대기류

『三國史記』,『高麗史』,『高麗史節要』,『太祖實錄』,『定宗實錄』,『太宗實錄』,『世宗實錄』,
『端宗實錄』,『世祖實錄』,『成宗實錄』,『燕山君日記』,『中宗實錄』,『正祖實錄』,『高宗實錄』,
『承政院日記』,『東史綱目』.

지리지 · 읍지 · 법전류 · 기타류

『慶尙道地理志』,『世宗實錄地理志』,『新增東國輿地勝覽』,『慶尙道邑誌』,『江城錄』,
『丹城縣邑誌』,『東都歷世諸子記』(慶州先生案),『東城勝覽』,『三嘉縣邑誌』,『延安府誌』,
『永陽志』,『晉陽誌』,『咸州誌』,『經國大典』,『世宗實錄五禮』,
「晉州新安洞鄭舌夫婦墓」面石銘文,「晉州姜氏諱民瞻圖像」畵記,『輿地圖書』,『海東地圖』.

시문집류

『東文選』,『續東文選』,『稼亭集』(李穀),『剛齋集』(宋穉圭),『謙齋集』(河弘度),
『敬齋集』(河演),『溪南集』(崔琡民),『郊隱集』(鄭以吾),『龜亭遺稿』(南在),
『及菴詩集』(閔思平),『記言別集』(許穆),『南冥集』(曺植),『訥庵集』(朴旨瑞),
『淡庵逸集』(白文寶),『滄軒集』(河禹善),『大東韻府羣』(權文海),『東人之文五七』(崔滋),
『斗山居士集』(姜柄周),『明谷集』(崔錫鼎),『茅溪集』(李命培),『慕齋集』(金安國),
『茅村集』(李瀞),『暮軒集』(河渾),『牧民心書』(丁若鏞),『牧隱藁』(李穡),
『牧隱文藁』(李穡),『牧隱詩藁』(李穡),『黙翁集』(權濴),『白紙墨書妙法蓮華經』(元珪),
『眉叟年譜』(許磊),『白紙墨書妙法蓮華經』(元珪),『柏村集』(河鳳壽),
『保閑齋集附錄』(申叔舟),『補閑集』(崔滋),『浮査集』(成汝信),

277

『私淑齋集』(姜希孟),『私淑齋集』(姜希孟),『思軒遺集』(河兼洛),『三峯集』(鄭道傳),
『三灘集』(李承召),『西溪集』(朴泰茂),『棲山集』(李正浩),『雪嶽集』(姜璲桓),
『松堂集』(趙浚),『松臺集』(河璿),『松亭續集』(河受一),『松亭集』(河受一),
『壽山集』(李泰植),『新菴集』(李俊民),『雙梅堂篋藏集』(李詹),『襄靖公實記』(河敬復),
『養正齋遺稿』(河德望),『陽村集』(權近),『與猶堂全書』(丁若鏞),『聯芳輯錄』(權濘),
『慵齋叢話』(成俔),『容軒集』(李原),『耘谷行錄』(元天錫),『游軒集』(丁熿),
『二樂亭集附錄』(申用漑),『林下筆記』(李裕元),『潛谷遺稿』(金堉),『樗軒集』(李石亨),
『鼎山志(初刊本)』,『定齋集』(柳致明),『拙藁千百』(崔瀣),『芝峯類說』(李睟光),
『眞逸遺稿』(成侃),『靑坡集』(李陸),『春亭集』(卞季良),『忠烈實錄』(鄭德善),
『台溪集』(河溍),『台溪集附錄』(河溍),『破閑集』(李仁老),『八松集』(鄭必達),
『豊墅集』(李敏輔),『筆苑雜記』(徐居正),『寒洲集』(李震相),『浩亭集(初刊本)』(河崙),
『浩亭集』(河崙),『晦峯遺書』(河謙鎭).

족보류

『慶州鄭氏平章公派世譜』(平章公派),『高靈申氏大同譜』(2011),
『固城李氏世譜』(思菴公派),『噵梁世碣』(朔寧崔氏 泗川派),『朔寧崔氏大譜』(副使公派),
『延安金氏大同譜』(2006),『晉山姜氏族譜』(1685),『晉山姜氏世譜』(1830),
『晉山姜氏世譜』(1845),『晉山姜氏世譜』(1848),『晉山姜氏世譜』(1899),
『晉陽河氏世譜』(萬曆本),『晉陽河氏大同譜』(侍郎公派),『晉陽河氏大同譜』(2000),
『晉州柳氏世譜』(土柳系),『晉州姜氏博士公後司直公派世譜』(2009),
『晉州鄭氏重刊族譜』(1856);『晉州鄭氏族譜』(1933).

문과 방목류

『國朝文科榜目』卷1(규장각한국학연구원[奎106]).

『國朝文科榜目』卷2(규장각한국학연구원[奎106].

『國朝文科榜目』卷3(규장각한국학연구원[奎106]).

『大東地志』(규장각한국학연구원[古 4790-37]).

『登科錄前編』(규장각한국학연구원[古4650-10]).

『成化八年壬辰○月○日司馬榜目』(全義李氏全山君派李旺變).

2. 저서

김용선,『역주 고려묘지명집성』(상·하), 한림대학교 아시아문화연구소, 2001.

───, 『역주 고려묘지명집성』(개정판), 한림대학교 출판부, 2006.

閔賢九, 『朝鮮初期의 軍事制度와 政治』, 韓國研究院, 1983.

박용국, 『지리산 단속사』, 보고사, 2010.

朴龍雲, 『高麗時代 蔭叙制와 科擧制 研究』, 一志社, 1990.

박종기, 『지배와 자율의 공간 고려의 지방사회』, 푸른역사, 2002.

李秉烋, 『朝鮮前期 士林派의 現實認識과 對應』, 一潮閣, 1999.

李樹健, 『嶺南士林派의 形成』. 嶺南大出版部, 1979.

───, 『韓國中世社會史研究』, 一潮閣, 1984.

이수건, 『한국의 성씨와 족보』, 서울대학교 출판부, 2003.

이우성, 『한국사회사연구』, 지식산업사, 1986.

李泰鎭, 『朝鮮儒教社會史論』, 知識産業社, 1989.

이태진, 『증보판 한국사회사연구』, 지식산업사, 2008.

張東翼, 『高麗後期外交史研究』, 一潮閣, 1994.

장동익, 『高麗時代 對外關係史 綜合年表』, 동북아역사재단, 2009.

장동표, 『조선시대 영남 재지사족 연구』, 태학사, 2015.

鄭杜熙, 『朝鮮初期 政治支配勢力研究』, 一潮閣, 1983.

지두환, 『朝鮮前期 儀禮研究』, 서울대학교 출판부, 1994.

車文燮, 『朝鮮時代 軍制研究』, 檀國大出版部, 1973.

蔡雄錫, 『高麗時代의 國家와 地方社會』, 서울대학교 출판부, 2000.

한국사연구회 편, 『한국사 길잡이』, 지식산업사, 2008.

한국역사연구회 편, 『한국사연구입문』②, 풀빛, 1995.

한영우, 『改訂版 鄭道傳思想의 研究』, 서울대학교 출판부, 1983.

───, 『조선전기사회경제연구』, 을유문화사, 1983.

許興植, 『韓國金石全文』(中世上), 亞細亞文化社, 1984.

許興植 編著, 『韓國金石全文』(中世下), 亞細亞文化社, 1984.

朝鮮總督府 編, 『朝鮮金石總覽』(上), 日韓印刷所, 1919.

───, 『舊韓國地方行政區域名稱一覽』, 朝鮮總督府, 1912.

越智唯七 編, 『(新舊對照)朝鮮全道府郡面里洞名稱一覽』, 中央市場, 1917.

3. 논문

강제훈, 「조선 초기 家系繼承 논의를 통해 본 姜希孟家의 정치적 성장」, 『조선시대사학보』 42, 2007.

강호선, 「2017-2018년 고려시대사 연구의 회고와 전망」, 『역사학보』 243, 2019.

金光洙, 「羅末麗初의 地方學校問題」, 『韓國史研究』 7, 1972.

김구진, 「조선 전기 여진족의 2대 종족 − 오랑캐(兀良哈)와 우디캐(兀狄哈) −」, 『백산학보』 68, 2004.

김보광, 「李仁老의 사례로 본 고려전기 直翰林院의 운영과 역할」, 『史叢』 83, 2014.

金成俊, 「太宗의 外戚除去에 대하여 − 민씨형제의 옥 −」, 『歷史學報』 17 · 18, 1962.

김윤주, 「태종대 하륜의 정치활동」(서울시립대학교 대학원 석사학위논문), 1999.

金貞子, 「소위 '杜門洞72賢'의 정치성향」, 『釜大史學』 15 · 16, 1992.

南智大, 「朝鮮初期 中央政治制度 研究」(서울대학교 대학원 박사학위논문), 1993.

류주희, 「조선초 비개국파 儒臣의 정치적 동향」, 『역사와 현실』 29, 1998.

_____, 「朝鮮 太宗代 政治勢力 研究」(중앙대학교 대학원 박사학위논문), 2000.

류창규, 「고려말, 조선초 재지품관의 유형과 그 지위」, 『역사학연구』 17, 2001.

_____, 「조선 太宗代 河崙의 경제정책과 『民本』」, 『역사학연구』 32, 2008.

閔賢九, 「整治都監의 性格」, 『東方學志』 23 · 24, 1980.

박용국, 「新羅 菁州 蓮池寺址 推定」, 『新羅史學報』 14, 2008.

_____, 「太宗代 河崙의 정치적 存在樣態의 變化」, 『남명학연구』 28, 2009.

_____, 「智異山과 晉州, 그리고 河崙의 삶」, 『역사교육론집』 44, 2010.

_____, 「新羅 蓮池寺 鑄鐘佛事의 背景과 그 性格」, 『新羅史學報』 20, 2010.

_____, 「진주시」, 『한국지명유래집(경상편)』, 국토지리정보원, 2011.

_____, 「진주지역의 역사 자원으로서 曺潤孫 연구」, 『경남권문화』 21, 2012.

_____, 「태계 하진의 家系와 行歷에 대한 연구」, 『경남권문화』 23, 2013.

_____, 「진주성 촉석루의 연혁 고증과 그 이야기」, 『선비문화』 25, 2014.

_____, 「진주 청원리 拓齋 李鍾浩의 가계와 그의 삶」, 『경남권문화』 24. 2014.

_____, 「부사 성여신의 가계와 그의 삶」, 『부사 성여신』, 예문서원, 2015.

_____, 「산청 단계리의 역사 변천과 의미」, 『남명학연구』 48, 2015.

_____, 「조선 초 · 중기 진주 승산리의 역사 변천」, 『남명학연구』 56, 2017.

_____, 「조선 중기 진주지역 사족과 청곡사의 장소성」, 『남명학연구』 59, 2018.

_____, 「조선 중기 삼가 구평리 파평 윤씨 가문의 혼맥과 사회적 위상」, 『역사교육론집』 67, 2018.

_____, 「경남 정체성의 형성에 관한 일고」, 『경남학연구』 창간호, 2019.

_____, 「사족가문의 삼가지역 이주와 의병활동 양상」, 『합천지역의 남명학파』, 예문서원, 2019.

_____, 「삼절을 숨기고 나무와 꽃을 드러낸 인재 강희안」, 『通亭 姜淮伯과 그 後孫들의 生涯와 學問』, 통정선생과 후손의 논문집 발간 추진위원회, 2020.

_____, 「위민을 실천한 당대 최고의 문장가 문량공 강희맹」, 『通亭 姜淮伯과 그 後孫들의 生涯와 學問』, 통정선생과 후손의 논문집 발간 추진위원회, 2020.

_____, 「고려말·조선초 진주지역 '父老'의 존재와 성격」, 『嶺南學』 77, 2021.

_____, 「조선 초기 李叔蕃의 삶과 함양지역」, 『東方漢文學』 92, 2022.

_____, 「조선 초·중기 진주 동면의 右族 거주 里坊에 대한 연구」, 『영남학』 81, 2022.

박정민, 「태종대 제1차 여진정벌과 동북면 여진관계」, 『백산학보』 80, 2008.

박종기, 「고려 말 왜구와 지방사회」, 『한국중세사연구』 24, 2008.

朴贊洙, 「高麗學式에 대한 再檢討」, 『國史館論叢』 21, 1991.

朴泰祐, 「統一新羅時代의 地方都市에 對한 研究」, 『百濟研究』 18, 1987.

변은숙, 「고려 충목왕대 정치세력의 성격 – 整治都監의 整治官을 중심으로 –」, 『중앙사론』 19, 2004.

宋春永, 「元 干涉期의 自然科學」, 『國史館論叢』 71, 1996.

신은제, 「14세기 전반 원의 정국동향과 고려의 정치도감」, 『한국중세사연구』 26, 2009.

심승구, 「朝鮮初期 族譜의 刊行形態에 관한 研究」, 『國史館論叢』 89, 2000.

양웅렬, 「태종대 민무구 옥사를 전후한 정치세력의 변천과 성격 – 왕실 친인척 가문과 관련하여 –」(국민대학교 대학원 석사학위논문), 2004.

유승원, 「하륜 – 태종대의 개혁을 이끈 보수적 정치가 –」, 『한국사인물열전(1)』, 돌베개, 2003.

유재춘, 「麗末鮮初 朝·明간 女眞 귀속 경쟁과 그 意義」, 『韓日關係史研究』 39, 2012.

_____, 「중·근세 韓·中間 국경완충지대의 형성과 경계인식 – 14세기~15세기를 중심으로 –」, 『한일관계사연구』 39, 2011.

尹京鎭, 「고려후기 先生案 자료를 통해 본 外官制의 변화」, 『國史館論叢』 101, 2003.

이강한, 「정치도감(整治都監) 운영의 제양상에 대한 재검토」, 『역사와 현실』 67, 2008.

이규철, 「조선 태종대 대명의식과 여진 정벌(征伐)」, 『만주연구』 17, 2014.

李東熙, 「朝鮮初期 官人層 研究 – 高麗와 朝鮮 支配勢力間의 관계 규명의 일환으로 –」, 『國史館論叢』 72, 1996.

李樹健,「高麗時代「邑司」研究」,『國史館論叢』3, 1989.

李樹健·李樹奐,「조선시대 신분사 관련 자료조작 – 家系·人物관련 僞造 자료와 僞書를 중심으로 –」,『大丘史學』86, 2007.

이익주,「고려 충목왕대의 整治都監 再論」,『진단학회』134, 2020.

_____,「고려 후기 정치체제의 변동과 정치세력의 추이」,『한국사』5, 한길사, 1994.

이인철,「新羅 法幢軍團과 그 性格」,『韓國史研究』61, 1988.

이정란,「政治都監 활동에서 드러난 家 속의 개인과 그의 행동방식」,『한국사학보』21, 2005.

李泰鎭,「集權官僚體制의 성립」,『한국사연구 입문』, 지식산업사, 1987.

李喜寬,「朝鮮初 太宗의 執權과 그 政權의 性格」,『歷史學報』120, 1988.

鄭杜熙,「朝鮮建國初期 統治體制의 成立過程과 그 歷史的 意味」,『韓國史研究』67, 1989.

채상식,「고려·조선시기 불교사 연구현황과 과제」,『韓國史論』28, 1998.

채웅석,「여말선초 향촌사회의 변화와 埋香」,『歷史學報』173, 2002.

崔承熙,「태종조 왕권과 정치운영체제」,『國史館論叢』30, 2001.

崔貞煥,「權務官祿을 통해 본 高麗時代의 權務職」,『國史館論叢』26, 1991.

한성주,「조선초기 對明관계와 공험진」,『백산학보』103, 2015.

韓㳓劢,「勳官「檢校」考 – 그 淵源에서 起論하여 鮮初 整備過程에 미침 –」,『震檀學報』29·30, 1966.

韓忠熙,「朝鮮前期 晋州姜氏 啓庸派 家系研究」,『朝鮮史研究』12, 2003.

한충희,「朝鮮 太宗王權의 政治的 基盤 研究」,『大丘史學』63, 2001.

황인호,「新羅 9州5小京의 都市構造 研究」,『중앙고고연구』15, 2014.

한국민족문화대백과사전(https://encykorea.aks.ac.kr/)

찾아보기